굿닥터 미국 리메이크의 도전과 성공

한국 방송콘텐츠의 미래를 열다

굿닥터 미국 리메이크의 도전과 성공

한국 방송콘텐츠의 미래를 열다

인쇄 · 2018년 8월 25일
발행 · 2018년 8월 31일

지은이 · 유건식
펴낸이 · 한봉숙
펴낸곳 · 푸른사상사

주간 · 맹문재 | 편집 · 지순이 | 교정 · 김수란
등록 · 1999년 7월 8일 제2-2876호
주소 · 경기도 파주시 회동길 337-16 푸른사상사
대표전화 · 031) 955-9111(2) | 팩시밀리 · 031) 955-9114
이메일 · prun21c@hanmail.net
홈페이지 · http://www.prun21c.com

ⓒ 유건식, 2018

ISBN 979-11-308-1361-5 93680
값 22,000원

이 도서의 국립중앙도서관 출판예정도서목록(CIP)은 서지정보유통지원시스템 홈
페이지(http://seoji.nl.go.kr)와 국가자료공동목록시스템(http://www.nl.go.kr/kolisnet)
에서 이용하실 수 있습니다.(CIP제어번호: CIP2018026519)

푸른사상 예술총서 **18**

굿닥터 미국 리메이크의 도전과 성공

한국 방송콘텐츠의 미래를 열다

유건식

Open the future of Korean broadcasting contents

푸른사상
PRUNSASANG

글로벌 한류의 길잡이가 되어줄 책

박 창 식

디지털서울문화예술대학교 총장, 한국드라마제작사협회 회장

과거 영화관을 가기도 힘들고 인터넷이 보편화되지 않았던 시절, 〈주말의명화〉와 〈토요명화〉는 대다수 우리 국민들이 미국 할리우드의 문화 콘텐츠를 안방에서 쉽게 접할 수 있게 해준 유일한 수단이었던 것으로 기억한다.

이젠 시간이 흐르고 시대가 바뀌어 지금의 우리는 '미드'의 시대에 살고 있다고 말하는 데 어색함이 없다.

미국 드라마를 '미드'라고 약칭하고, 온종일 미드만 보는 '미드폐인'이 양성되었을 정도로 미국 드라마는 우리나라에서 많은 영향력을 행사하고 있다.

케이블, 공중파에서도 미드를 수입해 현지와 큰 시간 차이 없이 방영하고 있으며, 인터넷을 기반으로 한 컴퓨터, OTT 등을 통해서도 얼마든지 보고 싶은 미드를 접할 수 있게 되었다.

나 역시 〈모래시계〉 〈하얀거탑〉 〈베토벤 바이러스〉 등 다양한 드라마를 제작했고, 이러한 작품들이 해외에서 한류라는 이름으로 많은 사랑을 받

았기에 우리 콘텐츠가 국내외에서 인정받는다는 뿌듯함을 느꼈으나, 아직 미드에 비하면 갈 길이 멀다는 생각도 하게 된다.

아무래도 미드가 국내에서 많은 인기를 구가하는 이유는 '멜로'라는 키워드에 잠식되어왔던 대다수 한국 드라마에 비해 수사물, 메디컬 등 다양한 장르가 존재하고, 막대한 자본력을 바탕으로 제작되었기에 우리 국민의 관심을 끌 수 있었고, 이에 우리의 눈높이가 자연스레 할리우드에 맞춰졌기 때문이라고 생각한다.

다행히 우리 방송계에서는 이러한 미드 열풍을 한낱 유행으로 보는 것이 아니라 할리우드의 선진화된 시스템을 벤치마킹할 필요가 있다는 배움의 기회로 삼아 〈태양의 후예〉〈응답하라〉 시리즈와 같은 양질의 콘텐츠를 제작해냈고, 높아지고 있는 시청자들의 눈높이를 충족시키기 위해 드라마의 질적 향상, 장르의 다변화가 계속 시도되고 있다.

이처럼 양질의 콘텐츠가 제작되기 시작하면서 많은 분들이 아시다시피 한류의 선봉에 선 우리의 드라마, 콘텐츠들은 중국, 일본, 동남아 등 다양한 국가로 확대 · 수출되고 있으며, 이젠 대중문화 콘텐츠의 메카라 할 수 있는 미국에서도 우리 드라마 〈굿닥터〉가 리메이크 되어 큰 인기를 끌었고, 이 인기에 힘입어 시즌 2 방송까지 하게 되었다.

과거 〈주말의명화〉와 〈토요명화〉를 통해서나 할리우드 콘텐츠를 접할 수 있었던 '문화 불모지'에서 할리우드로 우리 콘텐츠를 수출할 수 있는 '문화 보유국'으로 그 위상이 한껏 높아진 것이다.

이와 같은 놀라운 일은 결코 하루아침에, 혹은 요행으로 일어난 일이 아니다. 〈주말의명화〉를 보고 자란 세대들이 문화인이 되어 현장에서 밤낮없이 뛰고, 땀 흘리며 만들어온 장기간의 결과물이자 가시적인 성과라고할 수 있다.

한국 방송콘텐츠의 미래를 열다

그리고 이 책에서는 앞서 언급한 〈굿닥터〉가 미국에 어떻게 진출할 수 있었는지, 어떠한 과정을 거쳐서 성공할 수 있었는지와 미국 콘텐츠 시장의 전반적인 분위기 등을 잘 정리해놓아 방송 문화계의 백서이자 사료로서의 가치가 있다고 감히 판단한다.

　　마침 우리 문화계는 얼마 전 사드 이슈, 혐한 이슈 등으로 특정 시장에 대한 리스크를 아직도 안고 있어 문화 콘텐츠 수출 시장의 다변화는 선택이 아닌 시대적 소명이 되어버린 상황이다.

　　이에 〈굿닥터〉의 성공을 발판으로 중국 위주의 한류 문화계가 미국으로도 진출할 수 있도록 많은 노력과 시도가 이뤄져야 할 것이며, 이 책은 미국 진출을 꿈꾸는 방송·문화인들에게 실질적인 도움을 줄 수 있는 책이라 생각한다.

　　글로벌 시대의 무한경쟁이란 흐름 속 시장 우위에 있는 문화와 IT 기술이 선도할 가까운 미래에 우리가 도태되지 않기 위해서는 경쟁력 있는 콘텐츠를 제작, 수출, 유통시킬 수 있는 역량과 세계 각국의 특성에 맞는 특화된 킬러 콘텐츠를 보유해야 할 것이다.

　　물론 우리 방송·문화인들은 지금껏 잘해왔듯 앞으로도 분명 한류를 더 확장시키고, 세계인들에게 더 큰 감동을 선사할 것이다. 그리고 향후 이러한 미래를 선도해나갈 문화인들과 같은 곳을 바라보는 모든 분들께 길잡이가 되어줄 이 책이 함께하기를 바라는 바이다.

한 편의 드라마가 글로벌 콘텐츠로 성공하기까지

정 성 효

KBS 드라마센터장

저자의 경험과 노력이 고스란히 녹아 있는 이 책을 접하면서 〈굿닥터〉를 함께 했던 많은 사람들 중의 한 사람으로서 남다른 감회를 느낍니다. 하나의 드라마 콘텐츠가 글로벌 콘텐츠로 발전하고 성공하는 과정을 보여주는 이 책은 마치 드라마의 극적 시퀀스에서나 볼 수 있는 드라마틱한 여정 그 자체입니다.

드라마 홀릭, 저자의 드라마에 지극한 사랑과 집념이 없었다면 이런 극적인 여정 또한 없을 것이고, 〈굿닥터〉는 그냥 성공한 휴먼 의학드라마의 범주에 멈췄을 것입니다. 더불어 저자가 〈굿닥터〉의 세계시장 진출 가능성을 일찍이 알아봤다는 점, 또 이를 위해 누구도 가보지 못한 길을 개척한 점은 우리에게 시사하는 바가 크고, 이 책의 존재 이유일 것입니다.

이 자리에서 저와 〈굿닥터〉의 인연을 소개하는 것은 곁가지일 터이지만, 저자의 이 책 프롤로그에 해당되는 일화이기에 작은 의미가 있을 듯합니다. 또한 저자의 이 책을 접하면서 저 또한 제작 당시 총괄프로듀서 역할을 했던 일을 반추하는 작은 추억을 덤으로 얻었습니다.

2013년 박재범 작가의 간략한 〈그린 메스〉 기획안을 처음 접했습니다. 고아가 된 자폐아 소년이 죽은 형을 그리워하면서 의사놀이 하는 장난감 칼(그린 메스)을 가지고 혼자 노는 모습, 이를 지켜보던 시골 보건소 소장이 이 소년의 천재성을 알아보고 멘토가 되어 지방 의대 진학을 후원하고, 최고의 종합병원 소아과 의사로 추천하는 내용을 담고 있었습니다. 당시 그 기획안을 접했을 때 형언할 수 없는 감동을 받았던 기억이 생생합니다. 그 소년이 자라서 재기발랄하고 인류애 넘치는 의사 윤서(문채원 분)를 만나서 아픈 어린이 환자들을 보살피는 의사 시온(주원 분)으로 성장하면서 〈그린 메스〉는 드라마 〈굿닥터〉로 제작되고 커다란 사회적 반향을 불러일으켰습니다.

드라마 〈굿닥터〉 성공 이후 콘텐츠 〈굿닥터〉의 진가를 헤아리고, 헤쳐 나간 성공 스토리는 이 책을 통해 알 수 있을 것입니다. 어려운 난관을 뚫고 4년이라는 긴 기다림의 숙성 기간을 거쳐 미국에서 〈굿닥터〉 리메이크가 성공하고, 더불어 최근에는 일본에서도 성공적으로 리메이크되면서 〈굿닥터〉는 글로벌 콘텐츠로 자리매김하게 되었습니다.

아시아를 넘어 글로벌 콘텐츠 시장에서 치열한 콘텐츠 비즈니스를 통해, 우리의 콘텐츠 미래를 현실화시킨 이 사례는 급변하는 콘텐츠 시장 경쟁에서 우리에게 시사하는 바가 매우 클 것입니다. 저자의 전문적인 식견과 더불어 꼼꼼하고 치밀한 글쓰기는 좋은 전형입니다. 일독을 권합니다.

졸저를 탈고하고 미국의 유명한 시인이자 수필가인 월트 휘트먼(Walt Whitman)의 시 「오 나여! 오 삶이여」가 떠올랐다. 영화 〈죽은 시인의 사회〉에서 키팅 선생님이 시를 수치로 계량화하는 서문을 찢어버리라면서 학생들에게 들려주었던 시이자, 아이패드 광고에서도 낭송된 시이다. 시인은 공허하고 쓸모없는 시간들 속에서 어떤 의미를 찾을 수 있는가라는 질문에 "네가 지금 여기에 있다는 것,/삶이 존재하고 자신이 존재한다는 것,/장엄한 연극은 계속되고,/너도 한 편의 시가 될 수 있다는 것(you may contribute a verse)"이라고 답하였다.

2017년 9월 25일은 한국의 드라마 역사에 남는 날이다. KBS의 드라마 〈굿닥터〉가 리메이크되어 미국의 메이저 방송사인 ABC에서 〈더 굿닥터(The Good Doctor)〉라는 제목으로 방송된 날이기 때문이다. 그러나 단순히 방송만 된 것이라면 의미가 크지 않을 수 있다. 방송 시청률이 전반적으로 하락하는 추세 속에서도 〈더 굿닥터〉는 ABC 드라마 중에서는 13년 만에 최고 시청률을 기록했고, 당시 인기를 누리던 〈빅뱅 이론(Big Bang Theory)〉

보다 많은 시청자 수를 기록하는 등의 성과를 올렸다. 이런 성과를 바탕으로 〈더 굿닥터〉는 시즌 2까지 방송이 확정되었다. 앞으로 〈더 굿닥터〉가 방송될수록 〈굿닥터〉의 리메이크 기록은 계속 경신되며 역사를 이어갈 것이다. 이에 대한 상세한 내용을 정리하는 것이 월트 휘트먼의 질문에 대한 하나의 답이 되리라 생각한다.

　필자는 KBS 드라마국의 BM(비즈니스 매니저)으로서 2013년 한국콘텐츠진흥원이 주관한 'K-Story in America'라는 행사에서 〈굿닥터〉를 소개할 때부터 2015년 KBS아메리카 사장으로 부임하여 시즌 1이 방송될 때까지 〈굿닥터〉 리메이크를 추진하고 그 과정을 지켜보았다. 이 책은 〈굿닥터〉를 리메이크하면서 경험한 미국에서의 한국의 방송콘텐츠 비즈니스 사례를 정리한 것이다.

　이제 지나간 시간을 회고하기 위해 태어난 곳으로 거슬러 올라가는 연어가 되었다. 순례자처럼 그 여정의 공간을 걷는 것은 그것을 통해 정진하고 스스로 만족하기 위함이다. 라즈 라후나탄이『왜 똑똑한 사람들은 행복하지 않을까?』란 책에서 "사람들은 바쁘지 않을 때보다 바쁠 때 더 행복하다. 의미 없는 일보다 의미 있는 일을 할 때 더 행복하다. 그때 더 몰입하고 삶에 만족하게 된다."고 했듯이 다시 한 번 몰입의 만족감을 맛보기 위함도 졸저를 쓰게 된 계기가 되었을 것이다.

　KBS 드라마국에서의 8년의 실무 경험과 KBS아메리카 사장으로서의 경험은 개인적으로도 매우 독특한 체험일 뿐만 아니라 한류 확산을 위해 매우 소중한 과정이었다고 판단하여 2년여 동안 있었던 일들을 정리하기로 하였다. 이 경험들은 동일 업종에 근무하는 사람들에게 좋은 사계가 될 것이며, 한류 확산을 위해서도 소중한 자료로 남을 것이라고 판단한다. 현재 미국에서 콘텐츠 비즈니스가 많이 진행되고 있으나 현지에서 회사를 운영하면서 경험한 내용을 정리한 자료를 찾기 힘든 상태에서 한류 콘텐츠 비즈니스 관련 종사자에게는 이 책이 하나의 레퍼런스가 될 것이다. 또한 필자가 CEO가 되어 정책을 추진하면서 참고할 사항을 정리한 결과물인 이 책은 일반 직장인이나 CEO에게도 많은 도움이 될 것이라고 생각한다.

그동안 한류가 확산되면서 관련된 서적과 보고서도 많이 출간되었다. 이 책에서는 기존의 책에서 보기 어려운 현장의 이야기를 진솔하게 담으려고 노력하였다.

제1장에서 한국의 콘텐츠 산업에서 미국 시장이 중요한가를 다루었다. 미국은 콘텐츠 산업의 메카이다. 이 시장에 진출하기 위해 전 세계에서 엄청난 노력을 기울이고 있다. 우리는 최근 정치적 이슈로 주춤하고 있는 일본과 중국을 대체할 제3의 시장으로 미국 시장을 키워야 한다고 본다. 이에 관한 문제를 현장에서 진단하였다. 제2장에서는 〈굿닥터〉 리메이크가 결정되고 진행되어간 경과와 성과를 정리하였으며, 〈굿닥터〉와 미국판 〈더 굿닥터〉의 차이를 살펴보았다. 제3장에서는 미주에서 한국 방송콘텐츠 비즈니스가 어떻게 이루어지는지를 정리하였다. 채널, 오프라인, 온라인을 포함하여 활성화시켜야 할 남미 시장과 사양길에 있는 비디오 사업까지 망라하였다. 제4장에서는 KBS아메리카에서 일하면서 방송콘텐츠와 연계된 비즈니스를 추진한 것을 소개하였다. 최근 『블루오션 시프트』라는 책이 출간되었다. 여기에는 완전히 부합하지 않으나, 블루오션 영역의 사업을 찾아보려고 노력하였다. 제5장에서는 미주 시장에서 한류의 발전을 위해 뛰었던 현장 경험을 정리하였다. 제6장은 KBS아메리카에서 근무하면서 접한 할리우드 산업의 동향을 『PD저널』에 기고한 글들이다. 국내 언

론 기사보다 더 심화된 내용을 통해 미국 콘텐츠 비즈니스 현황을 이해하고 한국 방송콘텐츠 비즈니스의 인사이트를 얻을 수 있을 것이라 생각하여 당시 쓴 기사를 보완하여 실었다.

이 책은 필자 혼자만의 저술이 아님을 밝힌다. 필자와 교류한 모든 사람들의 도움을 받아 이루어진 것이기 때문에 1천여 명의 공동 저술이라고 생각한다. 필자가 KBS아메리카에서 CEO로서 경험한 것이 독자들에게 좋은 정보가 되고 인사이트를 줄 수 있다면 무궁한 영광이 될 것이다.

2018년 8월 청라에서
유건식

제2장 〈굿닥터〉 리메이크가 궁금하다

제3장   미국에서 이루어지는 한국 방송콘텐츠 비즈니스

한국 방송콘텐츠의 미래를 열다

제6장 LA에서 경험한 미국 콘텐츠 산업에 대한 이해

한국 방송콘텐츠의 미래를 열다

제1장

왜 미국 방송시장이 중요한가

1. 미국 방송영상 시장의 변화

방송 플랫폼 영향력의 이동

콘텐츠 비즈니스에서 미국의 영향력은 막대하다. 그것은 프라이스 워터스 하우스에서 매년 발간하는 「글로벌 엔터테인먼트와 미디어 전망」에서 확인할 수 있다. 세계 방송영상 시장 규모[1]는 [그림 1]에서 보는 바와 같이 2016년에 4,279억 달러이며 2015년보다는 1% 증가하였다. 이 중에서 유료방송 가입료가 2,083억 달러(48.7%)로 가장 높은 비중을 차지하고 있고, TV 방송 광고가 1,630억 달러(38.1%)로 그 다음을 차지하고 있다. 즉 유료방송 가입료와 TV 방송 광고가 전체의 86.8%로 거의 대부분을 차지하고 있다.

---

1   PwC, Perspectives from the Global Entertainment and Media Outlook 2017-2022, 2017.[콘텐츠진흥원, 「2017 방송백서」에서 재인용.]

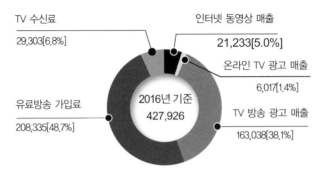

TV 수신료
29,303[6.8%]

인터넷 동영상 매출
21,233[5.0%]

온라인 TV 광고 매출
6,017[1.4%]

유료방송 가입료
208,335[48.7%]

2016년 기준
427,926

TV 방송 광고 매출
163,038[38.1%]

[그림 1] 세계 방송영상 시장 규모(단위 : 백만 달러)

　미국의 방송영상 시장 규모는 [그림 2]에서 보는 바와 같이 1,834억 달러로 세계의 방송영상 시장의 42.9%를 차지하며 그 흐름을 이끌고 있다. 분야별로 보면 가장 높은 비중을 차지하는 것은 유료방송 가입료로 55%인 1,009억 달러이다. 그 다음이 36.3%를 차지하는 TV 방송 광고 매출로 666억 달러이다. 두 분야의 매출이 91.6%나 차지한다. 인터넷 동영상 매출이 6.5%인 119억 달러, 온라인 TV 광고 매출이 2.2%로 40억 달러순이다. 이와 비해 한국의 2016년 방송콘텐츠 시장의 매출은 15조 9,023억 원

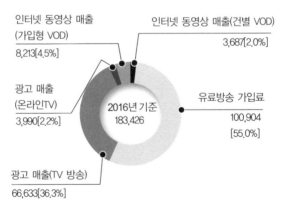

인터넷 동영상 매출
(가입형 VOD)
8,213[4.5%]

인터넷 동영상 매출(건별 VOD)
3,687[2.0%]

광고 매출
(온라인TV)
3,990[2.2%]

2016년 기준
183,426

유료방송 가입료
100,904
[55.0%]

광고 매출(TV 방송)
66,633[36.3%]

[그림 2] 미국 방송영상 시장 규모(단위 : 백만 달러)

한국 방송콘텐츠의 미래를 열다

으로 미국의 8% 수준에 불과하다.

인터넷의 발달에 따라 방송 플랫폼의 영향력이 이동하고 있다. 지상파 →케이블→OTT 쪽으로 힘의 균형이 흐르고 있다. TV 프로그램에 대한 시상식인 에미상의 2017년 69회 수상작을 보면, 버라이어티 스케치 부문의 NBC 〈SNL〉과 리얼리티 경쟁 부문의 NBC 〈더 보이스〉 외에는 전부 케이블TV나 OTT 업체가 작품상을 수상하였다. 심지어 ABC, CBS 등 지상파 방송사는 가장 경쟁이 치열한 드라마 부문에서 2007년 이후 수상작을 내지 못하고 있다.

플랫폼에 대한 선호 변화는 시청률 조사기관 닐슨이 조사한 시청 시간 감소에서도 알 수 있다. 2017년 시청자의 TV 시청 시간은 2016년에 비해 65세 이상을 제외하고는 감소하였다. 나이가 어릴수록 하락폭이 크다. 12~17세는 13.3%, 18~24세는 9.8%, 25~35세가 3.0%가 감소하였다. 5년 전인 2012년과 비교해보면 12~17세는 36.4%, 18~24세는 39.1%, 25~34세는 21.9%, 35~49세는 11.7%가 감소하였다. 오직 65세 이상에서만 4.6%가 증가하였다.

TV 시청 시간의 감소에 따라 유료TV의 시청자와 매출이 하락할 것으로 전망된다. 디지털TV리서치(Digital TV Research)에서 발간하는 「북미 유료TV 시장 전망(North America Pay TV Forecast)」[2]에 따르면 미국의 유료TV 매출이 2015년에 1,017억 1천만 달러로 정점을 찍고 하락세로 돌아섰다. 2015년부터 2023년 사이에 26%가 감소하여 751억 3천만 달러로 하락할 것으로 예상된다. 가입자도 2012년에 1억 34만 명으로 최고치를 기록하

---

2 http://worldscreen.com/tvusa/u-s-pay-tv-revenues-forecast-to-fall-by-
   27-billion/

고 2017년 9,035만 명, 2023년 8,033만 명으로 지속적으로 감소할 것이라고 전망하였다. 2016년 약 190만 가구가 감소한 데 비해 2017년에 400만 가구가 대폭 감소하였다. 반면 [그림 3]에서 보듯이 넷플릭스(Netflix)와 아마존 프라임 가입자는 급증하고 있다.[3]

케이블TV 매출은 2010년에 541억 1천만 달러로 최고치를 달성하였다. 2023년에는 367억 5천만 달러로 하락할 것으로 전망된다. 케이블TV는 2010년과 2023년 사이에 1,200만 명의 가입자를 잃을 것으로 예상되며 대부분이 벌써 이탈했다.

IPTV는 2015년에 96억 달러로 최고 매출을 달성하였고, 2023년에는 47억 7천만 달러로 줄어들 것으로 전망한다. 가입자도 2014년에 1,200만에서 2023년 626만으로 거의 절반으로 감소할 것으로 추정하였다.

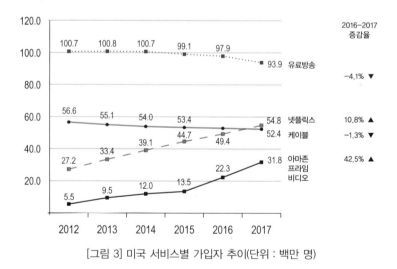

[그림 3] 미국 서비스별 가입자 추이(단위 : 백만 명)

---

3   정은진, 「2018년 미국 TV 방송사의 인터넷 동영상 시대 대응 전략(상)」, 정보통신정책연구원, 『정보통신방송정책』 제30권 5호, 2018, 9~10쪽.

위성TV는 2017년에 397억 8천만 달러의 매출에서 2023년에는 16% 감소한 336억 1천만 달러로 축소될 것이며, 가입자도 408만 명으로 떨어질 것이다.

미국 드라마의 가격은 얼마나 될까? 대체로 방송사는 방송권만 구입한다. 자료를 확인할 수 있는 것 중에 가장 비싼 것은 아마존에서 2018년 공개 예정인 〈반지의 제왕〉 드라마 버전으로 회당 2천만 달러이다.

그동안 화제가 됐던 드라마의 가격을 보면, NBC는 1998년 〈ER〉을 재계약할 때 이전보다 12배 인상된 에피소드당 1,200만 달러에 구입했다.[4] AMC는 〈브레이킹 배드〉에 2010년에 회당 300만 달러, 마지막 시즌에는 350만 달러를 지급하였다. 넷플릭스는 2013년 처음 방송한 〈하우스 오브 카드〉 13회에 1억 달러를 지급했으니 회당 769만 달러였다. HBO는 2017년 〈왕좌의 게임〉 마지막 시즌 7에서 회당 1,500만 달러를 지급하였다.[5]

파일럿에 대해서는 더 많은 비용이 들어간다. 평균적으로 712만 달러를 지급한다. 2013년 방송사가 20개의 파일럿을 주문했으나 방송된 것은 6개로 30%에 불과하였다. 구체적으로 폭스(Fox)는 56%, ABC는 33%였다. 기획안이 파일럿으로 제작되는 비율이 20%이며, 방송되는 것은 6%에 불과하다. 파일럿이 방송되어도 시즌 2로 이어지는 것은 35%에 불과하다. 이렇게 보면 대본의 98%가 실패한다고 할 수 있다.[6]

기존 TV 시장의 하락은 인터넷과 모바일의 성장에 따른 불가피한 결

---

4   바라트 아난드, 『콘텐츠의 미래』, 김인수 역, 리더스북, 2017, 306쪽.

5   http://variety.com/2017/tv/news/tv-series-budgets-costs-rising-peak-tv-1202570158/

6   https://priceonomics.com/the-economics-of-a-hit-tv-show/

과이다. OTT 등에 대한 인터넷 결제 외에도 모바일 결제가 급증하였다. 2017년 전 세계 모바일 매출은 600억 달러에 달해 2016년에 비해 35%가 증가하였으며, 미국에서는 애플 앱스토어와 구글플레이의 상위 10개 모바일 앱을 통해 결제된 금액이 77% 증가하여 7억 8,100만 달러에 달했다. 2017년 4분기에는 1년 전보다 거의 88%가 증가하여 2억 4,200만 달러를 기록하였다.

이러한 현상은 넷플릭스가 주도했는데 전년도에 비해 113%가 증가한 2억 9천만 달러였다. 유튜브(Youtube)의 증가율이 154%, 스타즈(Starz)는 147%, CBS도 128%로 증가율이 더 높았지만, 총액 면에서는 전체를 합쳐도 넷플릭스에 미치지 못했다. 2017년에 HBO(6,730만 달러)는 〈왕좌의 게임〉으로 하루 매출이 2,600만 달러, CBS도 〈스타트렉 : 디스커버리〉로 하루 매출이 2배에 달하는 기록을 세웠지만 역부족이었다.[7]

스포츠 중계권 경쟁

방송콘텐츠에 있어서 힘이 균형이 OTT 쪽으로 이동하고 있음에도 방송시장의 성장을 이끌어가는 것은 스포츠와 드라마로 보인다. 한국이 월드컵이나 올림픽을 국민의 볼 권리를 앞세워 의무적으로 방송해야 하는 것과 달리 미국에서는 하나의 방송사가 특정 스포츠를 독점 중계한다. 대표적인 것이 슈퍼볼이다. 초기에는 CBS와 NBC가 매년 교대로 방송했고,

---

7   http://worldscreen.com/tvusa/revenue-from-svod-mobile-apps-grew-
    77-percent-in-the-u-s/

18회인 1984년부터 25회인 1991년까지 CBS, ABC, NBC가 교대로 중계했다. 1999년부터 2007년까지는 폭스, ABC, CBS가 중계했고, 2008년부터는 폭스, NBC, CBS가 교대로 방송하고 있다.[8] 중계권료가 급상승하게 된 원인은 신생사인 폭스가 1993년 추진한 전략 때문이다. 당시 AFC(아메리칸 콘퍼런스), NFC(내셔널 콘퍼런스), 먼데이 나이트 풋볼(Monday Night Football) 패키지 가격이 2억 2천만 달러였는데, 폭스가 3억 9,500만 달러를 제시하여 중계권을 따낸 것이다. 폭스는 4년 계약 기간 동안 6억 달러의 적자를 보았지만, 미 전국에 진출하게 되었고 풋볼의 리드인 효과를 통해 〈심슨 가족〉과 〈엑스파일〉의 시청률 상승까지 이끌어서 제4의 방송사로 도약했다. 이러한 현상이 일어나는 현상은 제품 간 '불완전한 대체(imperfect substitution)'와 한 제품의 '결합 소비(joint consumption)'로 설명된다. '불완전한 대체'는 다른 가수 세 명의 앨범보다는 좋아하는 가수 한 명의 앨범을 갖는 것을 좋아하는 현상이며, '결합 소비'는 한 명의 예술가가 수천 명 또는 수백만 명의 청취자에게 동시에 다가갈 수 있는 특성이다. 이 두 현상 때문에 슈퍼볼의 가치가 계속 증가하고 있는 것이다. 그 다음 해 CBS는 5억 달러를 제시했고, 이렇게 중계권료가 치솟으면서 2015년에는 NFL 중계 가격이 연간 60억 달러까지 이르렀다.[9]

방송사는 스포츠 경기 독점을 통해 중계권료를 많이 지불하지만, 수익도 많이 올리고 있다. 미국 방송 광고 중에서 가장 단가가 높게 책정된다. 1967년 제1회 슈퍼볼 광고는 30초에 4만 2천달러에서 시작해 2000년 제34회는 190만 달러, 2015년 제49회는 450만 달러, 2016년 제50회는 500

8   https://en.wikipedia.org/wiki/List_of_Super_Bowl_broadcasters
9   바라트 아난드, 앞의 책, 2017, 290~308쪽.

만 달러로 급상승했다.[10][11] 2018년 제52회 슈퍼볼을 통해 NBC는 폭스가 2017년 올린 4억 1,900만 달러보다 조금 낮은 4억 1,400만 달러의 광고 수익을 올렸다. 광고 슬롯은 49분 35초로 방송 시간의 22%이다.[12] 한 경기를 통해서 4천억 원을 상회하는 광고 수익을 올린다는 것은 한국의 스포츠 중계 상황에서는 상상할 수 없는 일이다.

그러나 전반적인 광고 단가의 추이는 다른 모습이다. 미국의 광고 전문 사이트인 애드버타이징에이지(AdvertisingAge)는 매년 10월 텔레비전의 광고 에이전시를 조사해 30초당 광고 단가를 발표한다. 여기에서 전반적인 방송 광고의 지형을 살펴보면 실시간으로 볼 수밖에 없는 스포츠 중계의 광고 단가는 상승하고, 드라마와 예능 등 프로그램의 광고 단가는 하락 추세다. PwC에서도 대다수의 TV 시청자들 사이에 실시간 스포츠 중계와 프리미엄 엔터테인먼트에 대한 관심이 증가하고 있다는 분석 결과를 발표했다.[13]

드라마 제작 편수의 증가

미국의 방송시장을 이끌고 있는 또 하나의 현상은 [그림 4]에서 보는 바

---

10   https://www.statista.com/statistics/217134/total-advertisement-revenue-of-super-bowls/

11   http://www.syracuse.com/superbowl/index.ssf/2015/01/super_bowl_2015_how_much_does_commercial_cost_tv_ad_30_second_spot.html

12   https://www.broadcastingcable.com/news/super-bowl-generated-414m-ad-revenue-171555

13   http://adage.com/article/media/tv-ad-prices-idol-match-football/237874/

한국 방송콘텐츠의 미래를 열다

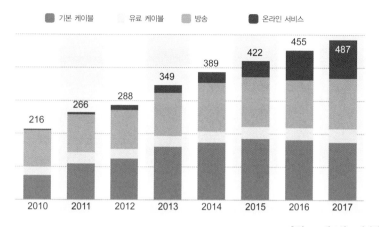

[그림 4] 미국 드라마 제작 편수

와 같이 매년 드라마의 제작이 증가하고 있다는 점이다. 2010년 216편의
드라마가, 2017년에는 487편의 드라마가 제작되었다. 10년 동안 드라마
제작 편수가 2배 이상 늘었다. 2010년부터 2013년까지는 주로 케이블TV
가 주도했고, 이후에는 넷플릭스 등 온라인 업체가 드라마 제작의 급증을
이끌었다. 이러한 현상을 두고 전에 볼 수 없었던 "TV 드라마의 황금시대"
라는 표현까지 사용하고 있다. 10년 전에는 유명한 할리우드 배우가 TV
시리즈에 나오지 않았으며, 'TV 배우'라는 용어는 영화 배우로 실패했다
는 의미로 사용되었다. 그러나 지금은 〈왕좌의 게임〉 같은 드라마는 블록
버스터 영화보다 더 인기 있고, 할리우드 스타가 배역을 맡고 싶어 하게
되었다. 이러한 TV 드라마에 대한 열광은 새로운 드라마를 보고 싶은 시
청자의 만족할 줄 모르는 욕망 때문으로 분석되고 있다.[14]

---

14 https://www.statista.com/chart/12493/number-of-tv-series-aired-in-the-
    united-states/

출처 : 조영신, 「미국미디어 시장의 현황과 시사점」, 2012에 facebook 추가

[그림 5] 플랫폼 경쟁 본격화

이러한 현상은 한국에서도 동일한 양상을 띠고 있다. 방송사 드라마의 편수가 증가하고 이제는 케이블과 종편에서 점점 더 많은 드라마를 제작하고 있다. 그러나 아직 넷플릭스나 아마존 같은 온라인 업체의 드라마는 부족하지만 향후 넷플릭스의 오리지널 드라마 제작을 시작으로 네이버나 카카오에서도 이러한 경향을 지향하지 않을까 한다.

미국의 방송시장의 가장 큰 변화는 [그림 5]에서 보는 바와 같이 플랫폼 경쟁이 심화되고,[15] 이와 더불어 OTT 업체가 오리지널 프로그램 제작을 확대하고 있다는 것이다. 넷플릭스의 〈하우스 오브 카드〉의 성공을 시작으로 아마존, 훌루(hulu.com),[16] 유튜브, 애플 등도 오리지널 제작을 늘리고 있다. 넷플릭스의 오리지널 작품은 2018년 4월 현재 512편 등록되어 있

---

15 박원준, 「글로벌 미디어 기업의 M&A 사례와 시사점」, 『동향과 전망 : 방송 · 통신 · 전파』 제78호, 한국통신전파진흥원, 2014.

16 훌루는 지난 2008년 월트디즈니, 21세기폭스, 컴캐스트NBC유니버셜과 폭스가 합작해 만든 회사. 훌루는 광고 수익을 기반으로 TV 방송을 무료로 서비스하며 인기를 끌었다. 현재 훌루의 주요 주주는 월트디즈니, 컴캐스트, 타임워너 등이다.

한국 방송콘텐츠의 미래를 열다

다. 아마존 프라임은 76편, 훌루 38편, 유튜브 57편의 작품이 있으며, 계속해서 많은 작품들이 개발되고 있다. 동영상 사이트 시청 비율은 [그림 6]에서 보듯이 넷플릭스가 가장 많은 40%를 차지하고 있다.[17]

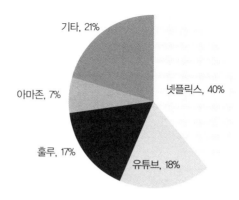

[그림 6] 미국 동영상 스트리밍 업체 시장 점유율

2015년에 이미 넷플릭스의 프로그램 개발 예산은 49억 100만 달러로 터너의 38억 700만 달러를 앞질렀고, HBO의 20억 3,500만 달러보다 두 배 이상 많은 데다 CBS의 57억 3,100억 달러까지 육박하였다.[18] 2017년에 간격이 더 좁혀졌다. 넷플릭스는 58억 달러, 아마존은 45억 달러, 훌루는 25억 달러, 애플 10억 달러를 오리지널 제작에 투자할 것으로 전망되었다. 반면, NBC 유니버설만 제작 예산이 86억 달러로 넷플릭스보다 많고, 타임워너 50억 달러, 월트디즈니 57억 달러, 폭스 55억 달러로 넷플릭스보다 적다.[19] 향후 'FAANG(Facebook, Amazon, Apple, Netflix, Google)'으로 통칭되는 IT 대기업의 콘텐츠 투자가 증가할 것이다. 넷플릭스는 2018년 80억 달러, 아마존은 2018년 60억 달러, 2019년 80억 달러, 페이스북은 2018년 10억 달러,

17 http://file.mk.co.kr/imss/write/20180131103200__00.pdf

18 http://www.telecompetitor.com/amazon-netflix-programming-budget-is-more-than-cbs-hbo-and-turner/

19 https://www.mediapost.com/publications/article/307459/streaming-tv-services-up-production-budgets.html

애플은 2022년까지 42억 달러를 투자할 예정이다.[20] 애플이 준비하는 작품은 2019년에 오픈할 것으로 보이고, 페이스북도 자체 제작을 위해 준비 중이다.

닐슨에 따르면 VOD 이용자들의 20%가 OTT 업체의 오리지널 작품들을 시청하고, 80%는 기존 방송사의 프로그램이나 영화를 시청하는 것으로 알려졌다. OTT에 대한 주된 프로그램 공급자는 타임워너와 21세기폭스로 각각 16%와 15%의 비중을 차지하고 있다.

급격한 인수 합병

이렇게 방송시장의 변화는 급격하다. 이에 대응하기 위해 M&A도 이루어지고 있다. AT&T의 2015년 디렉TV(DirecTV) 인수(490억 달러), 2016년 10월 타임워너 인수(1,077억 달러) 추진을 통한 통신과 방송의 합병, 월트디즈니의 2018년 21세기폭스 인수(713억 달러) 추진 등은 미디어 지형의 지각 변동을 가져올 것이다. 이러한 변화는 OTT 등으로 소비자 기호가 변화하는 것에 대한 전략적 대응일 것이다. 그러나 기존 유료TV 가입자가 코드 커팅을 하고 전부 VOD(MVPDs, Multichannel Video Programming Distributors) 이용자로 변모해야 하지만 반드시 그러리라고 단정할 수는 없다는 분석도 나오고 있다. 세계에서 가장 큰 시장이 어떻게 변할지 예의 주시해야 할 필요가 있다.

---

20 https://qz.com/1110363/netflix-and-amazon-bet-big-on-originals-but-audiences-watch-more-of-the-older-stuff/

한국 방송콘텐츠의 미래를 열다

2. 한국 방송에 미치는 미국 방송콘텐츠의 영향

미국의 방송산업 시장 규모

미국은 세계 최대 규모의 방송영상 산업 시장을 갖고 있기 때문에 전 세계의 방송콘텐츠와 기술, 정책 등에서 영향을 미치고 있다. [그림 7]에서 보는 바와 같이 미국은 2015년 기준으로 방송산업을 통해 1,728억 달러의 수익을 창출하고 있다.[21] 한국은 93억 달러로 미국의 5.4%에 불과하다. 미국의 방송산업은 국내뿐만 아니라 해외에서 올리는 수익이 상당하다. 1인당 수익을 비교해봐도 월등히 미국이 높다. 한국이 1인당 185달러인 데 비해 미국은 536.7달러이다([그림 8]).

한국은 다른 국가보다 미국에서 방송 프로그램을 제일 많이 수입하지만, 수출은 아직 그에 비해 상당히 적다. 2016년 기준으로 전체에서 차지하는 비중이 수출은 5.9%이고, 수입은 85.9%나 된다. 지상파와 케이블로 나누면 지상파는 수출이 774만 8천 달러에 수입은 144만 6천 달러로 수출

---

21 콘텐츠진흥원, 「2016 방송영상 산업백서」, 2017, 5쪽.

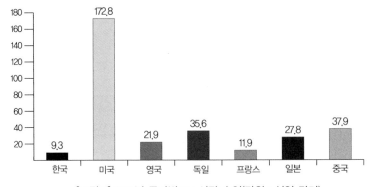

[그림 7] 2015년 국가별 TV 시장 수익(단위 : 십억 달러)

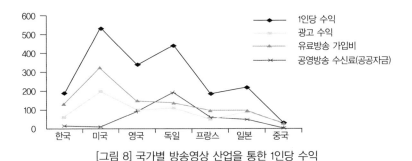

[그림 8] 국가별 방송영상 산업을 통한 1인당 수익

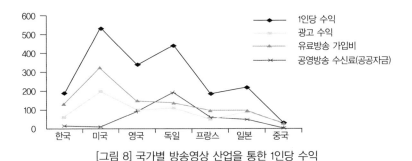

[그림 9] 방송콘텐츠 미국 수출입 현황

이 5.4배나 된다. 반면 케이블은 수출 677만 2천 달러, 수입 1억 172만 6
천 달러로 15배나 수입이 많다. 그만큼 지상파는 프로그램 경쟁력이 있으
나 케이블은 부족한 프로그램을 미국에서 구매해 오고 있다. 특히 미국에

한국 방송콘텐츠의 미래를 열다

서 구매하는 비율이 88.3%에 달해 미국 의존도가 매우 높다.

미국 드라마의 인기

한국 시청자의 상당수는 미국 드라마를 시청하고 있다. 미국 드라마가 한국에 방송된 것은 1970년대부터였다. 미국 NBC의 〈맨 프롬 엉클〉이 MBC에서 〈0011 나폴레옹 솔로〉(1973~1974.9)라는 제목으로 방송되었다.[22] 1976년부터 2년간 TBC에서 〈6백만 불의 사나이〉가 방송되었고,[23] KBS-2TV에서 1988년부터 재방송되었다. 이외에도 〈초원의 집〉(MBC, 1976.10~1981.6), 〈달라스〉(TBC, 1980), 〈스타스키와 허치〉(KBS-2TV, 1981), 〈맥가이버〉(MBC, 1986.11.5~1992.8.1), 〈코스비 가족 만세〉(KBS-2TV, 1988~1989) 등이 방영되었다. 1989년 12월 17일 TV 편성표를 보면 KBS-1TV 저녁 7시 40분 〈달리는 사이먼〉, KBS-2TV 〈코스비 가족 만세—사랑의 계단〉, 5시 〈6백만 달러의 사나이〉, MBC 아침 10시 〈마법사 맥케이〉가 정규 편성되었을 정도로 많은 외화를 방송하였다.[24] 그러나 1990년대부터 국내 프로그램이 인기를 끌면서 해외 드라마 편성이 감소되었다. 1992년에는 〈천재소년 두기〉가 방송되었고, 1990년에는 멕시코 드라마 〈천사들의 합창〉도 방송되었다. 이후 미국 드라마는 프라임 타임[25]에서는

---

22 https://namu.wiki/w/%EB%A7%A8%20%ED%94%84%EB%A1%AC%20
    %EC%97%89%ED%81%B4

23 https://namu.wiki/w/600%EB%A7%8C%EB%B6%88%EC%9D%98%20
    %EC%82%AC%EB%82%98%EC%9D%B4

24 http://www.lostmemory.kr/xe/tv/32307

25 시청자가 하루 중에 TV를 가장 많이 보는 시간대로 대개 오후 8시에서 11시

사라지고 심야 시간으로 이동하게 되었다. 반면, 1995년 케이블TV 서비스가 시작되면서 부족한 콘텐츠를 해외에서 사오게 되어 많은 해외 드라마가 방영되었다. 〈프렌즈〉〈엘리의 사랑 만들기〉〈섹스 앤 더 시티〉〈윌 앤 그레이스〉 등 여성 취향의 시리즈들이 인기를 얻었고, 인터넷에서는 해외 드라마 동호회가 급증했으며 20~30대 여성 중심으로 화제를 모았다. 최근 한국 성인의 40.1%가 '미드'(미국드라마)를 보고 있으며 그중 20대가 54%라는 설문조사 결과도 발표됐다.

1970년과 1980년대 초반에 한국에서 방영된 이들 미국 드라마는 한국 방송에 직간접적으로 영향을 미치며 한국 방송사들이 16~20부작의 미니시리즈 드라마를 제작하게 하는 계기가 되었다.[26]

2007년 7월 한국방송영상산업진흥원이 발표한 자료에 의하면 2006년 지상파 방송 및 케이블·위성TV가 들여온 전체 미국 영상물 가운데 드라마의 비중이 55.3%로 2005년 점유율 1위였던 영화(56.7%)를 따돌렸다.[27]

미국 드라마를 '미드'라고 약칭하고, 다운로드 받은 드라마를 온종일 시청(Binge Watching)하다가 생활이 망가진 사람을 '미드폐인'이라고 할 정도로 미국 드라마는 한국인에게 인기가 많다. 그러다 보니 케이블에서는 '1일 미드 편성'까지 시도하고 있다.미국 드라마를 좋아하는 이유는 멜로 위주의 한국 드라마에 비해 수사물, 메디컬 등 다양한 장르가 있기 때문이다. 이러한 경향이 한국에서도 2010년대 중반 장르드라마의 붐을 몰고 왔

사이를 말한다. 시청률이 높기 때문에 광고비도 가장 비싸다.

26 한국콘텐츠진흥원, 『드라마 편성, 제작 그리고 내용 분석』(KOCCA 연구보고서 14-39), 2014, 99쪽.

27 강이현, 「'미드' 보는 사회? '미드' 말하는 사회!─[토론회] "미디어 프로그램, 돌 던지기와 무조건 찬사는 그만"」, 『프레시안』 2007.8.14.

한국 방송콘텐츠의 미래를 열다

다. 다음으로 미드를 통해서 미국 문화를 간접 경험할 수 있다. 예를 들어 〈디 오씨〉는 미국 상류층의 이야기를 화면을 통해 알 수 있게 해준다.[28] 또한 완성도와 스케일의 매력에 빠지게 한다. 이러한 경향이 〈아이리스〉 〈태양의 후예〉 〈미스터 선샤인〉 같은 블록버스터를 제작하게 한다.

임양준[29]에 따르면 대학생들이 미국 드라마를 시청하는 이유로는 오락과 휴식, 정보 획득, 환경/동반자, 성적 흥미, 미국 드라마 특성이 있는 것으로 나타났으며, 5개의 요인명에 따른 요인은 [표 1]과 같다.

미국에서는 TV가 아닌 드라마를 다운로드 받은 컴퓨터 앞에 죽치고 앉아 간식을 먹는 '마우스 포테이토(mouse potato)족'의 등장, 미국인들이 과학적 범죄 검식은 3일이면 해결된다는 환상을 갖게 됐다는 'CSI 현상', 추리극 〈로스트〉의 내용상 의문을 둘러싼 팬 사이트가 우후죽순으로 생겨나는 '로스트 팬덤(LOST fandom)' 현상이 나타나고 있다.[30] 이러한 현상은 미드를 보는 한국인에게도 거의 비슷하게 나타나고 있다.

미드에 대한 인기가 많아지면서 구매 비용이 상승하고 있다. 20회 안팎으로 한 시즌이 구성되고 연속적으로 새 시즌이 나오는 미드의 경우 안정적인 편성을 꾀할 수 있다는 이점이 있어 미드를 둘러싼 경쟁이 점차 치열해지고 있고, 프로그램의 가격 상승을 불러와 비용 부담으로 이어지는 반작용을 일으키기도 한다. 2007년에 미드의 인기가 높아지자 한 케이블 구매 담당자는 "최근 2~3년새 미국 TV시리즈의 회당 가격이 2~2.5배로 뛰었다. 인기 시리즈를 잡기 위한 경쟁이 점점 치열해지는 상황"이라고 말했

---

28 최샘, 「'미드'가 한국드라마에 한 수 위인 까닭」, 『오마이뉴스』, 2007.5.8.

29 임양준, 「대학생들의 미국 텔레비전 드라마에 대한 시청 동기 및 만족도 연구」, 『한국언론정보학보』, 2008, 303~336쪽.

30 강이현, 앞의 글.

다.[31] 최근에는 해외 배급사의 국내 법인장으로부터 그때보다 다시 2배는 오른 금액으로 거래되고 있다고 들었다.

[표 1] 미국 텔레비전 드라마 시청 동기

요인명	요인
오락과 휴식	재미와 감동을 주기 때문에 무료한 시간을 보내기 위해서 다른 사람과 대화거리를 위해서 스트레스를 해소하기 위해서 친구들이 권유하기 때문에
정보 획득	세상 돌아가는 것을 알 수 있어서 좋아하는 배우를 보려고 필요한 학습과 교양을 배우려고 배우들의 생활을 동경하기 때문에
환경/동반자	가족이 미국 드라마를 좋아해서 대화 상대가 없어서 대리만족을 위해서 편리한 시청 시간대이므로
성적 흥미	성적 매력 있는 대상을 볼 수 있어서 성적 호기심을 충족하기 위해서
미드 특성	짜임새와 완성도가 높기 때문에 배우들의 훌륭한 연기 때문에 미국 문화를 간접 체험할 수 있어서 배우들로부터 유행 패션을 습득하기 위해서 영어를 배우기 위해서

---

31 백나리, 「넘쳐나는 '미드'…진짜 열풍일까?」, 『연합뉴스』 2007.3.8

한국 방송콘텐츠의 미래를 열다

한국 제작 시스템의 변화

미국 드라마는 한국의 제작 시스템에도 많은 영향을 주었다. 첫 번째는 집단 창작 시스템이다. "미국 드라마는 여러 명의 작가가 모여 아이디어를 내고 집필 작가가 대본을 쓰는 드라마 공동 창작 시스템에 의해 만들어지는데, 이를 일러 '크리에이터 시스템'이라고 한다. 세계적인 인기를 끈 미국 드라마 〈24시〉〈로스트〉〈하우스〉〈번 노티스〉 등이 크리에이터 시스템으로 제작된 드라마로서, 미국 드라마에서는 일반화된 작가 시스템이다."[32] 이러한 시스템을 도입한 곳이 최완규 작가가 만든 '에이스토리'와 김영현 작가와 박상면 작가가 만든 '케이피앤쇼' 등이다. 〈응답하라〉 시리즈도 이런 형태를 도입하여 제작되었다. 두 번째, 장르드라마로 소재의 확장이 이루어졌다. 전문화된 작가에 의해 소재의 전문화와 함께 심층적 세분화 과정을 거치게 되면서, 일상드라마, 범죄드라마, 과학범죄수사드라마, 심리범죄수사드라마, 법정드라마, 의학드라마, 판타지드라마 등이 제작되었다. 세 번째, 드라마의 몰입도를 증가시켰다. "미국 드라마의 오락성 요소와 드라마적 상상력을 극대화하고 시청자들에게 대리 체험이나 공감의 가치를 느끼게 해주고 있을 뿐 아니라 전문성과 심층성은 그만큼 드라마에 대한 몰입도를 증가"시켰다.[33] 네 번째로 장르 간의 융합이 일어났다. MBC의 〈심야병원〉은 메디컬과 서스펜스의 융합, 〈응답하라〉 시리즈에서의 예능 작가의 드라마 집필 등이 있다. 다섯 번째로 〈비천무〉〈내 인생의 스페셜〉 등 사전 제작이 시도되었다. 대체로 사전 제작제가 좋은 성

---

32 한국콘텐츠진흥원, 앞의 책, 100쪽.
33 위의 책, 102쪽.

적을 거두지 못했으나, 〈태양의 후예〉가 징크스를 깨고 공전의 히트를 기록하였다.

미국 드라마 리메이크

미국 드라마 리메이크가 많아지고 있다. 〈굿 와이프〉 〈안투라지〉 〈크리미널 마인드〉 〈슈츠〉가 제작되었다.

미국 포맷을 수입하여 제작한 첫 사례는 〈SNL 코리아〉이다. 미국 NBC에서 40년간 방송한 〈새터데이 나이트 라이브〉의 포맷을 구입하여 〈SNL 코리아〉라는 제목으로 2011년 12월 3일부터 방송을 시작, 2017년 11월 18일까지 시즌 9가 방송되었다.

드라마로는 처음으로 2009년 CBS에서 방송하기 시작하여 2016년 시즌 7까지 방송된 〈굿 와이프〉가 리메이크되어 2016년 7월 8일부터 tvN에서 동일한 제목으로 방송되었고, AGB닐슨 기준으로 최종 시청률이 6.2%를 기록하면서, 꽤 괜찮은 반응을 얻어냈다.

HBO에서 2004년부터 2011년까지 시즌 8까지 방송한 〈안투라지〉는 2016년 11월 4일부터 동일 제목으로 리메이크되어 사전 제작했고, tvN에서 방송되었으나 반응은 매우 저조하였다.

2005년부터 ABC에서 13년째 방송되고 있는 〈크리미널 마인드〉는 2017년 7월 26일 tvN에서 동일 제목으로 방송되었다. AGB닐슨 기준으로 최종 시청률이 6.2%로 나쁘지 않은 반응을 얻어냈다.

2011년 미국 USA 네트워크에서 방송하기 시작하여 시즌 7을 방송 중인 〈슈츠〉는 동일 제목으로 리메이크되어 2018년 4월 25일부터 KBS-2에서 방송되어 최고 시청률이 11.3%를 기록하였고, 동시간대 1위를 기록하며 미국 드라마의 한국 리메이크 작품 중에서 가장 성공적인 작품이 되었다.

새로운 채널 넷플릭스

넷플릭스의 한국 진출이 방송 영역의 지형을 흔들고 있다. 넷플릭스는 2015년 7월 27일 자본금 1억 원의 넷플릭스서비시즈코리아를 설립하고, 2016년 1월 자본금을 7억 5천만 원으로 증액했다.[34] 정식 서비스는 2016년 1월 6일 시작하였다.

지금까지는 싱가포르에 있는 아시아태평양본부에서 총괄하다가 최근 한국 콘텐츠 개발에 집중하기 위해 2018년 4월 1일 중학동 더케이트윈타워로 옮기면서 한국 상주팀을 운영하고 있다.

국내 론칭 초반에는 〈꽃보다 남자〉 〈뱀파이어 검사〉 〈파스타〉 등 넷플릭스의 초기 전략처럼 구작 위주로 서비스를 하였으나, 최근에는 tvN과 jtbc와의 계약에 따라 신작을 바로 볼 수 있도록 하고 있다.

서비스를 시작할 때 국내의 반응은 넷플릭스가 한국에서 성공하기 쉽지 않다는 것이었다.[35] 첫째, 한국 유료방송이 미국처럼 비싸지 않다는 것이다. 미국의 케이블TV 요금이 월 10만 원대이지만 한국은 1~2만 원에 불과하기 때문에 코드커팅을 하고 넷플릭스를 선택하기 쉽지 않다는 해석

---

34 박원익, 「넷플릭스, 설립 3년만에 韓 오피스 이전… 콘텐츠 확보 박차」, 『조선비즈』 2018.4.9.

35 허완, 「넷플릭스가 한국에서 성공하기 쉽지 않은 3가지 이유」, 『허핑턴포스트코리아』 2016.1.7.

이다. 둘째, 매력적인 콘텐츠가 부족하다는 것이었다. 국내 방송을 볼 수도 없고, 넷플릭스의 대표작인 〈하우스 오브 카드〉도 없고 국내 콘텐츠가 20~30편에 불과했다. 셋째, OTT 서비스가 크게 성공을 거두지 못하고 있다는 점이다. 푹(pooq)이나 티빙(tving)의 가입자가 크게 늘지 않고 있다.

한국 오리지널로 영화 〈옥자〉를 제작하였으며, 스탠드업 코미디 〈유병재 : 블랙코미디〉를 2018년 4월부터 서비스하고 있다. 개그맨 유재석이 출연하는 예능 프로그램 〈범인은 바로 너〉를 제작해 5월 4일 오픈하였고, 천계영 작가의 웹툰을 바탕으로 한 드라마 〈좋아하면 울리는〉, 김은희 작가의 신작 드라마 〈킹덤〉 등을 제작하고 있다.

이렇게 되면 현재까지 지상파나 케이블을 통하지 않고 공개하는 드라마가 없었는데, 새로운 채널이 생기게 된 것이다. 거기다가 기존 방송사에 비해 높은 제작비를 책정하기 때문에 제작사의 쏠림 현상도 발생할 수 있고, 기존 방송사의 경쟁력을 약화시킬 우려도 꽤 클 것이라고 생각한다.

3. 미국 내 한국 방송콘텐츠 시장의 위치

미국은 한류가 정착하기 어려운 곳 중 하나이다. 문화, 언어도 다르고 피부 색깔도 다른 것도 있지만, 세계 콘텐츠 시장을 미국이 거의 석권하고 있기 때문이다. 그러나 미국에서 드라마를 통한 한류는 한인들을 위한 서비스에서 주류 사회로 확산되고 있다. 미국인들은 2007년에 설립된 라쿠텐 비키(Viki)와 2009년에 설립된 드라마피버(DramaFever) 등을 통해 한국 드라마를 접하기 시작했다. 이들 이용자의 80%가 비아시안계라고 한다. 수출액을 통해 보면 2010년부터 조금씩 기지개를 켜기 시작했다. 이 두 업체가 선두 경쟁을 하면서 한국 콘텐츠의 구매 가격이 급등하기 시작하여, 2001년 199만 달러에서 2016년에는 1,450만 달러까지 수출액이 증가했다.

필자는 미국 시장을 한류의 제3국가라고 칭하는데, 그 이유는 기존의 한류를 이끌었던 일본과 중국에 이어서 새롭게 포맷이나 플랫폼으로 수익을 올릴 수 있기 때문이다. 2017년, 한국의 드라마가 최초로 리메이크되어 ABC에서 방송되었다. SBS의 드라마 〈신의 선물〉이 리메이크되어 여름 시즌에 〈섬웨어 비트윈(Somewhere Between)〉(2017.7.24~9.19, 10부작)이라는 제목으로 방송된 것이다. KBS 드라마 〈굿닥터〉는 한국 드라마로는 최초로 미국에서 리메이크되어 파일럿으로 제작되었고, ABC의 프라임 타임에 정규 시즌작으로 편성되어 9월 25일부터 〈더 굿닥터(The Good Doctor)〉라는 제목으로 방송을 시작, 동시간대 시청률 1위를 기록하면서 18회로 시즌 1을 성공리에 마쳤으며, 시즌 2를 방송하기로 확정되었다. 이처럼 2017년은 한류가 미국에서 새로운 단계로 성장한 해이다. 멕시코에서는 KBS의 주말드라마 〈넝쿨째 굴러온 당신〉이 리메이크되어 시청률 1위를 했으며, 〈오작교 형제들〉과 〈아버지가 이상해〉도 리메이크될 예정이다.

그리고 미국 OTT업체의 성장을 보면서 KBS, MBC, SBS가 연합하여 새로운 서비스를 시작했다. 한국 방송 3사가 연합한 KCP(Korea Content Platform)가 미국에서의 직접 서비스를 위해 2016년 12월 설립되었고, 2017년 7월부터 KOCOWA(Korea Content Wave) TV를 론칭하여 서비스를 시작했다.

K-Pop 부문에서도 많은 성장을 하였다. 2012년에 싸이가 〈강남스타일〉로 전 세계에 화제를 불러일으킨 이래, 2018년 7월 현재 유튜브 조회수가 32억 뷰에 육박하고 있다. 아이돌 그룹 방탄소년단(BTS)은 K-Pop 그룹 최초로 '빌보드 뮤직 어워드'에서 2017년과 2018년 2년 연속 '톱 소셜 아티스트' 부문상을 수상하고 2017년 '틴 초이스 어워드'에서 '최고 해외 아티스트상'을 수상했으며, 또한 2018년 5월에는 한국 가수 최초로 빌보드 1위를 기록하였다. CJ E&M에서 2012년부터 LA에서 시작한 K-Con은 2015년부터는 뉴욕까지 확대되었고, 2017년에는 멕시코까지 확대되었다. 1만 명이었던 관람객이 8만 5천 명까지 증가했다. 여기에 참가하는 관람객 중에는 백인과 히스패닉 등 비아시안계가 60%를 차지할 정도이다.

한국 방송콘텐츠의 미래를 열다

미국 내의 한류는 드라마와 K-Pop이 이끌어가고 있으며, 미국 전역으로 확대될 가능성이 높다고 전망된다. 미국에서의 인기는 가깝게는 캐나다와 중남미, 멀리는 아프리카까지 매우 긍정적인 영향을 미칠 것이다.

제2장

〈굿닥터〉 리메이크가 궁금하다

1. 〈굿닥터〉 리메이크 과정[1]

〈굿닥터〉 리메이크 프로젝트는 필자가 2013년 드라마국 비즈니스 매니저로 일할 때부터 시작되었고, KBS아메리카 사장으로 부임하여 마무리를 하였다. 2015년 CEO로 부임하기 전에는 KBS아메리카에서는 드라마 리메이크나 예능 포맷 판매와 관련된 업무를 진행하지 않았다. 필자가 그동안 추진한 그 노하우를 갖고 회사의 새로운 영역으로 확장했다. 5월에 실시하는 LA 스크리닝과 11월에 실시하는 'K-Stroy in America' 행사에 지속적으로 참가하였고, 새롭게 형성된 네트워크를 통해 수시로 드라마와 예능의 포맷 사업을 진행할 수 있도록 세팅했다. 그 결과 〈굿닥터〉 외에도 〈풀하우스〉와 〈아버지가 이상해〉의 리메이크권을 남미에 판매하였다.

〈굿닥터〉 리메이크를 현지에서 추진하는 장점은 할리우드 관계자들과

---

1   〈굿닥터〉 리메이크 과정은 필자가 한국콘텐츠진흥원이 발간하는 『방송 트렌드&인사이트』 2017년 2호(vol.11)에 기고한 「드라마 〈굿닥터〉의 리메이크피칭에서 ABC 방송까지 풀스토리」를 바탕으로 수정, 추가한 내용이다.

교류를 할 수 있다는 점이다. 미국 스튜디오에서 방송사에 피칭(Pitching)[2] 할 때 참가할 수도 있었고, 파일럿 제작을 할 때 밴쿠버 제작 현장에도 방문하고, LA 스크리닝 동안에 열리는 소니픽쳐스 스튜디오 스크리닝에도 참가할 수 있었다. 이들에게 KBS의 새로운 드라마를 직접 소개할 수도 있고, 작품을 통해 새로운 사업 기회를 제안하기도 했다. 방탄소년단이나 엑소 같은 한국 아티스트의 곡을 미국판 〈더 굿닥터〉에 삽입하기 위해 소개도 했다. 언젠가 이것이 현실이 되면 좋겠다.

〈굿닥터〉(연출 기민수, 극본 박재범)는 2013년 8월 5일부터 10월 8일까지 KBS-2TV에서 방송된 드라마다. 내용은 서번트 신드롬(Savant syndrome)[3] 을 갖고 있는 주인공(주원 분)이 대학병원 소아외과에서 자신의 장애를 극복하고 훌륭한 의사로 성장하는 스토리다. 당시 '주원앓이'라는 말이 유행할 정도로 주원의 표정 연기가 일품이었으며, 인기에 힘입어 시청률도 10.9%에서 시작해 19.2%로 두 배 정도 상승하면서 종영했다.

2013년 KBS-2TV에서 방송된 〈굿닥터〉가 미국에서 리메이크되었다. 소니픽쳐스 텔레비전(Sony Pictures Television)에서 〈더 굿닥터(The Good Doctor)〉라는 제목으로 파일럿을 제작했고, 미국 메이저 방송사인 ABC가 정규 시즌 프라임 타임에 편성해 9월 25일 10시(중부 9시)에 방영했다.

---

2   작가들이 편성, 투자 유치, 공동 제작, 선판매 등을 목적으로 제작사, 투자사, 바이어 앞에서 기획 개발 단계의 프로젝트를 공개하고 설명하는 일종의 투자 설명회를 말한다.
3   자폐증이나 지적 장애를 지닌 이들이 특정 분야에서 천재적 재능을 보이는 현상.

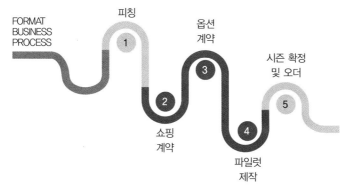

[그림 10] 드라마 리메이크 프로세스

이는 한국 드라마 역사상 최초의 일이기 때문에 어떤 과정을 거쳐 이루어졌는지를 정리하는 것은 한국 드라마 발전을 위해 중요한 일이라 생각한다. 〈굿닥터〉의 피칭부터 ABC 방송사가 시즌 2 제작을 결정하기까지 그 모든 과정을 설명하고자 한다. 일반적인 드라마 리메이크 프로세스는 [그림 10]과 같다. 이 그림은 KBS 내부 전자잡지인 『트렌드미인』에 〈굿닥터〉 리메이크 경과를 기고했을 때 편집자가 그 과정을 그려준 것이다. 이 그림을 기억하면 이해가 한층 수월할 것이다.

한국 드라마 최초 피칭 행사 〈K-Stroy in America〉

〈굿닥터〉 리메이크의 시작은 2013년 9월 10일에 받은 한 통의 메일에서부터였다. 2011년 '미국 드라마 집단창작과 제작 프로세스 이해 연수'에서 인연을 맺은 한국콘텐츠진흥원으로부터 미국 LA에서 열리는 한국 스토리 해외시장 진출을 위한 피칭 행사 안내를 받게 된 것이었다.

2011년 UCLA에서 프로듀싱 과정을 공부할 때, 한국 드라마가 미국 주류 사회에서 통하려면 리메이크가 답이라는 생각을 했던 터라 메일을 받자마자 준비에 돌입했고, 한국콘텐츠진흥원의 심사를 거쳐 10월 7일, 총 15개 피칭 작품 중 하나로 선정됐다.

한국 드라마 최초의 피칭 사례나 다름없었기 때문에 드라마에 집중해 이야기하는 것이 최선책이었다. 〈굿닥터〉 전편을 다시 보면서 피칭에 활용할 장면을 분류해 타임코드를 기록하고, 이에 따라 영상을 편집했다. 그리고 〈굿닥터〉가 미국 내에서 흥행할 수 있는 요소를 미국 드라마의 특성과 비교해 정리했다.

10월 11일 한국콘텐츠진흥원에서 준비한 피칭에 대한 전반적인 오리엔테이션을 받은 후, 10월 19일부터 11월 3일까지 총 4회의 피칭 멘토링과 닥터링을 받으면서 피칭을 준비했다. 3명의 멘토가 멘토링과 닥터링을 동시에 진행하기도 하고, 3개 그룹으로 나누어 하기도 했는데, 〈굿닥터〉는 윤준형 영화감독이 담당했고 전체적인 피칭 구조, 초반 도입부의 멘트, 영상과 이미지의 적절한 활용과 관련하여 많은 코멘트를 받았다.

한국에서의 사전 준비를 마치고, 11월 6일 미국 LA로 건너가 미국 작가 로렌스 앤드리즈(Laurence Andries)[4]의 최종 코칭을 받았다. 로렌스 앤드리즈는 〈굿닥터〉에 대해 긍정적 반응과 더불어 한국에서도 방송된 〈천재소년 두기(Doogie Howser)〉를 참고 드라마로 소개하면 좋겠다는 의견을 피력했다. 콘텐츠 비즈니스에서 상대방의 문화를 이해하는 것이 매우 중요한 맥락이라는 것을 새삼 깨닫는 순간이었다.

11월 7일, 드디어 100여 명의 할리우드 관계자들 앞에서 피칭이 시작됐

4　미국 드라마 〈식스 핏 언더(Six Feet Under)〉 〈슈퍼 내추럴(Super Natural)〉 제작에 참여한 작가다.

다. 모두들 열심히 준비한 덕에 뜨거운 반응과 함께 발표를 마쳤으며, 리셉션에서는 영어 자막을 넣은 〈굿닥터〉 2회 분량을 준비해 관심 있는 이들에게 나눠주면서 설명을 덧붙이기도 했다.

필자는 피칭에서 〈굿닥터〉의 강점으로 세 가지를 강조했다. 첫째, 미국 메디컬 드라마보다 시청자의 확대를 가져올 수 있다. 한국에서 여성과 어린이들에게까지 인기가 있었던 점을 설명하였다. 둘째, 의사와 환자의 커뮤니케이션의 중요성을 강조했다. 병원에서 형식적으로 끝내는 진료가 아닌, 환자의 행동의 원인을 찾아야 근본적인 치료를 할 수 있다는 사회성을 담은 드라마로 설명했다. 셋째, 에피소드 드라마와 연속된 스토리를 가진 드라마의 장점을 모두 시도할 수 있다는 점을 강조했다. 미국에는 〈24시〉 외에 연속된 스토리 드라마가 없지만 〈굿닥터〉는 두 가지의 장점을 살릴 수 있는 새로운 시도이다. 〈굿닥터〉는 서번트 신드롬을 가진 이야기로 미국 의학드라마에 비해 더 극적이며, 시청자를 확대할 수 있고, 어른이 되어 중단된 〈천재소년 두기〉와 달리 시즌을 지속할 수 있기 때문에, 미국에서 리메이크를 하면 반드시 성공할 것이라고 주장하였다.

다음 날부터 작품별로 미팅이 진행됐는데, 〈굿닥터〉는 테디 지 프로덕션(Teddy Zee Production), WME, 그로스 엔터테인먼트(Gross Entertainment), 언타이틀드 매니지먼트(Untitled Management) 등과 총 4건의 미팅을 가졌다. 행사를 담당한 이동훈[5] PD(엔터미디어 대표)와 주로 동행했다. 이때부터 도움을 주기 시작한 이동훈 PD가 아니었다면 순조로운 진행이 어려웠을지도 모른다.

---

5   이동훈 PD는 현재 〈더 굿닥터〉의 EP(Executive Produce, 수석 프로듀서)를 맡고 있다.

3AD와 쇼핑 계약 체결

피칭이 끝나고 〈굿닥터〉에 적극적인 관심을 보인 테디 지 프로덕션, 그로스 엔터테인먼트, WME 등 3곳과 협의를 진행했다. 최종적으로 그로스 엔터테인먼트와 정리될 시점에 린지 고프먼(Lindsay Goffman)이 3AD[6]로 회사를 옮기면서 3AD와 2014년 1월, 쇼핑 계약[7]을 체결했다. 그 이유는 린지 고프먼의 〈굿닥터〉에 대한 열정, 3AD의 영향력으로 봤을 때 ABC나 CBS같은 미국 메이저 방송사에서 〈굿닥터〉 리메이크판이 방송될 가능성이 가장 높다고 판단했기 때문이다.

대니얼 대 김(Daniel Dea Kim)은 2017년 국제방송영상견본시인 BCWW에 참석하여 자폐 증세 의사의 성장기를 다룬 〈굿닥터〉를 고른 이유를 설명했다. "미국 시청자들도 공감할 수 있는 이야기"라며 "저 또한 응원하는 마음으로 주인공을 지켜봤고 소외된 느낌을 아는 이라면 누구나 주인공을 사랑할 수 있을 것"이라고 말했다.[8]

쇼핑 계약을 하면서 유독 어려움이 많았다. 그동안 방송사에서는 콘텐츠를 팔거나 리메이크 계약을 할 때 일정 금액인 MG(Minimum Guarantee)를

---

6 〈로스트(Lost)〉에 출연하여 잘 알려진 한국계 배우 대니얼 대 김이 설립한 프로덕션으로, 당시 CBS 스튜디오와 2년간 프로젝트 개발 계약(Overall Producing Deal)을 맺고 있었다.

7 프로덕션에서 드라마 기획안을 개발하여 제작할 스튜디오를 찾을 수 있는 권리를 갖는 계약. 프로덕션에서는 자체 비용으로 기획안을 개발하여 스튜디오를 찾고, 제작이 될 경우 수석 프로듀서를 담당하게 된다. 이때는 저작권자가 금액을 받지 못하는 것이 관행이다.

8 김표향, 「대니얼 대 김 "아시아 배우 편견과 싸워나갈 것"—'굿닥터' 미국 리메이크 총괄… 국제방송영상견본시 참석차 방한」, 『한국일보』 2017.8.30.

받는다. KBS 내부에서 쇼핑 계약에 대한 이해가 부족한 상태에서 MG 없이 쇼핑 계약을 하는 데 우려가 많았기 때문에, 미국의 관행을 이해시키고 새로운 리메이크의 가능성에 기대를 해보자고 설득하는 과정이 필요했다.

쇼핑 계약이 끝나자, 3AD에서는 작가와 쇼 러너(Show Runner, 드라마 제작 총괄 프로듀서)를 물색하기 시작했다. 이 단계에서 여러 작가에게 기획안을 보내고 의견을 받으면서 범위를 좁혀가게 되는데, 최종적으로 〈스타 크로스드(Star-Crossed)〉의 공동 책임 프로듀서를 맡았던 아델 림(Adele Lim)이 작가로 선정되었다.

CBS 스튜디오와 1차 옵션 계약

3AD는 개발 계약을 맺고 있는 CBS 스튜디오에 기획안을 제시했고, CBS가 이를 진행하기로 수락하면서, 2014년 8월 KBS는 마침내 옵션 계약을 체결했다.

옵션 계약과 쇼핑 계약의 차이점은, 옵션 계약은 계약금도 별도로 받지만 파일럿을 제작하고 시리즈가 진행됨에 따라 수익을 배분하는 세부 조건을 명기한다는 것이다. 처음에는 직접 CBS 스튜디오와 협의를 진행했으나 경험이 없는 필자로서는 쉽지 않은 협상이었다. 금액이 높은지 낮은지 알 수가 없었기 때문이다.

KBS가 기존에 체결한 〈부활〉(연출 박찬홍·전창근, 극본 김지우)과 〈마왕〉(연출 박찬홍, 극본 김지우)은 에이전트를 두고 진행한 것이라 상황이 달랐고, 유사한 사례의 타사 드라마는 비밀 조항이 있어 공개를 꺼려했기 때문이다. 이때 엔터미디어(대표 이동훈·데이비드 김)를 클라이언트로 두고 있던

WME가 구세주가 되어주었다. 자기 비용으로 협상을 진행하고, 변호사를 통한 계약서 검토까지 해주겠다고 나선 것이다.

처음부터 WME가 〈굿닥터〉에 지대한 관심을 보여준 것은 드라마의 성공 가능성을 엿보았기 때문이라는 생각에 필자로서는 거절할 이유가 없었다. 작가, 배우, 감독 에이전시를 운영하고 있는 WME 입장에서는 계약 체결에 관여함으로써 소속 배우 등을 드라마에 투입하고 수수료를 받을 수 있다는 이점이 있었다.

그러나 정작 CBS 스튜디오와 계약서를 주고받으면서 어려웠던 점 중의 하나는 문화산업에 대한 관행 차이였다.

미국에서는 배우, 감독, 작가뿐만 아니라 참여 스태프까지 '저작인접권'[9]에 대하여 계약을 하는 반면, 한국은 주로 작가에 대해서만 한다. 최종 계약 전에 CBS 스튜디오를 대신해 국내 대형 로펌에서 연락이 왔다. 모든 스태프에 대한 권리 관계가 정리되었다는 것을 증명하라는 것이었다. CBS 스튜디오는 한국의 저작권 특례에 대한 관행을 인정해주지 않았다. 꽤 오래 줄다리기를 했지만, 계약을 마무리해야 하는 입장에서 부득이하게 스태프들에게 권리를 주장하지 않는다는 동의서를 받아서 전달할 수밖에 없었다. 그럼에도 불구하고 파일럿 제작 결정이 떨어지지 않았고, 결국 최종 계약서에는 날인하지 못하고 계약은 중단되었다.

반면, 옵션 비용은 파일럿 대본을 피칭하기 전 이미 지급되었다. 이 부분도 이해가 되지 않는 부분이나 계약 내용이 대략 정리되면 프로젝트를 진행하기 위해 비용은 우선 지급하는 것이 관행이라고 한다. 비용도 지급

---

9   저작권에 인접한, 저작권과 유사한 권리. 즉, 저작물을 일반 공중이 향유할 수 있도록 매개하는 자에게 부여한 권리.

하지 않고 파일럿 대본을 썼다가는 문제가 될 수 있기 때문이다. 이것은 소니픽쳐스와 2차로 진행할 때도 마찬가지였다.

3AD, 엔터미디어, CBS 스튜디오가 공동으로 파일럿 대본을 작성해 2015년 1월, CBS에 피칭을 했다. 파일럿 대본은 수정에 수정을 거듭하면서 원작 〈굿닥터〉의 배경인 대학병원 소아외과에서 보스턴 교육병원으로 설정이 변경되었는데 느낌 면에서 전혀 달랐다. 아역 배우가 많이 필요로 할 경우, 촬영에 어려움이 있다는 것이 그들의 의견이었다. 결국 CBS에 파일럿 제작 주문을 받지 못하고 〈굿닥터〉 진행은 중단되었다. 이후 3AD에서 CBS 스튜디오와 계속 추진해보려고 했으나 CBS 스튜디오에서 더 이상 추진을 하지 않겠다고 선을 그었다.

3AD와 2차 옵션 계약

필자가 KBS 아메리카 사장으로 부임하여, 본사를 설득하고 이 프로젝트를 현지에서 계속 진행하게 되었다. CBS 스튜디오가 빠진 이후 〈굿닥터〉에 남다른 애정을 갖고 있던 3AD 대표 대니얼 대 김이 단독으로 진행하겠다고 나서면서 KBS아메리카와 옵션 계약을 체결하고 계속 추진해보기로 했다.

3AD에서 여러 작가를 접촉하다 작가를 확보하지 못하던 중, WME의 클라이언트였던 엔터미디어의 이동훈 PD가 개인적인 친분이 있던 데이비드 쇼어(David Shore, 쇼어 제트 프로덕션)에게 한국 원작 1부를 보도록 권유했다. 다음날 데이비드 쇼어로부터 드라마를 감동적으로 봤으며 자신이 제작에 참여하고 싶다는 답변이 왔다. 의학드라마 〈하우스(House)〉의

작가로 작가협회 회장을 역임하고 있는 그는 "〈하우스〉가 괴짜 의사라면, 〈굿닥터〉는 착한 의사이기에 기존 의학드라마와는 전혀 다른 캐릭터의 드라마가 탄생할 수 있을 것 같아 매력을 느꼈다"고 전했다. 이후 데이비드 쇼어가 〈더 굿닥터〉의 작가로 확정되었고, 이에 소니픽쳐스 텔레비전은 3AD가 KBS 아메리카와 체결한 옵션 계약을 넘겨받아 〈굿닥터〉의 파일럿 대본 작성부터 제작을 진행하게 되었다.

소니와의 옵션 계약은 소니의 표준계약서를 위주로 진행되었는데, KBS에게 매우 유리하게 변경된 부분이 있었다. CBS 스튜디오와 옵션 계약을 진행할 때는 〈굿닥터〉의 리메이크 계약이 진행된 곳 이외에는 추진할 수가 없다는 조항이 있었다. 그러나 이 조항이 소니와의 계약에서는 빠졌다. 그래서 일본에서도 〈굿닥터〉 리메이크 계약이 성사되어 방송될 수 있게 되었다. 일본판 〈굿닥터〉는 일본의 톱스타 야마자키 켄토가 출연하여 화제가 되고 7월 12일부터 매주 목요일 오후 10시 후지TV 목요극장에서 10부작으로 방영되었다. 일본판의 첫 방송 시청률은 11.5%로 2016년 7월 방송된 〈영업부장 키라 나츠코〉 이후 2년 만에 두 자릿수 시청률을 기록하여 일본에서도 〈굿탁터〉의 신드롬은 계속 이어지고 있다.[10]

파일럿 제작

소니픽쳐스 텔레비전에서는 〈굿닥터〉 원작을 거의 그대로 살린 파일럿

---

10 하수정, 「'굿닥터', 미국 이어 일본서도 리메이크… 남주 야마자키 켄토 · 7월 첫방」, 『조선닷컴』, 2018.5.28.

스토리를 준비해 ABC, NBC, CBS, 폭스, 넷플릭스에 피칭했다. 모든 방송사에서 파일럿 개발을 원했으나, 가장 좋은 조건을 제시한 ABC와 진행하기로 했다. 2016년 12월 중순에 파일럿 대본을 제출했고 2017년 1월 23일 ABC에서 공식적으로 파일럿 제작 승인이 났다. 2013년 11월 한국콘텐츠진흥원이 주관한 〈K-Stroy in America〉 피칭 행사를 시작으로 약 3년여 만에 이룬 성과다.

무엇보다도 기뻤던 것은 배경을 바꾸지 않고 원작을 충실히 반영한 스토리가 선정된 점이었다. 이것은 한국 드라마의 감성이 할리우드에도 통한다는 것을 입증한 것이므로 앞으로 많은 한국 드라마가 할리우드에 진출할 수 있다는 가능성을 보여준 셈이다.

〈더 굿닥터〉의 파일럿 제작을 정리하면, 대본은 유명 의학드라마 〈하우스〉의 크리에이터 겸 작가 데이비드 쇼어가 직접 썼고, 제작은 소니픽처스 텔레비전이 맡았다. 총괄 프로듀서에는 데이비드 쇼어, 대니얼 대김, 이동훈 및 데이비드 김이 참여하고, 쇼어 제트의 에린 건(Erin Gunn)과 3AD의 린지 고프먼은 공동 총괄 프로듀서(Co-Executive Producer)로 함께했다. 주인공 박시온 역(주원 분)에는 영화 〈어거스트 러쉬〉와 〈찰리와 초콜릿 공장〉에 출연한 프레디 하이모어(Freddy Highmore)가 캐스팅됐으며, 차윤서 역(문채원 분)에는 안토니아 토마스(Antonia Thomas), 김도한 역(주상욱 분)에 니콜라이 곤잘레스(Nicholas Gonzalez), 최우석 역(천호진 분)에 〈웨스트 윙〉으로 유명한 리처드 시프(Richard Schiff)가 합류했다.

〈굿닥터〉의 미국판 리메이크 파일럿이 갖는 의미는 매우 크다. 이는 미국 내 대부분의 방송사가 채택하고 있는 시즌제와 관련이 있다. 시즌 5까지만 제작되어도 엄청난 수익을 창출한다. 할리우드에서는 주로 파일럿 제작 결정이 이루어지는 1월에 100개 이상의 기획안이 올라오며 이 중 8

개 정도만 채택된다. 특히, 방송사에서는 주로 자체 스튜디오의 기획안을 파일럿으로 제작하도록 하기 때문에 〈굿닥터〉 같은 외부 기획안(소니 스튜디오 제작)이 선정되는 경우는 더욱 드물다. 그래서 파일럿 제작이 결정되면 할리우드에서도 소위 '로또 맞았다'고 할 정도다.

파일럿 제작은 캐나다 밴쿠버에서 3월 21일부터 4월 6일까지 진행됐다. 꽤 많은 파일럿이 밴쿠버에서 제작되는데, 그 이유는 세금 혜택이 주어지기 때문이다. 또한 주연 배우인 프레디 하이모어가 5년간 〈사이코(Psycho)〉의 프리퀄 드라마인 〈베이츠 모텔(Bates Motel)〉을 밴쿠버에서 촬영했던 것도 이유 중 하나로, 결국 정규 시즌도 밴쿠버에서 촬영하기로 결정됐다.

정규가 아닌 파일럿이라고 해도 제작에는 막대한 비용이 투입된다. 파일럿 제작 비용은 30분짜리 코미디가 평균200만 달러(한화 약 20억 원)이고 1시간짜리 드라마는 550만 달러(한화 약 56억 원)인데, 〈로스트(LOST)〉는 1,000~1,400만 달러(한화 약 112억~157억 원), 〈브로드워크 엠파이어(Broadwork Empire)〉는 1,800만 달러(한화 약 203억 원), 〈테라 노바(Terra Nova)〉는 1천~2천만 달러(한화 약 112억~225억 원) 정도로 추정되고 있다.

매일 현장에서 촬영한 영상을 공유해준 덕에 촬영 진행 상황을 체크해 보기도 하고, 현지의 제작 시스템을 확인할 수 있었다. 촬영 마지막 이틀 동안은 직접 밴쿠버에 가서 제작진과 함께했다. 제작 환경이 한국과 다른 점은 첫째, 항상 2대의 카메라로 찍고 있어 많은 분량을 촬영한다는 것이다. 두 번째는 배우가 촬영 현장에 매니저를 동반하지 않고 혼자 차를 타고 와서 제작팀의 분장을 받고 연기를 한다는 것이다. 밥도 밥차에서 먹기 때문에 현장이 복잡하지 않았다. 세 번째는 촬영 영상을 관련자들에게 공유한다는 것이었다. 어디에 있든 영상을 보고 코멘트를 할 수 있게끔 되어 있다. 필자도 주인공이 죽은 토끼를 품에 안고 가는 장면에서 토끼의 무게가 표현되지 않아 인형인 점이 눈에 보이는 듯해 현실감이 없다는 의견을 전달했는데, 그 의견이 편집에 반영되어 해당 영상은 최종본에는 사용되지 않았다.

촬영을 마치고 나면 편집자, 감독, 프로듀서, 스튜디오, 방송사 순으로 본격적인 편집을 진행하게 된다. 4월 24일, 총 44분 4초 분량의 최종 파일럿 영상을 ABC에 보냈다. 이 다음부터는 피 말리는 기다림의 연속이다. 파일럿을 보고 가을 시즌에 편성 여부를 결정하기 때문이다.

시즌 1 오더

매년 5월 중순이 되면 뉴욕에서는 광고 업프런트(Upfront)[11] 행사가 열린다. 이것은 방송국과 광고주 간에 광고 시간대를 거래하는 행사로 매년 새로운 프로그램이 신설되거나 폐지되는 것이 이때 결정된다. 지난 시즌 성적을 참고해 80% 정도의 광고 단가를 미리 책정하고 시즌에 돌입한다.

ABC의 업프런트 일정은 5월 16일로 결정되었으나 〈더 굿닥터〉 포함 여부에 대한 발표가 미뤄져 애타는 시간이 이어졌다. 5월 11일, 드디어 〈더 굿닥터〉가 포함되었다는 소식이 전해져 왔다. 당일 페이스북(Facebook)에 공개한 예고편(2분 29초)의 조회수는 이틀 만에 1천만 뷰를 돌파했고, 첫 방송 두 달 전인 2017년 7월 18일 기준 3천만 뷰에 육박하고, 퍼가기는 23만 번, 댓글은 7만 건이 넘는 엄청난 기록을 세웠다.

---

11 1962년 ABC가 최초로 1년간 방송할 프로그램을 소개하고 광고를 판매하기 위해 개최한 행사이다. 그 이후로 정착되어 매년 가장 중요한 행사의 하나로 자리 잡고 있다.

〈굿닥터〉의 리메이크 제작이 갖는 남다른 의미는 '정규 프라임 타임 시즌'으로 편성되었다는 것이다. 정규 시즌은 서머 시즌이나 미드 시즌(Mid-season Replacement)[12]에 비해 시청률도 높고, 제작비도 2배 이상 투여된다. 정규 시즌이 23편 정도라면 미드 시즌은 10편 내외로 끝난다. 최근 방영한 드라마 중 가장 많은 시즌 제작된 드라마는 〈로 & 오더(Law & Order)〉로 시즌 20까지 하고 2010년에 종영했다.

해외 원작 성공의 대표적인 예가 이스라엘 원작을 바탕으로 한 〈홈랜드(Homeland)〉다. 이 드라마의 성공으로 이스라엘에 대한 관심이 폭증하고 많은 이스라엘 작품들이 할리우드에서 활발히 논의되었다. 〈더 굿닥터〉 또한 한국 드라마에 대한 관심을 증폭시킬 기폭제의 역할을 할 수 있지 않을까 개인적으로 기대가 크다.

〈더 굿닥터〉에 대한 업프런트는 5월 16일 4시, 뉴욕 링컨센터에서 열렸다. ABC 사장인 채닝 던지(Channing Dungey)가 ABC 드라마 첫 라인업으로 〈더 굿닥터〉를 설명하고 본 예고편 상영이 끝나자 우레 같은 박수갈채가 터져 나왔다.

방송사들에게 중요한 또 하나의 행사는 매년 5월 개최되는 LA 스크리닝(LA Screening)이다. 할리우드를 비롯한 전 세계 제작사들이 국내외 바이어에게 신작을 소개한다. 한국의 주요 방송사들도 매년 참가해 작품 구매에 참고해왔다. 〈더 굿닥터〉는 5월 22일 소니픽쳐스 주관으로 선보였는

---

12 정규 시즌은 9월 중순에 시작하여 5월까지 이어지고, 매주 1회씩 방송되어 22회 내지 24회가 하나의 시즌이 된다. 서머 시즌은 정규 시즌이 쉬는 기간인 6월에서 9월 중순까지 여름 동안에 방송되는 시즌을 의미하며, 미드 시즌(Midseason Replacement)은 정규 시즌으로 출발했으나 시청률이 좋지 않을 경우 조기 종영하고 대체되는 드라마를 말한다.

한국 방송콘텐츠의 미래를 열다

데, 이날은 업프런트와 달리 풀 버전을 상영했다. 파일럿 상영 후, 데이비드 쇼어와 대니얼 대 김이 나와 작품 소개와 Q&A 시간을 가졌는데, 중간중간 눈물을 흘리는 관객들의 모습이 보였다. 할리우드에도 자폐증 환자 가족이 상당히 많기 때문에 더욱 가슴에 와닿았을 것이라고 생각이 든다.

시즌 1 제작

시즌이 확정되면 총책임자인 파일럿 작가는 작가실을 잡고 집필에 도움을 줄 작가들을 모아 파일럿 대본의 스토리를 기준으로 개별 에피소드를 쓰게 한다. 그렇다 보니 에피소드별로 작가와 감독이 다르다.

흔히들 미국 드라마의 경우 사전 제작이라 생각하는데, 공중파 드라마는 반사전 제작이라고 보면 된다. 보통 방송 전에 4회 정도 제작이 완료되는데 일반적으로 방송 2개월 전에 촬영이 끝나고, 편집해서 방송을 내보낸다. 〈더 굿닥터〉는 13회 시즌 전반부 제작 의뢰를 받았고, 7월 26일부터 2회 제작에 들어갔다. 이렇게 만들어진 파일럿은 9월 25일 드디어 첫 방송을 했다.

미국에서 〈굿닥터〉의 리메이크 사례는 한국 드라마 역사의 새로운 전기를 맞이하는 신호탄이라 생각한다. 지금까지 미국에서 한국 드라마 유통은 한인 사회를 대상으로 한 비디오 대여와 한인 및 외국 방송 채널에 대한 공급, KBS월드처럼 자막을 통한 미 주류 사회 채널 론칭, 그리고 드라마피버(DramaFever)나 라쿠텐 비키(Viki)처럼 영어 자막을 삽입한 온라인 서비스 등을 하는 것이 전부였다.

한국 드라마는 미국 지상파는 물론 케이블TV에서도 편성을 받는 것이 사실상 거의 불가능하다. 동서양 문화 차이와 언어 문제가 가장 크다. 하지만 한국은 5천 년의 역사 속에서 발견할 수 있는 무수한 스토리가 있고, 그것을 바탕으로 연간 약 4천 편의 드라마를 제작해내고 있다. 이렇듯 다양한 한국 드라마가 미국인들에게 편안하게 다가갈 수 있는 방법이자 한 단계 더 도약할 수 있는 방법은 리메이크라고 생각한다.

시즌 1 첫 방송

드디어 2017년 9월 25일 밤 10시(중부 9시)에 한국 드라마 역사에 길이 남을 〈더 굿닥터〉가 방영되었다. 당일 시청률이 2.2%(시청자 수 1,140만 명)이고, 당일 녹화하여 3일 내에 시청한 것까지 감안한 시청률이 3.7%(시청자 수 1,690만 명)로 동시간대 1위를 기록했다. KBS아메리카에서는 〈더 굿닥터〉 방송을 알리고 원작인 〈굿닥터〉를 KBS월드에 재편성 방송했다.

이렇게 〈굿닥터〉는 미국 방송사의 정규 시즌에 편성되면서 향후 작품의 해외 진출을 위한 레퍼런스가 되었다. 이를 기반으로 앞으로 한국 드라마는 할리우드와 협상 시 조금 더 좋은 조건에서 진행될 것이다. 〈더 굿닥터〉가 성공할수록 할리우드에서 한국의 드라마를 대하는 태도가 달라질 것이다.

시즌 1 후반 오더

첫 방송이 나가고 반응이 좋았다. 2회는 일반적으로 시청률이 떨어지는데 〈더 굿닥터〉는 오히려 2.4%로 증가했다. 2회 결과가 나오자마자 ABC

는 시즌 후반 5회 연장을 확정하여 풀시즌 18회 제작을 발표하였다.

[표 2] 〈더 굿닥터〉 시즌 1 시청률 및 시청자 수

회	방송일	요일	시청률(18~49)	시청자 수(만 명)
1	2017-09-25	월	2.19	1,121.6
2	2017-10-02	월	2.21	1,092.5
3	2017-10-09	월	2.00	1,068.9
4	2017-10-16	월	2.00	1,059.5
5	2017-10-23	월	1.84	1,039.1
6	2017-10-30	월	1.94	1,059.5
7	2017-11-13	월	1.86	1,014.4
8	2017-11-20	월	1.79	996.7
9	2017-11-27	월	1.69	924.7
10	2017-12-04	월	1.59	903.4
11	2018-01-08	월	1.57	829.6
12	2018-01-15	월	1.72	933.2
13	2018-01-22	월	1.71	961.1
14	2018-02-05	월	1.69	963.4
15	2018-02-26	월	1.32	782.1
16	2018-03-12	월	1.79	988.3
17	2018-03-19	월	1.60	903.2
18	2018-03-26	월	1.70	951.8
평균			1.79	977.4

출처: https://tvseriesfinale.com/tv-show/good-doctor-season-one-ratings/

일반적으로 미국 드라마의 시즌은 22~23회인데, 〈더 굿닥터〉는 18회이

다. 에피소드가 많은 것은 모두가 바라는 바다. 작가, 배우, 감독, 스태프, 투자자까지 대부분이 그렇다. 잘되면 그만큼 모든 관계자들의 수익도 증가하기 때문이다. 그러나 이 작품의 경우 주인공인 프레디 하이모어가 영화도 촬영하고, 개인적인 시간을 갖기를 원하여 한 시즌에 18회 출연으로 계약하는 바람에 시즌이 18회로 끝났다. 이처럼 엄청난 성공에 힘입어 앞으로 일반 미국 드라마처럼 시즌이 계속 이어질 것 같다. 점차 원작인 〈굿닥터〉를 비롯해 한국 드라마에 대한 관심도 증가할 것이다.

〈더 굿닥터〉의 평균 시청률은 1.79%, 평균 시청자 수는 977만 명이다([표 2]). 동시간대 프로그램에 비해 거의 2배의 시청률을 기록했다.

시즌 2 오더

2018년 3월 8일, 한국 드라마의 역사가 다시 쓰여졌다. ABC에서 〈더 굿닥터〉의 시즌 2 제작을 발표한 것이다.[13] 시즌 1의 시청률이 2017/2018 신규 드라마 중 시청률 1위, ABC에서 방송한 신규 드라마 중 13년 만에 시청자가 가장 많이 본 드라마,[14] ABC에서 방송된 역대 드라마 중 〈그레이 아나토미(Grey's Anatomy)〉 다음으로 2위를 기록한 것과 [표 3]에서 보는 바와 같이 시즌 돌입 1달 후 평가에서 전체 프로그램 중 9위를 기록하고 이전 드라마에 비해 163%의 시청률이 증가한 것,[15] 10월 9일에 방송

---

13 http://variety.com/2018/tv/news/good-doctor-renewed-season-2-abc-1202720981/#utm_medium=social&utm_source=facebook&utm_campaign=social_bar&utm_content=bottom&utm_id=1202720981

14 https://www.facebook.com/photo.php?fbid=10155441293448907&set=a.38525 4658906.168389.708038906&type=3&theater

15 http://adage.com/article/media/broadcast-tv-report-card/310983/?utm_

한국 방송콘텐츠의 미래를 열다

된 3회의 경우 〈빅뱅 이론(Big Bang Theory)〉 시청자 수 1,790만 명보다 많은 1,820만 명을 기록한 것[16] 등이 주된 이유로 보인다.

평점에서도 상당히 높다. 페이스북의 페이지에서 보면 2018년 5월 기준으로 2만 5천 개의 리뷰가 있는데 평점이 4.9이다. '서번트 신드롬과 결합된 자폐를 묘사한 것을 좋아한다', '남편도 봤다'는 등의 찬사가 이어졌다.

[표 3] 미국의 2017~2018 시즌 TV 프로그램 성적

순위	프로그램	시청자 수(100만)	18~49세	전년 평균	변화
1	Sunday Night Football(NBC)	19.0	6.8	7.3	-7%
2	Young Sheldon(CBS)	17.2	3.8/5.5	N/A	N/A
3	Thursday Night Football(CBS)	11.1	3.3/3.8	3.7/4.3	-11/-12%
4	Big Bang Theory(CBS)	14.5	3.3/4.7	3.6/5.0	-8%/-6%
5	This Is Us(NBC)	11.4	3.2	2.7	+19%
6	The Voice(NBC)	10.7	2.5	3.1	-19%
7	Grey's Anatomy(ABC)	8.07	2.2	2.3	-4%
8	60 Minutes(CBS)	12.7	2.1/2.9	1.9/2.7	+11%/+7%
9	The Good Doctor(ABC)	10.6	2.1	0.8	163%
10	Will & Grace(NBC)	7.64	2.1	1.3	+62%

ABC의 채닝 던지 사장은 시즌 2 방영 계획을 발표하면서 "〈더 굿닥터〉

---

source=daily_email&utm_medium=newsletter&utm_campaign=adage&ttl=15091 95527&utm_visit=1173237

16 http://www.tvguide.com/news/the-good-doctor-surpasses-big-bang-theory-viewers/

가 갖고 있는 포용의 메시지가 시청자의 공감을 얻었다. 이 드라마는 ABC에서 추구하는 전형적인 드라마이다. 또한 이 드라마는 빠르게 시대정신에 부합했으며, 경쟁적인 텔레비전 지형에서 기록적인 성적을 거뒀다."고 말했다.

한국 드라마 역사상 처음으로 파일럿이 만들어지고, 프라임 타임 정규 시즌으로 편성이 된 데 이어 시즌 2까지 만들어져 방송되는 것이다. 시즌 2도 18회로 제작되며, 2018년 9월 24일(월)에 1회가 방송된다.

미국의 유명한 온라인 신문 〈인디와이어〉에서는 〈더 굿닥터〉의 성공 요인으로 '온수 목욕' 효과를 들었다. 따뜻한 물에 목욕할 때 기분이 좋아지듯, 늘 여러 가지 괴로운 뉴스에 시달리는 사람들의 기분을 좋게 만드는 순수하고 단단한 이야기라는 뜻이다.[17]

이번 〈굿닥터〉 리메이크 사례를 통해 할리우드 시스템으로 들어갈 수 있는 좋은 네트워크를 확보한 것도 큰 성과이다. 작품을 피칭하고 아래부터 최종 결정 단계까지 올라가는 데는 무수한 난관을 통과해야 하는데, 이때 데이비드 쇼어와 같은 톱 작가 혹은 기획사들을 통하면 훨씬 빠르고 안정적으로 프로젝트를 추진할 수 있다. 〈굿닥터〉를 통해 쌓은 신뢰를 바탕으로 다른 드라마도 수월하게 소개하고 같이 논의할 수 있는 관계가 형성된 것이다.

〈굿닥터〉 리메이크를 추진한 3년여 기간이 지난하기도 했지만, 성공적으로 마무리되어 개인적으로 무한한 영광으로 생각한다. 〈더 굿닥터〉는

---

17 http://www.indiewire.com/2017/11/the-good-doctor-david-shore-freddie-highmore-abc-ratings-1201894796/

한국 방송콘텐츠의 미래를 열다

지금까지의 인기로 시즌 2까지 확정되었고, 앞으로 시즌 5까지는 무난히 가지 않을까 싶다. 이를 이어받아 제2, 제3의 〈굿닥터〉가 나오기를 기대해 본다.

2. 〈굿닥터〉와 〈더 굿닥터〉의 비교

방송 현황

미국판 〈굿닥터〉인 〈더 굿닥터〉는 한국 드라마를 원작으로 리메이크했지만 여러 면에서 다르게 전개되었다.

원작 〈굿닥터〉는 파일럿 없이 대본을 4부까지 쓴 상태에서 편성을 받은 뒤 20부작으로 방송되었고, 더 이상의 시즌은 이어지지 않은 미니시리즈이다. 〈더 굿닥터〉는 프라임 타임 시즌을 위한 파일럿으로 제작되었고, 파일럿을 보고 시즌 1의 전반 13편이 확정되고, 2회를 보고 후반 5편이 확정되어 총 18편으로 방송되었으며, 시즌 2를 방송하기로 확정되었다.

방송 현황을 보면, 〈굿닥터〉는 64분 정도의 러닝타임으로, 중간광고가 없으며, 중간에 중단 없이 20부작이 주 2회씩 방송되었고, 자체 채널과 계열 케이블, 독립 케이블 채널에서 재방이 이루어졌다. 〈더 굿닥터〉는 42분 정도의 러닝타임으로, 3~5회의 중간 광고를 하였으며, 겨울 및 봄 등 4회에 걸쳐 방송을 중단[표 2] 참조)하면서 18회가 방송되었고, 자체 채널과 케이블에서 재방이 없었다. OTT의 경우 한국은 거의 모든 업체에서 서비스하였으나, 〈더 굿닥터〉는 훌루에서만 서비스하였다.

원작이 큰 줄거리가 드라마 마지막회까지 이어지고, 몇 회에 걸쳐 하나의 에피소드가 진행되었다면, 〈더 굿닥터〉는 미국 드라마의 전형인 에피소드 형식을 취했다.

등장인물과 스토리

주인공 이름을 보면 유사하다. 원작의 '시온'이라는 이름을 미국 리메이크에서는 발음이 유사한 '션'으로 골랐다.

큰 차이점의 하나는 배경이다. 〈굿닥터〉는 소아과를 배경으로 했으나, 〈더 굿닥터〉는 일반 외과이다. 이 점이 아쉽기는 하다. 소아과에서 벌어지는 에피소드에서 휴머니즘이 물씬 묻어나는 원작의 장점을 놓치기 때문이다. 그러나 아델 림 작가 버전에서도 그렇지만 소아과의 경우 촬영에 많은 제약이 따르기 때문에 피한 것 같다. 아이들이 수업에 참석하지 않아도 대체할 수 있는 한국과 달리 미국에서는 청소년을 출연시키려면 지켜야 하는 룰이 더 많다. 그럼에도 한 회에서 몇 개의 스토리를 진행하면서 아이가 출연하는 에피소드를 삽입하여 원작의 묘미를 살려나가고 있다.

두 드라마 모두 주인공 캐릭터는 서번트 신드롬을 갖고 있다. 〈굿닥터〉의 주인공은 지능이 열 살 정도이나, 〈더 굿닥터〉는 자폐만 갖고 있는 성인으로 그려진다. 그러면서 편의점에서 강도를 만나는 에피소드, 연애를 하려는 모습 등 사회에 적응하는 과정을 더 많이 보여주려고 하고 있다.

주인공은 어렸을 때의 트라우마를 안고 있는데, 〈굿닥터〉에서는 형이 죽고, 〈더 굿닥터〉에서는 동생이 죽는다. 한국에서는 형이 동생을 보호해야 한다는 것이 일반적인 문화이지만, 미국에서는 나이는 크게 신경 쓰지 않는다. 그렇기 때문에 작가는 형을 보호하는 동생이 죽는 것이 더 안타까움을 키우는 것이라고 판단하지 않았을까 생각한다. 주인공이 동생을 생각하는 것이 더 아련한 감정을 이끌어내는 것 같다.

대체적으로 미국 드라마는 멜로 장르가 강하지 않다. 〈더 굿닥터〉는 멜로의 성격이 강한 한국 드라마를 리메이크하다 보니 멜로를 뺄 수는 없었을 것이다. 원작에서는 주인공 박시온(주원 분)과 차윤서(문채원 분)의 멜로가 30~40%의 비중이었다면, 미국판에서는 10% 정도를 차지한다. 적어도 시즌 1에서는 주인공 션 머피(프레디 하이모어 분)와 클레어 브라운(안토니아 토마스 분) 사이의 멜로는 없고, 클레어 브라운과 자레드 칼루(추쿠 모두 분)의 멜로만 있다. 션의 멜로는 이웃에 사는 리아(페이지 스파라 분)와의 사이에 일어나는데 주로 자폐아가 연애라는 것을 알아가는 에피소드로 구성되어 있다. 그렇지만 〈굿닥터〉에서 박시온의 집에 차윤서가 술 취해 들어 온 장면은 시청자의 시선을 끌 수 있는 에피소드인데, 〈더 굿닥터〉에서도 살렸으면 좋았을 것 같다는 아쉬움이 남는다.

〈더 굿닥터〉 1회는 〈굿닥터〉의 1회와 비슷하게 스토리가 전개되었다. 주인공은 시골에서 레지던트가 되기 위해 도시로 나오는 과정에서 간판이 떨어져 아이가 다치는 현장을 목격하게 된다. 장소는 역에서 새너제이(San Jose) 공항으로 바뀌었다. 긴장감이라는 측면에서 보면 더 좋은 선택이라는 생각이 든다. 수술을 위한 도구를 더욱 얻기 힘들기 때문이다. 아이를 치료하다가 면접 시간에 늦어져 레지던트 채용은 부결된다. 그러나 다친 아이를 치료하는 모습이 인터넷에서 화제가 되어 극적으로 채용이 결정된다. 그다음부터는 천재적인 의학 지식으로 수술에 도움을 주지만 자폐증 때문에 어려움을 겪게 되는 원작과 동일한 설정을 채택하였다.

〈굿닥터〉의 원제목은 '그린 메스'였다. 아이들이 소꿉놀이하면서 갖고 노는 메스 색깔이 그린색이라 그린 메스였는데, 드라마를 결정하는 기획 회의를 하면서 제목이 외국어인 데다가 어렵다는 의견이 있어, 대안을 검토하다가 〈굿닥터〉라는 제목으로 결정되었다. 장난감 가게에서 확인까지는 못 해봤지만 미국에서는 메스 장난감이 주황색인가 보다. 영상을 보면 주황색 메스를 주인공 션이 항상 소지하고 있다.

리메이크 드라마는 항상 현지 각색을 잘 해야 한다. 문화가 다르고 환경이 다르기 때문에 원작대로만 갈 수는 없다. 그래도 〈더 굿닥터〉는 미국 드라마 형식에 잘 맞추고, 미국 시장에 맞게 잘 각색되었다고 생각한다.

제작 환경

파일럿 제작을 할 때 밴쿠버 스튜디오를 방문하였다. 여기에서 한국 촬영 현장과 다른 부분을 몇 가지 확인할 수 있었다.

한국에서는 1대의 카메라로 촬영하였다. 요즘에는 한국에도 가능한 한 서브 카메라가 도입되는 추세라고 한다. 〈더 굿닥터〉 촬영 현장에는 항상 2대의 카메라가 촬영하였다. 1대는 클로즈업 화면을 잡고, 1대는 주로 풀 샷을 잡았다. 그만큼 효율적으로 촬영을 하고 많은 영상을 확보한다. 다만 이렇게 영상이 많으면 편집자가 힘들겠다는 생각이 들었다.

한국에서 드라마 제작 현장에서 촬영된 원본 하드 드라이브는 인편으로 편집자에게 전달된다. 경우에 따라서는 지역국에서 송출 시설을 빌려 마이크로웨이브로 쏘기도 한다. 촬영 막바지에 당일 촬영한 영상을 편집하여 당일 방송해야 할 경우가 발생하는데 이럴 경우 유용하게 사용된다. 〈성균관 스캔들〉 프로듀서를 할 때, 이 방법을 사용한 경험이 있다. 〈더 굿 닥터〉 촬영 현장에서는 카메라에 와이파이 장치가 달려 있어 영상이 무선 으로 서버에 전송된다. 이렇게 해서 당일 촬영한 것을 선별하여 관계자에 게 볼 수 있도록 링크를 전달한다.

한국에서는 촬영 영상을 방송 전에 소수의 인원만 본다, 편집자와 감독 정도이다. 드라마국 CP, 국장 등은 1회 정도의 시사회만 보고 이후에는 거의 촬영 영상은 보지 않는다. 〈더 굿닥터〉에서는 프로듀서, EP 등 모니 터링해야 할 사람들에게 모두 보내주어 촬영 원본을 체크한다. 이러한 것 이 미국 드라마에서 좋은 퀄리티가 나오는 프로세스라고 생각한다.

한국 드라마 제작 현장에 가면 배우별로 매니저, 헤어, 분장 등을 담당 하는 인원이 많이 있다. 그러다 보니 배우들이 개별적인 PPL을 진행하느 라 제작진과 갈등도 많이 벌어진다. 그러나 〈더 굿닥터〉 현장에서 완전히 달랐다. 배우는 혼자 차를 몰고 왔다. 식사도 한국으로 치면 밥차에서 혼 자 타다 먹는다. 의상팀에서 제공한 옷을 입고, 분장도 분장팀에서 알아서 한다. 〈더 굿닥터〉 촬영 현장을 보면서 한국에서도 작품의 완성도를 위해 제작 현장의 풍경이 변화해야 한다는 생각이 들었다.

원작자가 바라본 미국판 〈더 굿닥터〉

〈굿닥터〉를 쓴 박재범 작가는 인터뷰[18]에서 이렇게 말했다. "미국판은

---

18   고희진, 「원작자 박재범 작가가 본 '미국판 굿닥터'」, 『경향신문』 2017.12.14.

주인공 숀 머피를 인물 자체보다 '자폐를 가진 캐릭터'로서 객관적으로 바라보려는 시도들이 많다. 문화 차이에서 기인하는 것이기도 하지만 흥미롭다. 그가 마트에서 강도를 만난 장면 등을 보면 자폐아가 사회에 내던져졌을 때 겪는 보편적인 상황을 잘 풀어썼다는 생각이 든다. 특히 책『앵무새 죽이기』를 이용해 스토리를 풀어간 5회는 정말 재밌었다." 그는 미국판의 인기 요인으로, "미국에서도 이제는 너무 장르적인 얘기보다는 감정적인 울림을 주는 걸 원하는 모습도 생겨나고 있는 것 같다."라고 진단하기도 했다. 미국판과 한국판 두 주인공에 대해서는 "자폐증의 패턴이 굉장히 많은데 하이모어가 연기하는 건 가장 일반적인 자폐아의 패턴이다. 주원은 여기에 열 살짜리 어린이의 감성을 추가해 연기했다. 작품의 성격에서 비롯된 차이인데, 한국판에서는 주 시청층인 중장년층 여성이 정서적으로 다가설 수 있도록 시온 캐릭터를 '아들'처럼 그려낸 측면이 있다."라고 대조하여 설명했다.

〈굿닥터〉의 성공을 '한국적 이야기의 힘'이라고 말하거나 'K포맷' 개발을 해야 한다는 일각의 의견에 대해, 원작자는 "작가는 '한국적'이라는 말을 넘어서 자신의 이야기를 하면 된다. 그 이후 여기에 'K포맷'이라는 말을 붙이는 건 비즈니스의 영역이다. 이걸 창작의 영역에까지 결부시키는 것은 옳지 않다."고 말했다.

제3장

미국에서 이루어지는
한국 방송콘텐츠 비즈니스

미국에서 한국의 방송콘텐츠 비즈니스는 대부분 방송사가 현지 법인을 설립하여 직접 사업을 추진하는 형태로 이루어진다. 현지에서 진행하고 있는 것은 방송 채널 사업과 콘텐츠 유통 사업으로 대별된다.

방송 채널 사업은 자체 채널과 제휴 채널로 구분된다. KBS, MBC, SBS 등의 현지 법인은 미국에서 지상파, 케이블, 위성을 통해 채널을 운용하고 있다. 남미의 경우, KBS에서 KBS월드 라티노채널을 운영한 적은 있으나, 2018년 1월부터는 남미 위성(IS-21)을 중단하여 북미 위성(Galaxy 18)을 통해 멕시코를 포함한 중미 일부분까지 도달하고 있다.

콘텐츠 유통 사업은 오프라인과 온라인 유통으로 구분된다. 오프라인 유통은 미주의 한인, 해외 방송사가 자체 채널에 방송하기를 원하는 드라마 등 방송 프로그램을 공급하는 것을 말한다. 온라인 유통은 인터넷으로 연결된 서비스 업체에 콘텐츠를 공급하는 것을 말한다. OTT 업체, 웹하드, IPTV 등이 이에 해당되며, 대표적인 업체로는 드라마피버(Dramafever), 라쿠텐 비키(Viki), 온디맨드코리아(Ondemandkorea), 넷플릭스, 앤TV, 우리쿨리(Woori Cooli), 키위디스크(Kiwidisk) 등이 있다.

1. 방송 채널 비즈니스

해외에서의 한인 방송은 일정 규모의 한인이 거주하면서 자연스럽게 시작되었다. 또 다른 요인은 한류가 확산되면서 외국인도 자막을 통해 한국 방송을 시청하게 된 데 있다. 초기에는 현지 방송사가 자체 제작한 프로그램, 한국 정부에서 공급받거나 한국의 방송사에서 구입한 프로그램을 방송하였다. 이후 제휴사가 한국 방송사와 협력하는 모델, 한국 방송사가 직접 채널 사업을 하는 모델 등 다양한 형태의 해외 한인 방송이 나타났다.

미주 한인 사회의 현황

미주 한인 사회는 외교 사절에서 유학생으로, 인삼 행상에서 노동 이민과 사진신부로 도미 행렬이 이어지는 속에서 그 토대를 마련하였다.[1)] 한

---

1   장규식, 「1900~1920년대 북미 한인유학생사회와 도산 안창호」, 『한국근현대

한국 방송콘텐츠의 미래를 열다

인의 미국 이민은 크게 3개의 시기로 나누어진다. 1기는 1900년대 초부터 필리핀인 외에는 동양인의 이민을 금지한 이민법이 발효된 1924년까지이다. 2기는 1950년부터 1964년까지이다. 이 시기의 이민자는 미군의 부인 신분, 입양자, 유학생과 사업가 등이 해당된다. 3기는 1965년 아시안 이민 금지를 철폐한 이후이다.[2] 한편 최봉윤은 4기로 나누고 있는데, 외교관, 정치 망명, 학생, 상인이 도착한 1883년부터 1900년까지가 제1기, 하와이 사탕수수 노동자로 공식적으로 이민 온 1902년부터 1905년까지가 제2기, 정치 망명, 사진 결혼, 신도, 학생이 반공식적으로 이민 온 1905년부터 1940년까지가 제3기, 국제결혼, 전쟁고아, 유학생, 새로운 이민인 1950년 이후인 제4기이다.[3]

한인이 미국에 가기 시작한 것은 1882년 5월 22일 조미수호통상조약이 체결되어 조선과 미국의 외교관계가 시작되면서부터라고 할 수 있지만, 그 이전에도 한인들로 추정되는 이민자가 있었다. 1880년 연방 인구센서스를 통해 김씨나 박씨를 검색하면 캘리포니아의 205명을 포함하여 워싱턴, 유타, 뉴욕 등에 218명이 거주한 것으로 나타났기 때문이다.[4] 공식적으로는 외교 관계가 시작되고 한인이 처음으로 미국 땅을 밟은 것은 미국의 공사 파견에 대한 답례를 하고 자주 외교를 전개하기 위해 1883년 9월 2일 민영익 · 홍영식 · 서광범 · 유길준 · 변수로 구성되어 보내진 조선특

　　사연구』 제46집, 2008. 가을, 106쪽.

2　Ilpyong J. Kim, "A Century of Korean Immigration to the United States: 1903–2003)", *Korean-Americans: Past, Present, and Future*, Hollym: NJ, 2004, pp.13~32.

3　Bong-Youn Choy, *Koreans in America*, Chicago, Nelson-Hall, 1979, pp.69~80.

4　이의헌, 「1880년 미 본토에 한인이민자 있었다」, 『미주 한국일보』, 2003.11.10. http://www.koreatimes.com/article/149295

파대사 일행의 보빙사절단이다.[5] 이후 1884년 갑신정변의 실패로 1885년 6월 12일 미국에 망명한 서재필 · 박영효 · 서광범처럼 정치적 이유로 도미한 경우[6]도 있고, 1888년 윤치호[7]나 1902년 도산 안창호[8]처럼 유학을 목적으로 간 경우도 있다. 1893년 1월 8일 하와이에 최초로 도착한 한국인은 한약상을 비롯한 수 명의 사람들이다. "미주의 인삼장사는 최동순 · 장승봉 · 이재실 · 박성근 등이었으나 이들은 중국인으로 취급됐고, 한국인으로 하와이 이민국에 기록된 이는 1900년 1월 15일 영백한, 김이두 두 사람이었다."[9]

　미국 최초의 개인 이민자는 1901년 1월 9일에 도착한 피터 류였다.[10] 최초의 집단 이민은 고종의 측근으로 알려진 알렌(Horace N. Allen)이 1902년 사탕수수농장협회장을 만나 이민 사업을 선박무역업자 데슐러(David Deshler)에게 맡기도록 주선하고, 데슐러가 제물포에 동서개발회사를 설립하고 고종에게 이민을 요청하자 1901년부터 심한 기근을 겪고 있는 상황에서 이를 해결하기 위해 결정되었다. 한인 102명이 갤릭(S. S. Gaelic)호를 타고 1902년 12월 22일 제물포를 떠나 1903년 1월 13일 하와이 호눌룰

5　미주 한인이민 100주년 기념사업회(남가주), 『사진으로 보는 미주 한인이민 100년사 1903~2003』, 박영사. 2004, 15쪽.

6　이경원 · 김익창 · 김그레이스, 『외로운 여정』, 장태한 역, 고려대학교 출판문화원, 2016, 104쪽.

7　장규식, 앞의 글, 105쪽,

8　한미동포재단 · 미주 한인이민 100주년 남가주 기념사업회, 『미주 한인이민 100년사』, (주)삼화인쇄, 2002, 60쪽.

9　현규환, 『한국유이민사(하)』, 서울 : 삼화인쇄출판부, 1976, 811쪽.

10　https://ko.wikipedia.org/wiki/%ED%95%9C%EA%B5%AD%EA%B3%84_%EB%AF%B8%EA%B5%AD%EC%9D%B8

한국 방송콘텐츠의 미래를 열다

루에 도착하였다. 이후 1905년까지 7,226명[11]의 이민자가 하와이를 밟았다.[12] "1910년에서 1924년까지 약 1,200명의 사진신부들이 개척 이민자들의 배우자로 오게 되었다. 같은 기간(1905~1924)에 약 600명의 한국 유학생 및 일본 식민지 지배에 저항하던 정치적 망명자들이 미국으로 건너왔다."[13] 1905년에 일본 제국이 대한제국의 외교권을 장악하면서 미국 이민은 규제되어 집단 이민이 정지되었다. 1905년 이민이 중단된 것은 하와이에서 일본 이민의 경쟁자가 나타나는 것을 일본 사회가 두려워하여 일본의 사주로 한국 정부가 이민 금지령을 내렸기 때문이라는 설이 있다.[14] 특히 1924년 일본과 전쟁을 치르면서 일본인과 비슷한 동양인의 이민을 금지한 이민법이 발효되어 공식적인 이민은 불가능하였다.

간헐적으로 이민이 다시 시작한 것은 1950년 한국전쟁이 발발하면서부터이다. 미군의 부인 신분, 입양자, 유학생과 사업가 등에게 부분적으로 이민이 허용되었다.

본격적인 한인의 미국 이민은 1965년 미국의 이민법(Immigration Act of 1965)이 아시안들의 이민을 허용하는 것으로 수정되면서 늘어났다. 1965년 이민법 개정 전의 한국계 미국인 수는 대략 2만 5천 명이었지만, 1970

---

11   7,483명으로 주장하는 자료도 있다. 윤병욱, 「이승만, 안창호, 박용만, 서재필의 역할과 갈등—미주한인사회의 발전과정과 독립운동」, 미주한인 이민 100주년 남가주 기념사업회, 『미주한인사회와 독립운동 1』, 박영사, 2003, 15쪽.

12   미주 한인이민 100주년 기념사업회(남가주), 『사진으로 보는 미주 한인이민 100년사 1903~2003』, 25쪽.

13   한미동포재단 · 미주 한인이민 100주년 남가주 기념사업회, 『미주 한인이민 100년사』, 313쪽.

14   민병용, 『미국 독립유공자 전집—애국지사의 꿈』, Printron Printing: Gardena, 2015, 236쪽.

년에는 5만 명, 1980년에는 35만 7천 명, 1990년에는 70만 명까지 급속도로 늘어나게 되었다. 특히 1980년대에는 약 35만 명이 한국에서 미국으로 이민을 갔다.

외교부가 2017년 11월에 공표한 「2017 재외동포현황」[15]에 따르면 2016.12.31. 기준으로 전 세계에 한인 7,430,688명이 거주하고 있고, 그 중에서 미국에는 33.54%인 2,492,252명이 살고 있다. 1위인 중국(34.29%, 2,548,030명)과 근소한 차이를 보이고 있다. 신분으로 보면 미국 시민권자가 1,456,661명,[16] 영주권자 416,334명, 일반 체류자 546,144명, 유학생 73,113명으로 구분된다. 미주 전체로 볼 때에도 캐나다에는 240,942명, 중남미에는 106,794명의 한인이 살고 있어 절대적으로 미국에 많은 한인들이 살고 있다. 그렇기 때문에 경제적인 측면과 더불어 미국에 많은 한인 방송사들이 설립되어 있다.

미국의 도시별로 보면 [표 4]에서 보는 바와 같이 로스앤젤레스(665,185명), 뉴욕(447,193명), 시카고(297,991명), 애틀랜타(239,733명), 샌프란시스코(206,651명), 워싱턴(203,481명), 시애틀(160,555명), 휴스턴(141,633명), 하와이(66,649명) 순으로 많은 한인이 살고 있다. 이들 도시 위주로 한인 방송사가 설립이 되었고, 방송관련 사업도 활발하게 펼쳐지고 있다.

---

15 재외동포 현황은 외교부가 2년마다 조사하여 홀수 연도에 발표하는 자료로, 해외에 주재하는 재외 공관(대사관, 총영사관, 분관 또는 출장소)에서 주재국의 인구 관련 통계자료, 한인회 등 동포단체 조사자료, 재외국민등록부 등 공관 민원 처리기록, 직접 조사 등을 근거로 산출한 추산·추정치이다. http://www.mofa.go.kr/www/brd/m_3454/view.do?seq=356334
16 미국 인구 조사국에서 한인을 검색하면 2014년 인구가 1,453,807명으로 나와 있다. http://factfinder.census.gov/faces/tableservices/jsf/pages/productview.xhtml?pid=ACS_14_5YR_B02006&prodType=table

한국 방송콘텐츠의 미래를 열다

[표 4] 2015년 미국 한인 현황

공관	재외국민				시민권자	총계	비율(%)
	영주권자	일반 체류자	유학생	계			
로스앤젤레스	109,291	52,287	15,430	177,008	413,016	590,024	23.96
뉴욕	56,100	67,752	20,347	144,199	209,280	353,479	14.35
시카고	37,422	27,180	16,016	80,618	202,057	282,675	11.48
샌프란시스코	33,106	56,058	7,422	96,586	108,997	205,583	8.35
애틀랜타	38,306	46,610	14,080	98,996	106,353	205,349	8.34
워싱턴	27,837	6,644	9,518	43,999	140,684	184,683	7.5
시애틀	71,311	11,270	3,144	85,725	87,162	172,887	7.02
휴스턴	40,175	16,568	8,460	65,203	78,955	144,158	5.85
하와이	3,016	956	805	4,777	42,132	46,909	1.9
보스턴	7,701	10,283	3,934	21,918	19,071	40,989	1.66
하갓냐	1,711	2,010	348	4,069	2,230	6,299	0.26
앵커리지	862	96	58	1,016	4,938	5,954	0.24
계	426,838	297,714	99,562	824,114	1,414,875	2,238,989	90.9

출처 : 외교부, 「2015 재외동포 현황」, 2015

외교부에서 2014년에 발표한 「2014 재외동포단체현황」[17]에서 보면 로스앤 젤로스에 전 세계에서 가장 많은 284개가 있고, 뉴욕 180개, 시카고 176개, 워싱턴에 171개가 있다.

가장 많은 인구가 사는 곳인 로스앤젤레스에 코리아타운이 세워졌고, 가장 많은 한인 방송사들이 존재하게 되었다. 1981년 8월 22일 로스앤젤

17　http://www.mofa.go.kr/www/brd/m_3454/view.do?seq=351131

레스의 올림픽가 버몬트 사거리에 최초의 코리아타운 표지판이 세워졌다. 코리아타운을 이곳에 만든 주역은 1970년 전후 올림픽가에서 비즈니스를 하던 이들이다.[18]

최초의 코리아타운 표지판(1981.8.22)

미주에서의 한국계 방송

한국의 방송사는 대부분 미국에 현지 자회사를 설립하여 채널 사업을 하고 있다. KBS는 KBS아메리카, MBC는 MBC아메리카, SBS는 SBS인터내셔널, EBS는 EBS아메리카를 설립하였다. 한국 방송을 미국에서 방송하는 채널 플랫폼으로는 지상파, 케이블, 위성, IPTV, 온라인 등이 있다. 지역별 현황은 [표 5]에서 보는 바와 같다.

미국의 한국어 방송의 시작은 1980년대 비디오 테이프 대여 사업의 연장으로 볼 수 있다. 1990년대에는 한인이 많이 살고 있는 LA, 뉴욕 등의 대도시 지역을 중심으로 제한적이지만 방송 서비스가 시작되면서 방송의 틀을 갖추기 시작하였다. 2000년대에는 한국의 지상파 방송사업자들이 북미 시장에 직접 진출하는 등 한국어 방송사의 다변화가 이루어졌다. 2011년 이후에는 한국의 종편 설립과 함께 채널이 폭증하였다.[19]

---

18 미주 한인이민 100주년 기념사업회(남가주), 『사진으로 보는 미주 한인이민 100년사 1903~2003』, 165쪽.

19 정윤경 · 김종하 · 채정화 · 유수정, 「방통융합 시대 해외 한국어 방송사 생존

한국 방송콘텐츠의 미래를 열다

[표 5] 북미 한국어 방송 사업자 현황

플랫폼	채널명	방송 지역	편성 특성
지상파	KBS World	남가주	프라임 타임대 4시간(주말 3시간30분) 방송
		북가주, 애틀랜타, 시카고, 달라스	제휴사 자체 제작
	KBS World 24	남가주, 애틀랜타, 시카고	남가주는 6시간 별도 편성
	MBC	남가주, 애틀랜타, 시카고, 북가주, 라스베이거스, 달라스, 워싱턴 DC	지역은 별도 편성
	MBC America	남가주	24시간 방송
		조지아	24시간 방송
	SBS	남가주	18.1 프라임 타임대 3시간 방송 18.2 24시간 방송
	KTN	조지아	한국방송 믹스 및 로컬 제작
	KEMS	북가주	KBS월드 제휴 및 로컬 제작
	KOAM	시애틀	2014년부터 KBS 방송송출 중단으로 MBN 등 믹스
	KBC-TV	시카고	KBS월드 제휴 및 로컬 제작
	Win TV	시카고	MBC 제휴 및 로컬 제작
	CBS	조지아	24시간 기독교 방송
	CGN	뉴욕, 뉴저지	24시간 기독교 방송
	KBFD	하와이	KBS월드, KBFD(KBS, MBC, SBS, YTN 믹스), 아리랑 송출

전략에 관한 연구」,『방송융합기반정책연구』14-14, 2014, 92쪽.

플랫폼	채널명	방송 지역	편성 특성
케이블	KBS World	남가주, 뉴욕, 뉴저지, 하와이	스펙트럼
		북가주, 워싱턴 DC, 버지니아	컴캐스트
		뉴욕, 뉴저지	Altice
		남가주, 뉴욕, 뉴저지	Cox
	MBCD	남가주, 조지아	스펙트럼/Cox, 24시간 방송
	MBCA	남가주	스펙트럼/Cox, 24시간 방송
	SBS 인터내셔널	남가주	스펙트럼, 단독채널
	TVK1	미국 전역	스펙트럼/Cox, 아리랑 등 믹스 24시간 방송
	TVK2	미국 전역	스펙트럼/Cox, Kpop 및 자체 제작 믹스, 24시간 방송
	KTSD	샌디에이고	KBS, 저녁 2시간 방송
	MBC 아메리카	라스베이거스	Cox, MBC아메리카 24시간 방송
		뉴욕/뉴저지	스펙트럼/Altice, 24시간 방송
	KBS-WA TV	시애틀	KBS월드, 2018년 1월부터 중단
	KTN	조지아	KBS월드 2017년 1월부터 중단으로 MBN 등 믹스
	CBS	조지아	24시간 기독교 방송
	Korea One	버지니아/메릴랜드	Cox, MBC 아메리카 24시간 방송
	KBTV	뉴욕, 뉴저지	KBS월드 제휴사 및 자체 제작
	KBN	뉴욕, 뉴저지	MBC 콘텐츠 협약 및 자체 제작
	TKC	뉴욕/뉴저지	SBS 콘텐츠 협약 및 자체 제작
	WKTV	워싱턴 DC, 버지니아	CH1(KBS월드 제휴), CH2(MBN, 채널A, 연합뉴스 등 믹싱), CH3(MBC 콘텐츠 협약 등)
	KBFD	하와이	스펙트럼, 하와이안 텔레콤으로 KBS월드, KBFD 송출

한국 방송콘텐츠의 미래를 열다

플랫폼	채널명	방송 지역	편성 특성
케이블	Klife	하와이	한국 드라마 VOD 및 믹스
위성	All TV	캐나다	KBS월드 제휴, MBC 콘텐츠 협약 및 자체 제작
통신사	Korean Package on DirecTV	미국 전역	KBS월드, MBC아메리카, MBC에브리원, SBS, SBS Plus, YTN, EBS, NGCK, Radio Korea, TAN, MBC HD(프리미엄)
	Korean a-la-carte & Package	미국 전역	Verizon, MBC 아메리카, SBS, YTN
OTT (합법)	Korea a-la-carte	미국 전역	AT&T, MBC 아메리카
	Apple iTunes	미국 전역	믹스, 다운로드
	Netflix	미국 전역	믹스, 스트리밍
	Hulu	미국 전역	믹스, 스트리밍
	Viki	미국 전역	믹스, 스트리밍
	Dramafever	미국 전역	믹스, 스트리밍
	VongTV	미국 전역	믹스, 스트리밍(웹+모바일)
	JaduTV	미국 전역	믹스, 스트리밍(모바일)
	Ondemandkorea	미국 전역	믹스, 스트리밍
	tvbogo	미국 전역	믹스, 스트리밍
웹하드	합법		hanindisk.com, kiwidisk.com, usadisk.com
불법 업체	VOD		bomdisk.com, disfam.com, usiclub.com, hantv24.com, usfolder.com, chamdisk.com, bingdisk.com, sojufile.com, allsharez.com, clubnara.com, tvjoa.com, beefile.com, oktorrnet.com, olpemi.com, torrentdown.kr, enjoybs.com
불법 업체	스트리밍 방송		ionair.tv, wekorean.com, netsko.com, usorean.com, mysoju.com, bada.tv, missyusa.com, mytimon.com, japan25.com, joovideo.com, komerican114.com, tvboza.com, oppatv.com, baykoreans.net, dabdate.com, koreayh.com, wurinet.com, redspottv.net, dramastyle.com, yb88.com, womenkr.net, dramabang.net, enjoybs.com

출처: 정윤경·김종하·채정화·유수정, 「방통융합 시대 해외 한국어 방송사 생존 전략에 관한 연구」, 『방송융합기반정책연구』 14-14, 2014(필자가 2018년 3월 현재 데이터로 업데이트).

KBS아메리카(http://kbs-america.com/)는 1983년 4월 1일 "미주 동포를 대상으로 방송을 통한 한국 역사, 문화, 예술, 교육, 정보 전달 및 2세에 대한 뿌리의식 고취"를 목적으로 LA에 설립된 KTE(Korean Television Enterprises, Ltd)를 전신으로 한다. 처음 방송은 KSCI의 채널18에서 화요일부터 금요일까지 밤 8시부터 11시 30분까지 하루 3시간씩 진행되었고, 이 채널이 2000년 말에 매각되면서 2001년 1월 1일부터는 UHF 채널인 KRCA의 62번에서 주 7일 밤 8시부터 11시까지 3시간 동안 방송을 하였다. 2001년 6월에 TV Korea의 위성방송을 설립하고 하루 24시간 주 7일 위성방송을 시작하였다.[20] 2004년 KTE는 KBS아메리카와 KBS LA로 분리되었고, KBS아메리카가 2008년 4월 KBS LA를 통합하였다. 그동안 KBS월드, KBS월드 라티노, KBS월드24 채널을 운영하였으나 2018년 KBS월드 라티노는 중단하였다.

MBC아메리카(www.mbc-america.com)는 1991년 LA에 설립되었고, 메인 채널은 MBC아메리카이며, DTV는 LA, 애틀랜타, 시카고에서 MBCD 채널을 운영하고 있다. MBC아메리카의 사업 중 다른 방송사와 다른 사업은 홈쇼핑을 한다는 것이다.

SBS인터내셔널(http://www.sbs-int.com/)은 1992년 3월 뉴욕에 설립된 비디오 사업과 스포츠 중계권 구매 등을 한 SBS USA가 전신이며, 2003년 현재 회사명으로 변경하였고, 2003년 12월 LA로 회사를 이전하였다. 2004년 9월 타임워너 케이블 진입, 2004년 10월 디렉TV(DirecTV)에 SBS 채널 방송 론칭, 2006년 10월 디렉TV에 SBS Plus 론칭, 2010년 5월 Veri-

---

20 한미동포재단 · 미주 한인이민 100주년 남가주 기념사업회, 『미주 한인이민 100년사』, 571~574쪽.

zon Fios(IPTV)에 론칭, 2011년 3월 남가주 타임워너 케이블에 SBS 채널을 론칭하였다. SBS의 스포츠 중계권 구매 업무를 한다는 것이 다른 방송사와의 차이점이다. 그동안 축구, 야구, 농구, PGA, LPGA, NFL, TGC 등의 중계권을 확보한 경력을 갖고 있다.

[표 6] LA지역 한인 방송 현황

방송사	지상파	케이블	위성(DirecTV)
KBS	KXLA 44.1 KXLA 44.8(월드24)	TWC 1475	2082
MBC	LA18 18.3 LA18 18.6(홈쇼핑)		2081 2085(MBC Every1)
SBS	LA18 18.1(3시간), 18.2		2080 2084(SBS Plus)
EBS			2087
CJ E&M(tvN)			2086
YTN			2083
MBN			2088
TAN TV			2089
아리랑TV	KXLA 44.5		2095
내셔널 지오그래픽			2090
CTS			2092
Radio Korea			2093
연합뉴스	LA18 18.9		
TV조선	KXLA 44.2		

지상파 방송

지상파는 KXLA와 LA18에 대부분의 한인 채널이 몰려 있다. KXLA에는 KBS월드(44.1, Must Carry 채널, 19:30~23:30), H&S(44.2), Arirang(44.5), KBS월드24(44.8) 등이 있고, LA18에는 SBS(18.1, 3시간), SBS(18.2), MBCD(18.3), CGNTV(종교채널, 18.4), MBC홈쇼핑(18.6), 연합뉴스TV(18.9), SBS(18.10), CHTV(종교채널, 18.88) 등이 있다.

KBS월드는 2014년 1월 LA, 샌프란시스코, 시카고 등 미국 5개 도시 지상파 DTV에 진출하였다. 2014년 12월에는 한인방송으로서는 최초로 KXLA 44.1을 통해 HD 방송을 시작하였다. 2016년 7월 뉴욕(KBTV), 2017년 6월 시애틀(KBS-WATV), 2017년 7월 달라스(KBS DFW TV)와 추가로 제휴가 체결되어 론칭을 하였다. 이 외에도 각 지역별로 한인 방송을 하는 곳이 있다.

콘텐츠 비즈니스에서 가장 안정적인 비즈니스가 채널 비즈니스이다. ESPN처럼 가입자당 일정 비용을 받기 때문에 가입자가 늘어나기만 하면 가장 많은 수익을 올릴 수 있다. BBC월드나 NHK월드처럼 전 세계적으로 인지도를 갖기 위해 시작한 것이 KBS월드이고, 시차와 한류가 많은 지역의 특성을 반영하기 위해 미국과 일본은 별도 편성을 하고 있다.

대신 많은 비용이 소요된다. 좋은 채널을 보유하거나 임대하려면 막대한 비용이 들어가기 때문이다. 특히 의무 재전송(Must Carry) 채널의 경우에는 지상파를 방송하면 해당 지역의 케이블이나 위성 방송에서 의무적으로 재전송하여야 한다.

한국 방송콘텐츠의 미래를 열다

[표 7] 2006 독일 월드컵 당시 KBS아메리카 전국 네트워크 현황

지역	방송사
로스앤젤레스(캘리포니아)	KBS LA, Ch.44
시애틀(워싱턴)	KO-AM TV (Comcast Cable, Ch.257)
하와이	KBFD (Ch.32)
시카고(일리노이)	WOCH TV (Ch.41)
애틀랜타(조지아)	KTN TV (Comcast Cable Ch.390 / Charter Cable Ch.390)
뉴욕	MKTV (Time Warner Cable Ch.512)
뉴저지	MKTV (Cablevision Ch.261)
워싱턴 D.C.	WKTV (Cox Cable Ch.254)
메릴랜드	WKTV (Comcast Cable Ch.643 & Ch.668)
미국 전역	DishNet (Satellite), TAN (한인 위성방송사)

각 방송사 현지 법인이 지상파 채널을 운영하는 비즈니스 모델은 광고 수익이다. 지금까지 한국의 방송사는 지역의 한인 방송사에 프로그램을 공급하고 비용을 받는 형태의 비즈니스를 하였다.

KBS가 2004년 KBS아메리카를 설립하면서 직접 채널을 론칭하고, 채널을 공유하는 형태로 비즈니스가 변경되었다. 이 과정에서 지역 한인 방송사와 소송도 하고, 제휴 관계도 단절하는 등 많은 갈등을 빚었다. 지역 방송사의 반응은 그동안 열심히 한국을 알리는 일을 하면서 방송사를 키워 왔더니, 어느 날 갑자기 KBS에서 직접 한다고 그동안 쌓아놓은 것을 내놓으라는 것과 다름없다는 것이었다. 또한 그동안 정부 등을 통해 거의 무료로 콘텐츠를 공급받았는데, 제휴 관계를 맺으면 많은 저작권료를 내야 했으니, 반발할 만도 했을 것이다.

KBS아메리카는 2009년 11월 뉴욕 지역에 MKTV를 통해 타임워너 케이블로 진입하면서, 한인 방송사 최초로 전국 광고 모델을 구축하였다. 이후 제휴 관계를 확대하면서 높은 광고 단가를 유지하고 있다. [표 7]에서 보는 바와 같이 KBS아메리카는 전국의 네트워크를 구축하여, 광고주의 입장에서 KBS아메리카는 한 번만 광고 청약을 하면 전국 동시에 광고를 내보낼 수 있기 때문에 효율적이다. KBS아메리카는 전국 광고를 하고, 제휴사에게는 광고 시간의 50%를 로컬 영업하여 광고 수익을 갖도록 하는 정책을 펴고 있다.

케이블 방송

LA의 타임워너 케이블을 기준으로 보면, KBS월드(1475), MBC(1470, 1471), SBS(1480), tvK1(1483), tvK2(1484), Mnet(1490), CGN TV(1492) 등의 케이블 채널이 있다.

KBS월드[21]는 2004년 9월 뉴욕, LA 등 5개 도시에서 케이블 방송을 시작하였다. 2005년 11월에는 워싱턴 콕스 케이블 베이직, 2006년 3월에는 하와이 타이워너 베이직, 5월에는 애틀랜타 차터 베이직, 2007년 12월에는 남가주 타임워너 디지털 베이직, 2009년 11월에는 샌프란시스코 컴캐스트 케이블 베이직, 2012년 2월에는 뉴욕 타임워너 베이직, 2013년 3월

---

21 KBS월드는 2003년 7월 1일 전 세계 한민족을 하나로 묶는 네트워크를 구축하고 대한민국의 문화와 가치를 세계에 전파한다는 목적하에 개국한 24시간 TV 위성방송 해외 채널이다. KBS 콘텐츠사업국, 『공영방송사의 해외채널 전략과 발전 방향 : KBS World 개국 10주년 기념』, 명기획, 2013, 24쪽.

에는 뉴욕/뉴저지 케이블비전 프리미엄에 진출하였다.

타임워너 케이블에서 캘리포니아 지역에만 제공하는 모든 한국어 패키지에는 KBS월드가 베이직이므로 기본 제공된다. 한국어 패키지는 MBC 패키지와 SBS 패키지를 모두 볼 수 있는 패키지로 요금은 월 24.99달러이다. MBC 패키지는 월 14.99달러이며, MBC아메리카, MBCD, KBS월드, TVK1, TVK2, CGN TV 등 6개 채널로 구성되어 있고, SBS 패키지는 SBS, KBS월드, TVK1, TVK2, CGN TV 등 5개 채널로 구성되어 있다.[22]

케이블의 경우 대부분의 방송사 비즈니스는 채널을 무료로 사용하는 대신 광고를 통해 수익을 창출하고 있다.

위성 방송

가장 먼저 미국 위성 방송에 진입한 것은 미주한인방송(KTE)이 2001년 6월 1일 첫 방송을 시작한 TV코리아이다. 북중미 전역을 대상으로 갤럭시 11을 통해 24시간 방송을 하며, 뉴스의 경우 KBS 본사와 동시에 생방송으로 제공되었다.[23]

다음 본격적으로 위성방송을 한 것은 KBS월드가 2005년 10월에 디시넷(Dish Net) 베이직 채널에 진입한 것이다. 그러나 2013년 8월 디렉TV 프리미엄 서비스로 전환하면서 위성 베이직 서비스는 끝나게 된다.

---

22 http://www.timewarnercable.com/en/plans-packages/tv/international-plans.html

23 「KTE 위성방송 'TV Korea' 1일 개국」, 『LA중앙일보』 2001.6.2.
http://www.koreadaily.com/news/read.asp?art_id=138820

가장 먼저 디렉TV에 가입한 것은 SBS이다. 현재 디렉TV 가입 가구는 5만 명이 조금 안 된다. 2080(SBS), 2081(MBC), 2082(KBS월드), 2083(YTN), 2084(SBS Plus), 2085(MBC Every1), 2086(tvN), 2087(EBS), 2088(MBN Plus), 2089(TAN TV), 2090(National Geographic Channel Korea), 2092(CTS), 2093(Radio Korea), 2095(arirang) 채널에 14개의 방송이 패키지로 구성되어 있고 이용 가입비는 월 26.99달러다. 그리고 한국 골프 채널 218번은 별도로 가입(월 31.99달러)해야 한다.[24]

위성의 경우 대부분의 방송사 비즈니스는 채널을 공급하는 대가로 가입자당 일정 금액을 배분받는다. 디렉TV에 SBS가 처음 들어갔기 때문에 다른 방송사에 비해 높은 프리미엄을 받고 있다. 다음으로 프로그램 광고를 통해 수익을 창출하고 있다.

IPTV

IPTV는 두 가지 형태로 구분할 수 있다. 기존 채널과 동시에 스트리밍으로 서비스하는 것, 그리고 VOD 형태로 서비스하는 것이다. 여기서 다루는 것은 전자이고, 후자는 온라인 유통에서 다루는 것으로 한다.

한국 기업 중 처음으로 포스데이타가 주축되어 2008년 5월 15일 IPTV을 추진하기 위한 앤티비커뮤니케이션즈(이하 앤TV)를 설립하고, 2009년 2월 12일부터 '엔조이앤TV(Enjoy&TV)' 서비스를 시작하였다. 앤TV는 포스데이타(지분율 69%)와 셀런(17%), 재능교육(11%), 아카넷TV(3%) 등이 1,800

---

24 http://www.directv.com/cms2/international/ChannelLineup_Korean.pdf

한국 방송콘텐츠의 미래를 열다

만 달러를 공동 투자해 미국에 설립한 기업이다. 요금은 월 19.99 달러 정액제로 운영되었다.[25] [26] [27] 그러나 2008년 35억 6천만 원의 당기 손실을 기록[28]하는 등 생각보다 어려움을 겪다가 포스데이타는 2010년 9월 앤TV 조관현 대표의 또 다른 회사인 아이디엔에게 지분을 넘긴다. 조 대표는 천지인 자판을 개발한 것으로 유명하다. 그 이후 방송사에 대한 미수와 부채 때문에 어렵게 사업을 이어가고 있다.

KBS는 LA지역에서는 머스트 캐리 채널에 진입해 있어서 U-verse(44)와 버라이즌 Fios(44)에도 서비스 시점부터 서비스되고 있다. 그 외의 지역에서는 제휴사 채널을 통해 IPTV에 서비스되고 있다. 하와이는 하와이안 텔레콤(23), 애틀랜타는 Google Fiber(86), 시카고는 U-verse(41), 토론토는 Bell Fibe(748)로 제공하고 있다.

MBC는 2013년 10월 Verizon FiOS의 채널 1759번에서 한국어 패키지로 MBC 드라마를 HD 화질로 서비스하였다.

SBS는 2009년 1월 앤TV에 프로그램을 공급하기 시작하였고, 2010년 5월 Verizon Fios에 채널을 론칭하였다.

그 외에 각사는 Tiboplay(2014.8), baro TV(2016.1), Woori Cooli(2016.4)에 서비스를 공급했다. baro TV는 2017년 사업을 중단했다.

---

25 배옥진, 「포스데이타, 미국서 IPTV서비스」, 『디지털타임스』 2009.2.13.

26 「앤TV 미주방송 확대」, 『한국일보』 2009.7.3.

27 성제환·이경준, 「앤TV '눈덩이 적자' 예고」, 『헤럴드경제』(미주판) 2009.5.13.

28 http://blog.naver.com/PostView.nhn?blogId=snuvalue&logNo=30071436191&categoryNo=24&viewDate=&currentPage=1&listtype=0

미국 주파수 경매

　방송을 하려면 주파수가 있어야 한다. 방송사가 주파수를 소유한 경우에는 직접 해당 주파수를 이용하여 방송할 수 있지만, 그렇지 못한 경우에는 주파수를 임대해야 한다. 한인 방송사 중에는 주파수를 소유한 곳이 몇 군데 있는 것으로 알려져 있다. 주파수 금액은 미국 FCC(연방통신위원회)가 2016년 5월에 지상파방송국 주파수를 팔고 통신 주파수의 확보를 위한 인센티브 경매[29]를 실시하면서 공개되었다. 이 경매는 역경매(Reverse auction) 방식으로 진행되는데 FCC가 제시한 시작가의 최고 금액은 9억 달러이며, [표 8]에서 보듯이 한인이 소유한 뉴욕 WMBC-TV의 경우 8억 달러가 넘는 금액이 제시되었다.[30]

　좋은 주파수, 즉 주파수의 도달거리인 커버리지가 넓어 많은 시청자가 볼 수 있고, 케이블과 위성에 재전송되는 채널(Must carry channel)일수록 임대료가 비싸다. LA 지역에서 KBS월드가 송출되는 KXLA의 경우 케이블과 위성에도 동시 전송되는 머스트 캐리 채널이므로 2018년 현재 한 달 송출료가 2만 달러 이상인 다른 디지털 채널보다 7배 정도 비싼 것을 보면 의무 재전송에 따른 차이가 현격하다는 것을 알 수 있다.

29　http://wireless.fcc.gov/auctions/incentive-auctions/auction-1001.html
30　안치용, 「한인들 울고 웃게 한 FCC지상파 주파수경매」, 『조선닷컴』 2016.2.2

[표 8] 주파수 역경매 시작가

방송권역	콜사인	가시청자	전체 양도시	Low VHF 이동시	High VHF 이동시	소유주
뉴욕(뉴욕)	WMBC-TV	18,442,327	801,658,800	601,244,100	320,663,520	주선영
뉴욕(뉴욕)	WEBR-CD	6,620,511	375,907,500	281,930,625	150,363,000	권영대 매도
로스앤젤레스 (캘리포니아)	KILM	15,423,581	618,823,800	464,117,850	247,529,520	아서루
로스앤젤레스 (캘리포니아)	KSCI	15,809,822	583,852,500	437,889,375	233,541,000	한국일보 매도
애틀랜타(조지아)	WKTV-CD	2,500,043	212,586,300	159,439,725	85,034,520	심중구
호놀룰루(하와이)	KBFD_DT	834,167	76,247,100	57,185,325	30,498,840	정계선
아이오와시티-더뷰크 (아이오와)	KWK8	1,092,058	170,343,000	127,757,250	68,137,200	배건재
아이다호폴스-포커텔로 (아이다호)	KPlf	250,291	Not Needed	Not Needed	Not Needed	배건재

출처 : 안치용, 「한인들 울고 웃게 한 FCC지상파 주파수경매」, 『조선닷컴』 2016.2.2

2. 오프라인 비즈니스

북미의 미국과 캐나다는 거의 단일 시장이지만 방송, 특히 광고에 관한 한 서로 정책이 다르기 때문에 동일한 시장으로는 볼 수 없다. 예를 들면, 자동차 광고를 하는 경우 미국에서 판매하는 사양과 캐나다에서 판매하는 스펙이 다르기 때문에 동일한 채널이 캐나다에는 나가면 안 된다.

오프라인 비즈니스(유통)은 방송 프로그램을 방송사에 공급하여 방송할 수 있도록 판매하는 것을 말한다. 따라서 이에 해당하는 비즈니스는 제휴사 관계를 맺지 않은 로컬 한인 방송사에 대한 프로그램 공급, 중국이나 일본계 방송사에 대한 프로그램 공급, 포맷 판매 등이 있다.

한인 방송사에 대한 프로그램 공급

한국 콘텐츠에 대한 수요가 가장 많은 곳은 한인 방송사이다. 이들이 미국 내에서 한국 방송을 적극 공급하는 데 상당 부분 기여를 한 것은 사실이다.

LA 지역에 1983년 설립된 한미텔레비전은 2004년 KBS-1, KBS-2, 교육방송 등 총 4개의 채널을 24시간 편성하였다.[31] Tan TV는 1991년 개국하여 디렉TV에 채널을 운영하고 있으며 KBS Ameirca 등으로부터 한국 프로그램을 구입하여 편성하고 있다.

애틀랜타 라디오코리아 같은 방송사에서도 KBS 9시 뉴스를 음성만 서비스하기 때문에 TV 방송사뿐만 아니라 라디오 방송사에도 프로그램을 공급한다.

캐나다에서는 All TV(http://www.alltv.ca/)가 2000년 개국하여 MBC, YTN, KBS, SBS, CBS 등과 방송 협력을 체결하고 2개의 채널을 운영하고 있다. 홈페이지상의 설명에는 "Super채널 ALL TV는 캐나다 전국 방송망 구축으로 Rogers, TELUS TV, Shaw와 TV 프로그램 배급 계약을 체결하고 한인 다수가 거주하는 광역 토론토 이외에도 밴쿠버, 캘거리, 에드먼튼 등 캐나다 동부에서 서부에 이르는 무한한 방송 시청 가능 지역을 대상으로 다양한 장르의 수준 높은 방송 프로그램 서비스를 제공하고 있습니다."라고 설명이 되어 있다.

SBS는 2004년 10월에 뉴욕 TKC, 2006년 9월 하와이 KBFD(채널 34), 2009년 1월 남가주 KSCI(LA18)에 공급하고 있고, 2010년 12월 캐나다 All TV에 프로그램을 공급하다가 2017년 7월부터 중단되었다.

---

31   김현우, 「[한인방송 24시간 시대] 21년 역사… 한인최초 케이블」, 『LA중앙일보』

외국계 방송사에 대한 프로그램 공급

한국 드라마는 중국과 베트남 방송사에서 주로 구매한다. 이 방송사들은 대체로 영상을 구매하고, 자막은 DVD나 중국과 베트남 현지에서 구해서 방송한다. 특히 중국은 불법으로 콘텐츠 유통이 많이 이루어지기 때문에 비싼 금액으로 구입하지 않는다. 대체로 편당 200달러 정도로 유통된다. 중국의 콘텐츠 구매 비용이 저렴한 또 하나의 이유는 중국 정부의 지원이다. 시애틀 제휴사 개국식에 참석하였을 때 중국계 방송사 대표에게서 들은 이야기로는, 미국 내 중국 방송사에게는 중국 정부에서 중국 콘텐츠에 대하여 90%의 지원을 해준다고 한다. 한국 드라마보다 10배 저렴한 금액으로 중국 콘텐츠를 구입할 수 있으므로 한국 콘텐츠가 인기가 있다고 해도 너무 비싸기 때문에 사기 어렵다고 하였다.

한국의 콘텐츠를 가장 많이 구입하여 방송하는 곳은 미국에서는 파룬궁이 운영하는 NTD(New Dang Dynasty) TV와 캐나다에서는 LS Times이다.

이외에도 외국계 방송사에 대한 콘텐츠 공급은 베트남, 필리핀, 남미계 등으로 확대하려는 노력을 계속하였다. 미국에서 방송하는 에스닉계열의 방송사 현황은 스퀴드(Squid) TV(https://www.squidtv.net/usa/)에서 확인할 수 있다. 상당수의 채널을 한국에서도 스트리밍으로 볼 수 있다.

포맷 비즈니스

포맷 비즈니스는 콘텐츠 산업에서 한층 진일보한 형태이다. 단순히 콘텐츠를 공급하던 형태에서 해당 국가나 문화권에서 콘텐츠의 스토리나 우수성을 인정하고 자체적으로 수용하기 때문이다. 포맷 비즈니스로 가장 유명한 곳이 네덜란드의 엔데몰(Endemol)이다. KBS에서 2007년부터 방송되고 있는 〈1대 100〉도 이곳을 통해 수입되었다.

포맷 비즈니스는 크게 예능 프로그램 포맷 수출과 드라마 리메이크로 나뉜다. 그동안 한국은 일본에서 주로 드라마 원작을 수입하여 리메이크해왔다. KBS의 〈꽃보다 남자〉〈결혼 못하는 남자〉〈직장의 신〉〈공부의 신〉, MBC의 〈하얀 거탑〉〈닥터 진〉〈호텔리어〉, SBS의 〈그 겨울 바람이 분다〉〈아름다운 그대에게〉 등이 일본 드라마를 리메이크한 드라마이다.

한국의 드라마 포맷이 수출되기 시작한 것은 1990년대 후반이다. 1999년 KBS의 〈사랑은 노래를 타고〉가 미국과 스페인 지역에 처음 수출되었다.[32] 초기 드라마 포맷이 판매된 곳은 주로 중국, 베트남, 필리핀 등이다. KBS는 〈쾌걸 춘향〉〈풀하우스〉〈가을동화〉 등, MBC는 〈의가형제〉〈커피프린스 1호점〉〈내조의 여왕〉 등, SBS는 〈토마토〉〈천국의 계단〉〈아내의 유혹〉 등이 있다.[33] 2011년부터 본격적으로 드라마보다는 예능 프로그램 포맷이 수출되어 중국에서 커다란 성공을 거두었다. MBC의 〈아빠! 어디가?〉는 2013년 중국 후난위성TV가 수입하여 〈빠빠취날〉로 제작하여 5%가 넘는 시청률을 기록하였고, 〈나는 가수다〉〈진짜 사나이〉도 포맷이 수출되었다. KBS의 〈불후의 명곡〉〈1박 2일〉, SBS의 〈K팝스타〉, CJ E&M의 〈슈퍼스타K〉, jtbc의 〈히든싱어〉 등이 중국으로 수출되었다. CJ E&M의 〈더 지니어스〉는 네덜란드와 프랑스 등 포맷 선진국으로까지 수출되었다.

---

32 KBS 미디어, 『한류의 역사를 쓰다 : KBS미디어 20년사』, 서울 : KBS미디어, 2011.

33 방송통신진흥본부 방송통신기획부, 「방송 프로그램 포맷 수출의 현황과 시사점」, 『동향과 전망 : 방송 · 통신 · 전파』 제80호, 2014, 68~69쪽.

- 전방효과 : 방송콘텐츠 수출 활성화
- 후방효과 : 창작 생태계 기반 확충
- 좌우방 효과 : 콘텐츠 인력, 장비 등 SW + HW 융합 촉진

[그림 11] 방송 포맷 비즈니스의 파급효과 모델

이제 드라마 산업의 메카인 미국에서도 드라마 리메이크가 되고 있다. 많은 드라마가 시도를 했으나 최초로 SBS의 〈신의 선물〉이 ABC에서 2017년 여름 시즌으로 방송되었고, KBS의 〈굿닥터〉도 ABC에서 2017/2018 정규 시즌으로 방송되었다. 멕시코에서도 KBS의 〈넝쿨째 굴러온 당신〉이 리메이크되어 시청률 1위를 기록하였다. 이 리메이크 드라마는 유니비전을 통해 미국에서도 방송되고 있다.[34] 또한 KBS의 〈슈퍼맨이 돌아왔다〉는 미국에 포맷이 판매되어 2016년 11월 디스커버리 채널에서 〈Super Dad〉란 제목으로 방송이 되었다. 2014년 9월에 포맷이 판매된 CJ E&M의 〈꽃보다 할배〉도 미국 NBC에서 2016년에 8월부터 〈Better Late Than Never〉란 제목으로 4부작을 방송하여 동시간대 1위를 기록하였다. 시즌 2는 2017년 12월부터 8부작으로 방송되었다.

할리우드에서 리메이크 되는 것이 중요한 이유는 [그림 11][35]과 같이 파급효과가 크기에 한국의 콘텐츠에 대한 관심이 증가할 것이기 때문이다.

---

34 http://www.univision.com/novelas/mi-marido-tiene-familia/mi-marido-tiene-familia-llega-a-univision-para-hacerte-reir-video
35 방송통신진흥본부 방송통신기획부, 앞의 글, 75쪽.

〈홈랜드(Homeland)〉라는 드라마가 현재 시즌 6을 하고 있는데, 이스라엘 원작 〈프리즈너스 오브 워(Prisoners of War)〉를 리메이크한 것이다. 이 드라마의 성공으로 이스라엘에 대한 관심이 급증했다. 이것처럼 한국의 우수한 콘텐츠에 대한 관심이 한류의 또 하나의 성장 동력이 될 것이다.

한국 포맷을 활용하여 미국에서 방송한 프로그램의 실적을 보자. 먼저 〈Better Late Than Never〉 시즌 1은 [표 9]과 같이 매우 성적이 좋았다.

[표 9] 〈Better Late Than Never〉 시청률 현황

시즌	회	방송일	요일	시청률(18-49)	시청자 수(만 명)
1	1	2016-08-23	화	1.6	734.9
	2	2016-08-30	화	1.6	732.7
	3	2016-09-06	화	1.5	691.1
	4	2016-09-13	화	1.6	764.4
	평균			1.58	730.8
2	1	2017-12-11	월	1.05	546.8
	2	2018-01-01	월	0.75	430.5
	3	2018-01-01	월	0.74	409.9
	4	2018-01-08	월	0.83	414.1
	5	2018-01-15	월	1.01	553.3
	6	2018-01-22	월	0.94	492.2
	7	2018-01-29	월	0.92	478.1
	8	2018-02-05	월	1.07	530.5
	평균			0.91	481.9
	감소율			-42.17%	-34.06%

출처 : 시즌 1 https://tvseriesfinale.com/tv-show/better-late-never-season-one-ratings/
시즌 2 https://tvseriesfinale.com/tv-show/better-late-never-season-two-ratings/

평균 시청률 1.58%, 평균 시청자 수 764만 명의 실적이었다. 그러나 시즌 2는 월요일로 옮겨 방송했는데, 평균 시청률 0.91%, 평균 시청자 수 482만 명으로, 시청률은 42% 감소하고 시청자 수는 34% 감소했다. 시즌 2의 성적이 아직 좋은 편이며, 기사[36]에 의하면 "시즌 3 제작을 희망하느냐"는 질문에 21개 의견 전부 이 프로그램을 좋아하기 때문에 취소하지 말고 시즌 3을 제작해달라고 했다. 시즌 3은 문제없이 제작할 것 같으나, 시즌 2의 시청률 하락 때문에 시즌 3의 성적에 따라 시즌의 지속이 판가름날 것이다.

다음 〈Somewhere Between〉는 여름 시즌으로 제작하고 방송한 것을 감안하더라도 반응이 약했다. 시즌 2에 대한 72개의 의견을[37] 보면 대부분 시즌 2가 지속되기를 희망하나 몇 개는 부정적이거나 관심이 없다고 답했다. 결국 시즌 2로 이어지지 못하고 아쉽게 시즌 1로 끝났다.

〈더 굿닥터〉는 67쪽의 [표 2]에서 보는 바와 같이 평균 시청률은 1.79%, 평균 시청자 수는 977만 명이었다. 동시간대 프로그램에 비해 거의 2배의 시청률을 기록하였다. 시즌 2에 제작에 대한 72개의 의견에서 시즌이 지속되기를 희망하였다.[38] 미국 드라마는 시즌을 시작할 때 시즌5까지는 갈 수 있는 스토리를 선정하는데, 이 정도의 성적이면 그 관행에 맞는 드라마가 될 것으로 보인다.

36 https://tvseriesfinale.com/tv-show/better-late-never-season-three-watch-nbc-series/

37 http://tvseriesfinale.com/tv-show/somewhere-between-cancelled-renewed-season-two-abc/

38 http://tvseriesfinale.com/tv-show/good-doctor-abc-canceled-renewed-season-two/

[표 10] 〈Somewhere Between〉 시청률 현황

회	방송일	요일	시청률(18-49)	시청자 수(만 명)
1	2017-07-24	월	0.5	290.5
2	2017-07-25	화	0.3	176.1
3	2017-08-01	화	0.3	167.2
4	2017-08-08	화	0.3	143.6
5	2017-08-15	화	0.3	158.1
6	2017-08-22	화	0.4	160.7
7	2017-08-29	화	0.4	170.9
8	2017-09-05	화	0.4	178.4
9	2017-09-12	화	0.3	162.1
10	2017-09-19	화	0.4	187.6
평균			0.36	179.5

출처: https://tvseriesfinale.com/tv-show/somewhere-between-season-one-ratings/

3. 온라인 비즈니스

 방송콘텐츠 비즈니스 중에서 온라인 유통은 VOD(Video On Demand, 주문형 비디오)와 웹하드로 나눌 수 있다. 실제 서비스는 두 가지가 혼용되어 이루어지는 경우도 있고, 실시간 방송 스트리밍 서비스를 하는 경우도 있다. 한국 콘텐츠에 대한 온라인 유통이 본격화된 것은 2000년 중반부터이다. 이에 따라 그동안 방송콘텐츠 유통의 주류를 차지하던 비디오 유통이 급감하기 시작했다.

 방송사가 현지에서 온라인 유통에 직접 뛰어들기 전에는 불법 유통이 만연하였고, 이후 드라마피버, 라쿠텐 비키 등을 통해 공급이 이루어졌다. 업체에 대한 콘텐츠 공급은 2017년 6월까지는 방송사의 미국 현지 법인이 온라인으로 유통했으나, KBS, MBC, SBS 방송 3사에서 2016년 12월 KCP(Korea Content Platform)를 설립하고 2017년 7월부터 직접 KOCOWA TV 서비스를 론칭하여 운영하고 있다.

한국 방송콘텐츠의 미래를 열다

VOD

VOD는 서비스 업체가 방송콘텐츠를 스토리지에 보관하고, 이용자는 인터넷 등의 통신 회선을 사용하여 이를 이용하는 것을 말한다. VOD는 과금 형태에 따라 PPV, SVOD, AVOD 등으로 나누어진다. PPV(Pay Per View)는 방송콘텐츠를 보는 것에 따라 비용을 내는 방식이다. SVOD(subscription VOD)는 회원제로 운영되는 것으로 사이트에 월 일정액을 내고 회원으로 가입하면 광고 없이 자유롭게 이용할 수 있다. 그리고, AVOD(Advertising supported VOD)는 가입비를 내지 않는 대신 콘텐츠를 보면서 콘텐츠의 앞, 중간, 끝에서 광고도 같이 봐야 하는 모델이다.

한국의 대표적 VOD 서비스는 Pooq과 넷플릭스이다. [표 11]은 두 회사의 한국과 미국 서비스 요금제와 미국에서 한국 콘텐츠를 서비스하는 주요 업체의 요금제를 정리한 것이다. 대체로 보면 Pooq은 서비스 구성이 다양하고, 넷플릭스는 체계가 심플하다는 것을 알 수 있다.

미국에서는 OTT와 IPTV 서비스 업체에 콘텐츠를 유통하는 형태로 VOD 서비스가 이루어진다. OTT(Over The Top)는 케이블TV처럼 셋톱박스를 통하지 않고 인터넷만 연결되면 콘텐츠를 이용할 수 있는 서비스를 말한다. OTT의 대표적인 서비스가 전 세계 1억 명 이상의 회원을 보유하고 있는 넷플릭스와 훌루이다. 미국에서 한국 방송콘텐츠를 주로 유통하는 서비스는 드라마피버(dramafever.com), 라쿠텐 비키(viki.com), 온디맨드코리아(ondemandkorea.com)가 대표적이다. 방송사는 이 업체들의 성장과 더불어 콘텐츠 공급 대가로 급격한 수익을 올렸다. 방송 3사 현지 법인은 넷플릭스와 훌루에 드라마피버나 라쿠텐 비키를 통해 콘텐츠를 공급하고 있다. KBS아메리카는 2006년 6월 아마존닷컴과 제휴하여 한국 방송사로는 처음으로 비디오 다운로드 서비스를 시작하였다. SBS인터내셔널 홈페이지에 따르면 2011년 4월 비키와 넷플릭스, 2011년 12월 드라마피버와 훌루, 2013년 3월 온디맨드 코리아, 2013년 5월 Chrunchyroll에 프로그램을 공급을 시작했다. 다른 방송사도 비슷한 시기에 OTT 업체에 서비스했다.

[표 11] VOD 요금제 현황

Pooq	모바일	모바일+PC+TV(HD)	모바일+PC+TV(Full HD)
실시간 TV+방송 VOD (VOD 10회 다운로드)	6,900	7,900	10,900
실시간 TV+방송 VOD+영화 (VOD 10회 다운로드)	12,900	13,900	16,900
실시간 TV+방송 VOD+영화 (VOD 30회 다운로드)	14,900	15,900	18,900
실시간 TV+방송 VOD (VOD 30회 다운로드)	8,900	9,900	12,900
영화	9,900		

넷플릭스	베이직	스탠더드	프리미엄
서비스	SD, 동시 접속 1명	HD, 동시 접속 2명	HD, UHD, 동시 접속 4명
한국	₩9,500	₩12,000	₩14,500
미국	$7.99	$10.99	$13.99

미국 VOD OTT 서비스	월간	연간	하루
KOCOWA	$6.99	$69.99	$0.99
드라마피버	$4.99	$49.99	
라쿠텐 비키*	$4.99	$49.99	
온디맨드 코리아*	$6.99		
훌루	$7.99/$11.99		
훌루 with Live TV	$39.99		

* 무료 광고 모델도 운영

한국 방송콘텐츠의 미래를 열다

현재 OTT 업체들은 본연의 서비스에 KCP가 운영하는 KOCOWA TV 서비스를 PIP(Platform in Platform) 방식으로 운영하고 있다.

IPTV(Internet Protocol TV)는 광대역 연결상에서 인터넷 프로토콜을 사용하여 텔레비전 서비스를 제공하는 시스템으로 SK텔레콤의 Btv, KT의 올레TV, LG유플러스의 U+TV 등이 있다. 미국에서 한국 콘텐츠를 서비스하는 IPTV로는 앤TV, 쿨리TV, Tibo 등이 있다. 한국의 IPTV와 달리 규모가 영세한 이 업체들은 방송사에서 직접 콘텐츠를 공급받지 않고, 한국의 실시간 TV를 녹화하여 미국으로 공급하여 서비스하고 있다.

웹하드

웹하드는 일정 용량의 저장 공간을 확보해 콘텐츠를 관리하고, 사용자는 콘텐츠를 다운받아 시청하고 다운받은 파일을 공유하는 서비스인 파일 호스팅 서비스(File hosting Service)이다. LG유플러스의 전신 데이콤이 2000년 처음으로 '웹하드'라는 브랜드로 서비스를 시작한 것에서 웹하드라 부르게 되었다.[39]

국내에서는 이 업체들이 초창기에는 불법으로 사업을 전개했으나, 방송사와의 소송 및 협상을 통해 대부분 양성화되었다. 미국에서도 동일한 절차를 거쳐 서비스되고 있다. 그럼에도 아직도 미국에서는 불법 업체에 대한 소송이 쉽지 않아 불법 서비스 업체가 엄청나게 많다. 방송사와 합법적으로 계약하고 서비스하는 업체로는 미국에는 한인디스크(hanindisk.com),

---

39   https://namu.wiki/w/%EC%9B%B9%ED%95%98%EB%93%9C

키위디스크(kiwidisk.com), 유에스에이디스크(usadisk.com) 등이 있다. 캐나다에는 얼씨고닷컴(allseego.com) 등이 합법적으로 서비스하였으나, KCP가 출범하면서 매각하였고, 현재는 사업을 중단하였다.[40)

합법적인 웹하드 업체도 규모가 영세하고, IPTV 업체들처럼 방송사에서 직접 콘텐츠를 공급받지 않고, 한국의 실시간 TV를 녹화하여 미국으로 공급하여 서비스하고 있다. 문제는 이 업체들이 방송사 콘텐츠에 대해서는 일정 금액의 저작권료를 납부하지만, 다른 콘텐츠에 대해서는 그렇지 않은 경우가 대부분이라는 점이다.

애플리케이션

모바일 시대가 되면서 콘텐츠 유통 방법도 진화를 거듭하여, 현재는 모바일 애플리케이션을 활용하는 방법이 나타났다. 대부분의 업체에서 애플리케이션을 개발하여 서비스하고 있다. 넷플릭스, 훌루, 라쿠텐 비키, 드라마피버, 온디맨드코리아 앱이 있다.

MBC아메리카는 2013년 2월 애플 아이튠즈(itunes)에서 MBC 콘텐츠를 볼 수 있는 서비스를 시작했다. 또한 아마존에도 앱을 개발하여 론칭했다.

40　allseego.com에 접속하면 "도토리TV 또는 코코와로 가서서 감상하시기 바랍니다."라는 알림이 뜬다.

　　　　　　　　한국 방송콘텐츠의 미래를 열다

KCP

KCP는 별도로 소개할 필요가 있다. 온라인 비즈니스에서 새로운 전기를 마련한 회사이기 때문이다. 기존 방송 3사의 현지 법인에서 비즈니스를 하다가 현지 법인은 손을 떼고 KCP로 2017년 7월부터 이관하였다.

KCP란 Korean Content-holder's Platform의 약자로 KBS, MBC, SBS가 연대하여 만든 '글로벌 OTT 플랫폼'이다. 처음에는 CJ가 참여하기로 했다가 마지막에 독자 노선을 걸었다. 방송 3사는 2015년 12월 23일 MOU를 체결하고, 각 사별로 50억씩 출연하여 150억 원의 자본금으로 KCP를 세웠다. 이 회사의 목적은 '콘텐츠 홀더들의 협력 및 자체 플랫폼을 이용한 글로벌 OTT 시장 공략'이다. 먼저 드라마피버, 비키, 온디맨드코리아 등으로 시장이 검증된 미국에 2016년 12월에 가장 먼저 진출하고, 2020년까지 일본, 중국, 중남미, 유럽, 대만/태국 순으로 확장하겠다는 계획이다. KCP 설립 시 예상한 회원 수는 2016년 380만 명에서 2020년 5,500만 명까지 확대될 것으로 전망하였다.[41]

미국 온라인 스트리밍 시장은 회원제와 광고 모델로 나눌 수 있다. 대표적인 회원제 사이트는 넷플릭스이고, 대표적인 광고 모델은 유튜브다. 점차 온라인 스트리밍 사이트가 회원제로 변화하고 있다. 유튜브가 '유튜브 레드' 서비스를 도입하여 유료로 운영하고 있고, 훌루는 2007년 설립 당시 무료 서비스로 인기를 끌었으나, 2010년 유료 상품을 출시하여 이를 확대하다가 2016년 8월 8일 전면 유료화(월 $7.99와 $11.99 상품)로 전환하였다. 기존의 훌루가 갖고 있는 무료 콘텐츠는 야후의 무료 스트리밍 서비스인

---

41 글로벌 OTT 자회사 KCP 설립(안), 2016.4.7.

'야후 뷰(Yahoo View)'로 이관되었다. 유료화가 된 이유는 최근 케이블TV를 해지하고 넷플릭스 등 저가 유료 온라인 스트리밍으로 TV 프로그램이나 영화를 보는 코드커팅이 늘어났기 때문이다.

KCP도 한류의 성장에 힘입어 K-드라마와 예능의 콘텐츠의 힘을 믿고 양질의 플랫폼을 만들어 드라마피버와 라쿠텐 비키처럼 100만, 200만 달러의 투자를 받아 자본 이익을 얻을 수 있다는 꿈을 갖고 출발하였다. 출범 1년이 된 시점인 2018년 7월 현재 미주에서 무료 회원을 포함하여 40만 명의 회원을 확보하고 있는 것으로 알려졌다. 한국의 지상파 3사가 미국 현지에서 엄청난 지각 변동의 사업을 추진했으나, 아직까지는 예상치에 훨씬 못 미치는 것 같다.

아쉬운 것은 KBS아메리카에서 이미 2011년 3월 MBC아메리카, SBS 인터내셔널, CJ E&M과 같이 방송사 현지 법인에서 mvibo.com을 오픈하여 웹캐스팅을 시작하였으나 큰 수요를 불러일으키지 못하고, 같은 해 9월에 OSC로 이관하였다는 사실이다. 당시 추가적인 투자를 받지 못하다가 실패한 서비스로 끝나버렸다. 본사의 적극적인 지원이 있었다면 양상은 달라지지 않았을까 하는 생각을 해본다.

KCP에 대해서는 상세히 정리한 글이 있어 저자 허락하에 전재한다. 저자는 KBS아메리카에서 필자와 같이 근무한 안정문 경영기획실장으로, 미국 현지에서 콘텐츠 비즈니스를 하면서 KCP에 대한 전문적 통찰을 갖고 있다.

한국 방송콘텐츠의 미래를 열다

KCP 출범을 계기로 본 미국 OTT 시장 동향[42)]

OTT Big Bang

비키는 2010년에 설립되어 2013년에 일본의 라쿠텐 그룹의 일원이 되었고, 비키보다 1년 먼저 론칭한 드라마피버는 2014년 10월 손정희의 소프트뱅크에 인수되었다가 올해 2월에 HBO 등을 보유한 미국 미디어 그룹 워너브러더스의 품에 다시 안겼다. 이 두 기업을 일본과 미국의 거대 기업이 인수했다는 것은 기본적으로 미주 시장에서 한국 콘텐츠의 시장 가능성을 높게 봤다는 명백한 증거이기도 하다.

본사(KBS)에 근무할 때 이들 두 회사의 창업자들을 마켓에서 만난 적이 있다. 그때 뜻밖의 제안을 받았는데, KBS로부터 지분 투자를 받고 싶다는 것이었다. 이제 막 시작한 인터넷 벤처, 그것도 미국에 있는 해외 기업에 투자한다는 것은 어려운 일이었다. 결과론적 이야기지만 그때 과감하게 투자했다면 최근에 KCP를 통해 이루려는 목표가 좀 더 빨리 이루어지지 않았을까 하는 생각도 든다.

이제 비키, 드라마피버라는 이름은 한국 콘텐츠 관계자라면 모르는 사람이 없다. 미주에서 한국 드라마와 예능을 메인 서비스로 시장을 키워온 강력한 플랫폼이기 때문이다.

KCP는 내년(2017) 7월 본격적인 서비스를 위해 법인 설립 등 준비 작업을 LA에서 진행하고 있다. KCP가 공략하게 될 미국 OTT 시장은 2014년 이후 많은 변화가 있었다. 넷플릭스가 주도하던 OTT 시장에 많은 경쟁 업체가 도전장을 내밀었고 다양한 사업 모델이 시도되고 있다. 미국 OTT는 이제 바다 건너 남의 나라 이야기가 아니라 KCP가 직접 부딪쳐 개척해야 할 우리의 시장이 되었다. 이 시점에서 미국의 OTT 시장을 좀 더 깊숙이 들여다보자.

KCP(Korea Contents Platform)?

코리아콘텐츠플랫폼(KCP)은 국내 지상파방송 3사가 미국 온라인 동

---

42 안정문, 『트렌드미인』 제17호, KBS, 2016.

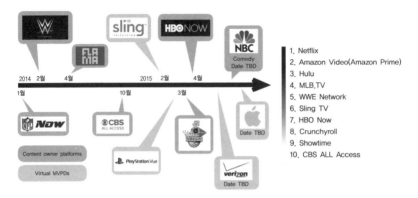

2014년 이후 OTT 서비스 런칭 현황

영상 서비스(OTT) 시장에 진출할 계획으로 설립한 현지 합작법인이다.

2016년 말 KBS, MBC, SBS는 각각 50억 원씩 출자해 총 150억 원의 자본금으로 KCP를 유한회사(LLC) 형태로 미국에서 공식 출범시켰다.

KCP는 미국에서 인기 있는 한국의 예능이나 드라마 등 한류 콘텐츠를 온라인과 모바일을 통해 서비스할 계획이며, 서비스 명칭은 '코코와 (KOCOWA, Korea Contents Wave)'로 정해졌다.

2017년 상반기 '코코와'라는 브랜드로 시범 서비스한 뒤 7월부터는 유료로 상용화할 예정이며 미국부터 시작해 점차 서비스 국가와 지역을 확대할 계획이다. 현재 서비스 준비가 한창인 '코코와'의 주 타깃은 교포가 아닌, 처음부터 한류 콘텐츠에 관심 있는 현지인들이 대상이며 VOD 방식으로 한국의 드라마나 예능 프로그램을 서비스할 계획이다. 다만 실시간 스트리밍은 제외된다.

미국 OTT Big 3가 시장의 90% 차지

2016년 10월 Parks Associates는 가입자 수를 기준으로 미국의 Top 10 OTT 사업자를 발표했다. OTT 가입자를 100으로 봤을 때, 넷플릭스가 53%, 아마존이 25%, 훌루가 13%로 이들 Big 3가 시장의 약 90%를 차지하고 있다. 나머지 10%를 10여 개 OTT 사업자들이 분점하고 있다.

한국 방송콘텐츠의 미래를 열다

2014년 이후 OTT 서비스 론칭 현황

MLB TV와 WWE네트워크가 4위와 5위에 이름을 올린 것이 눈에 띈다. 스포츠를 좋아하는 미국인들의 스포츠 시청 방법은 전통적으로 케이블이나 위성에 가입하는 방법밖에 없었다. 그런데, 그렇게 하려면 월 100달러 정도의 케이블 비용이 들어간다. 그러다 보니 OTT를 통해 저렴한 비용으로 MLB, WWE를 보는 수요가 있는 것이다. 프로 레슬링을 OTT 서비스로 제공하는 WWE네트워크의 가입자는 지난해 120만에서 올해 150만으로 증가하였다. WWE의 OTT 가입비는 월 9.99달러다. MLB TV의 경우 시즌에 109.99달러, 한 팀의 경기만 볼 수 있는 'Follow your team' Plan은 시즌에 84.99달러다.

6위에 이름을 올린 슬링(Sling) TV는 미국의 2대 위성방송사업자인 디시 네트워크(Dish Network)가 2015년 2월 론칭한 OTT 서비스이다. 25개 베이직 채널 패키지(Orange)가 월 20달러부터 시작한다. 통신사인 T-mobile과 제휴하여 'Binge on' 데이터 플랜에 가입하여 모바일로 슬링 TV를 시청할 경우, 데이터 요금이 면제된다.

미국 OTT 시장 전망

조사 기관마다 다소 차이가 있긴 하지만 현재 미국 브로드밴드 가입자의 약 60~70%가 OTT 서비스를 이용하고 있고 이들의 약 40%는 2개 이상의 OTT 서비스를 이용하고 있다. 올해 OTT 시장 규모는 전년 대비 22% 증가한 약 66억 달러이고, 그다음 지출인 DVD/블루레이 시장은 전년 대비 7%가 감소한 56억 달러로 전망된다.

케이블 TV와 같은 전통적 유료TV의 보급률로 볼 때, OTT 시장의 포화 시점은 브로드밴드 가입자의 85% 선이 될 것으로 전문가들은 보고 있다. 아직 성장 여력이 충분한 것이다. 브로드밴드 가입자가 여전히 늘어나고, 인터넷 접속 디바이스도 확대되고 있기 때문에 이와 함께 OTT 시장도 성장할 것이다.

그러나 최근 몇 년처럼 연간 100%씩 폭발적인 성장은 기대하기 어렵다. 앞으로 수년간 10% 내외로 성장률이 떨어질 것이라는 전망이 지배적이다. 넷플릭스가 지난해부터 본격적으로 해외 진출을 모색하는 것도 미국 시장에서 경쟁 격화와 미국 OTT 시장이 성숙기에 접어들었다는 판단과 무관하지 않다.

OTT스틱과 박스

지난 6월에 comScore는 인터넷 접속기기 보급률을 발표했다. 이에 따르면 PC, 스마트폰, 태블릿 등 Big 3 다음으로 스트리밍 디바이스가 약 40%로 네 번째를 차지하고 있다. 접속도 40%나 된다는 것이다.

OTT 박스 시장의 절반은 Roku가 차지하고 있는 것으로 나타났다. 이는 미국 전체 가구의 5가구 중 1가구는 Roku를 가지고 있다는 의미다. 그 뒤를 구글의 크롬캐스트(Chromecast), 아마존의 파이어(Fire) TV가 이었다. 애플TV는 12%에 그쳤다.

Roku가 미국 거대 기업의 틈바구니 속에서 OTT 디바이스 시장의 절반을 차지하고 있는 점이 인상적이다. Roku의 선전에 대해서는 최대 OTT 사업자인 넷플릭스와 긴밀하게 협력을 하고, 1,700여 개의 채널 앱을 탑재하고 있어 소비자의 선택의 폭이 넓다는 점이 언급되고 있다. 그러나 아무래도 OTT보다 더 큰 사업이 있는 경쟁 업체에 비해 OTT 사업이 주력인 Roku가 마케팅과 사업 전략 수립에 올인할 수밖에 없었기 때문일 것이다.

AVOD에서 SVOD로

디즈니, Comcast, NBC 유니버설, 폭스가 공동 소유하고 있는 훌루는 그동안 AVOD와 SVOD에 발을 반반씩 담가왔다. 아니 더 정확하게는 넷플릭스의 SVOD에 대항해 AVOD를 주력 사업 모델로 밀었다고 보는 것이 맞다.

그러던 훌루가 지난해 9월 SVOD로 사업 모델의 중심을 완전히 옮겼다. 광고만 보면 되는 스트리밍을 완전 폐지하고 제한된 광고를 보는 SVOD와 AD-Free SVOD 두 가지 플랜만 가능하게 했다. 가격은 각각 월 7.99달러와 11.99달러이다. 훌루는 SVOD 가입자를 현재 약 1천만 명 끌어 모아 성공적으로 시장에 안착한 것으로 평가받고 있다.

2015년 봄 KBS아메리카 부임 후 훌루 방문을 하여 콘텐츠 공급을 논

한국 방송콘텐츠의 미래를 열다

의했을 때, 훌루 고위 관계자로부터 광고에서 서브스크립션(Subscrip-tion) 모델로 전환을 준비한다는 전략 변화에 대한 설명을 들은 바 있다. 그는 "광고 모델은 뷰(View) 수가 중요하기 때문에 많은 콘텐츠를 수급했는데, 이제 그 모델이 한계에 이른 것 같다. 서버 비용이나 광고 수주, 정산 등에서도 관리비가 많이 든다. 더 적은 콘텐츠로 큐레이션을 통해 SVOD로 가는 것이 훌루의 미래 전략이다." 즉, 넷플릭스 모델로 가겠다는 것을 분명히 한 바 있다.

아마존은 2016년 4월에 월 8.99달러에 비디오 스트리밍(HD 포함)을 제공하는 OTT 서비스인 '프라임 비디오(Prime Video)'를 론칭하였다. 이 상품은 Two day free shipping과 같은 쇼핑 관련 서비스는 포함하지 않는 순수한 비디오 서비스이다.

미국에서 약 5천만, 전 세계적으로는 8천만 가입자를 확보한 전통 미디어의 강자 HBO도 지난해 4월 'HBO NOW'라는 OTT 플랫폼을 론칭했다. 미래가 OTT에 있다고 봤기 때문이다. 약 80만 명의 SVOD 가입자를 확보했다.

그 외 최근에 론칭한 CBS의 CBS All Access는 10만 명 수준, 미국 2대 위성방송인 디시 네트워크의 OTT 서비스인 슬링TV는 약 17만 명 정도로 알려져 있다.

우리에게 익숙한 비키, 드라마피버도 안정적인 수익을 창출할 수 있는 SVOD 사업 모델을 추가했다. 비키는 비키패스(Viki Pass)라는 이름으로 월 4.99달러에 광고 없이 콘텐츠를 시청할 수 있는 패키지를 제공하고 있다. SVOD 확대를 위해 인기 드라마의 경우 SVOD 가입자만 2주 먼저 서비스하고 이후 AVOD로 릴리즈하는 Holdback 정책도 적용하고 있다. KBS 〈태양의 후예〉를 SVOD로 먼저 서비스하면서 SVOD 가입자가 10배 증가한 것으로 비키 고위 관계자가 확인해주기도 하였다. 드라마피버 역시 '드라마피버 프리미엄(Drama Fever Premium)'이라는 SVOD를 4.99달러에 제공하고 있다.

통신사의 OTT 시장 진출

가장 최근에 OTT 시장에 진출한 것은 AT&T다. 미국에서 약 2천만 가입 가구를 가진 세계 최대 위성방송인 디렉TV를 합병한 후 약 1년여의 준비를 거쳐 지난 11월 30일 'DirecTV Now'를 론칭한 것이다. DirecTV Now는 60개 채널 월 35달러 패키지부터 시작한다.

DirecTV Now 패키지

패키지 명	채널수	가입비(월)	비고
Live a Little	60개	35달러	
Just Right	80개	50달러	선택한 패키지에 5달러 추가 시 영화
Go Big	100개	60달러	채널인 HBO와 Cinemax 시청 가능
Gotta Have It	1200개	70달러	

KBS월드도 디렉TV에 3년 전에 진입해 방송하고 있어 KBS와도 직접적인 연관이 있다. KBS월드와 재계약을 위해 최근 AT&T와 수차례 미팅을 통해 확인한 바에 의하면, AT&T는 자체 IPTV 브랜드인 U-Verse의 가입자를 디렉TV나 OTT 가입자로 이전시키고 브랜드와 사업을 없앤다는 계획이다. 현재 약 500만 가구의 가입자를 확보한 U-Verse가 실패한 프로젝트라는 것이다. 서비스 측면에서 케이블과 차별화되지 못했고 비용 측면에서도 서버 비용과 네트워크 비용으로 적자가 쌓이고 있는 상황이기 때문이다.

AT&T 콘텐츠 담당자를 직접 만나 인터뷰를 해본 결과, 블룸버그 등의 일부 언론 매체에서 보도한 AT&T가 3~5년 뒤에는 디렉TV 위성까지 없앤다는 뉴스는 사실이 아니라고 부정하였다. OTT와 디렉TV(위성)가 카니발라이제이션이 나는 것 아니냐는 질문에는 "그렇지 않을 것이다. 디렉TV 위성 가입을 위해 서비스센터에 전화하는 사람의 1/4은 가입하고 싶어도 할 수가 없다. 안테나를 설치할 수 없는 건물이거나 위성수신이 어려운 지역이기 때문이다. 'DirecTV Now'는 이런 소비자와 미국의 약 2천만 코드커터(Cordcutter)들을 끌어들일 상품이다. 그리고 위성과 차별화하기 위해 앞으로 VOD로 추가하겠다는 계획이다"라고 밝혔다. 또, AT&T의 전국 지점망을 이용해 OTT와 디렉TV 상품을 동시에 마케팅하고 세일즈할 수 있다는 점도 강조하였다.

　이로서 AT&T가 디렉TV를 인수한 목적과 전략 방향을 명확히 드러냈다고 본다. 콘텐츠와 인터넷 유무선망의 결합을 통한 시너지 효과 창출이 그것이다. 당장, AT&T의 엔터테인먼트 그룹은 지난해 적자에서 올해 흑자 전환이 예상된다.

　다른 메이저 통신업체인 Verizon도 2015년 10월 OTT 'G90'를 출시했다. 모바일 전용으로 Verizon의 FeeBee Data 플랜 가입자는 데이터 요금 없이 시청이 가능하다. Verizon 가입자가 아니어도 무료로 시청할 수 있으나 Wi-Fi가 아니면 데이터 요금을 부담해야 한다. 수익 사업이라기보다는 모바일 가입자 확대, 유지를 위한 테스트 성격의 OTT 서비스로 보면 될 것 같다.

KCP에 거는 기대

　미국의 거대한 OTT 시장 규모와 지속적인 성장 가능성으로 볼 때, 방송 3사가 직접 OTT 플랫폼을 구축, 미국 시장에 진출하는 것은 방향을 잘 잡았다는 생각이다. 다만, 이 과정에서 미주 지역에 만연해 있는 불법 온라인 서비스에 효과적으로 대응하고, 경쟁력 있는 드라마를 KCP가 서비스 못하는 일이 생기지 않도록 권리 관계를 면밀하게 관리하는 것이 중요하다.

　비키와 드라마피버가 초기에 시장 개척을 잘 해놓은 측면과 최근 SVOD가 매우 보편화되고 있는 시장 환경적 측면은 긍정적이라 볼 수 있다. 현지에서는 10달러 내외라면 광고를 보지 않는 대가로 충분하다고 여기는 것 같다. KCP가 기존 콘텐츠 단위의 온라인 도매 판매에서 콘텐츠 수급, 소비자 접점까지 수직 계열화를 통해 발생하는 수익을 극대화하여 현재보다 배가된 KBS의 확실한 수익원으로 기여할 수 있기를 기대해본다.

　한편, KCP의 진출로 KBS아메리카를 비롯한 방송 3사 미주 법인은 큰 변화를 맞고 있다. 온라인 사업이 더 이상 불가하기 때문에 KBS아메리카의 경우 2018년에는 전체 매출의 30% 이상이 감소할 전망이다. KBS아메리카를 담당하고 있는 입장에서는 매우 힘든 상황에 직면한 것이지만, KBS아메리카가 구조적 혁신을 하고 새로운 사업 모델을 개발하여 독자 생존할 수 있는 길을 모색하는 계기로 삼아야 할 것이라고 본다. 기회는 위기와 함께 오는 법이다.

마지막으로 KBS아메리카 사옥 2층에 둥지를 틀고 2017년 1월부터 본격적인 업무를 시작하는 KCP에게 힘찬 파이팅을 보낸다.

TV패드 소송

콘텐츠 사업 초기에는 불법 콘텐츠 유통이 양날의 칼이 되기도 한다. 초기에는 불법 콘텐츠 유통으로 콘텐츠에 대한 관심이 증가하지만, 불법 유통이 증가하면 불법 사업자가 막대한 수익을 취하고, 콘텐츠 권리자는 아무런 이익을 얻지 못해 창의 의욕을 상실하게 된다.

국내에서는 2000년대 초·중반이 불법 유통 콘텐츠의 폐해가 가장 심각했다. 이후에 방송사를 주축으로 하여 포털을 시작으로 불법 콘텐츠 유통에 대한 배상 합의를 하면서 불법 콘텐츠 유통이 상당히 줄어들게 되었다. 2012년 구글과 KBS가 계약을 체결하면서 유튜브의 불법 영상에 대한 '양성화'가 이루어졌다.

TV패드는 2012년부터 국내외에서 셋톱박스만 300달러에 사면 추가 비용 없이 무제한으로 한국 방송과 VOD를 시청할 수 있기 때문에 해외 교민 사회를 중심으로 대규모로 유통되었다. 미국에서 TV패드가 2015년 소송에서 패소할 때까지 20만 개 이상이 판매된 것으로 추정된다.[43] 이 장치가 기존의 방송사 콘텐츠 사업에 대한 심대한 침해를 준다고 판단하여

---

43 https://cpcstory.blog.me/220541414691

한국 방송콘텐츠의 미래를 열다

국내에서는 방송 3사가, 미국에서는 2014년 6월에 한국 방송 3사의 미주 법인들이 공동으로 소송을 제기했다.

TV패드

한국에서는 방송 3사가 2015년 3월에 판매업체 ㈜크레블을 상대로 TV패드 판매금지 가처분 소송(대전지법)에서 승소하였고, 2015년 9월 4일 저작권 침해 손해배상소송(서울중앙지법)에서도 승소하여 방송 3사에 각각 5천만 원을 배상하라는 판결이 있었다.

미국에서는 방송 3사 미국 현지 법인이 CNT(Create New Technology), 화양 및 송두현을 상대로 한 저작권 침해 인정 소송에서 총 1억 400만 달러의 피해를 인정받았다. 구체적으로 홍콩 소재 CNT 본사 65,315,954달러, 심천 소재 제조사 화양인터내셔널(HuaYang International) 37,883,253달러, 미국 판매 총책 미디어저널 대표 송두현 1,445,560달러이다. 문제는 손해 배상을 받기 위해서는 엄청난 금액을 들여 소송을 제기해야 하고, 사업주가 중국에 있어 소재 파악이 어려우며, 손해배상 판결을 받아도 배상액을 받아내기가 어렵다는 점이다. 다만, 베스트포유(Best4u) 등 8개 소매업체에 대해서는 2015년 4월에 116,800달러 배상에 합의하였다.

방송 3사는 TV패드 소송에 이긴 것을 자체 방송을 통해 공지하였다. 신문에도 보도자료를 배포하였으나 적극적으로 보도해주지 않았다. 신문사들이 그동안 TV패드 광고로 올린 수익이 상당히 되었던 데다 큰 광고주를 잃어버리게 되었기 때문이다.

후속 조치로 국내 또 다른 판매업체 TV패드 코리아에 대해서도 손해

배상 소송을 추진하고, 미국 내 TV패드 서버 차단 협조 요청을 하고, CNT(홍콩)와 화양인터내셔널(중국)을 상대로 직접 국제소송을 검토하였다. 실제로는 미국 내 TV패드의 서버를 차단하는 것 외에는 추진되지 않았다.

4. 비디오 테이프 비즈니스

　요즈음에는 주위에서 비디오 테이프 대여점을 찾기 어렵지만, 한동안 골목골목 비디오 테이프를 대여해주는 가게가 있었다. 한국보다 인터넷의 발달이 늦은 미국에서는 상당 기간 동안 비디오 사업이 황금알을 낳던 때가 있었다. 현재는 합법적인 업소가 20개 정도 남아 있다. 아직까지 남아 있는 이유는 인터넷에 가입하기 어려운 상황에 있는 사람들과 인터넷을 원활하게 사용하기 어려운 연령층, TV를 볼 여유가 별로 없는 분들이 찾고 있기 때문이다.

　비디오 테이프 대여점이 급격히 감소하고 있으므로 방송사 현지 법인에서 비디오 사업을 폐지하기 전에 조금이라도 현황을 정리하는 것이 필요하다고 생각한다. 여기에서는 KBS아메리카에서 추진한 것을 기준으로 정리하였다. 그것도 2004년 미주한인방송(KTE)가 KBS아메리카와 KBS LA로 분리되면서 대부분의 자료가 유실되어 모든 자료를 정리하기는 어렵다는 한계가 있다.

　가정용 비디오 유통 산업은 1977년 마그네틱비디오의 사장이었던 안드

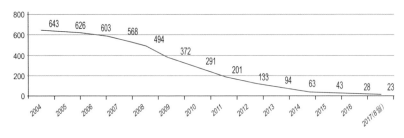

[그림 12] 미국 내 한인 비디오 대여 업소 수(연말 기준)

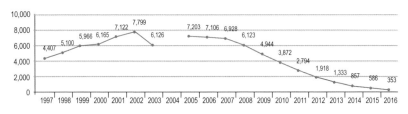

[그림 13] KBS 비디오 매출 현황(단위 : $1,000)

레 블레이(Andre Blay)가 20세기폭스로부터 50편의 영화 판권을 사들이면
서 처음 시작되었다.[44] 베타맥스와 VHS로 복제한 영화는 한 편에 50달러
였고 비디오 플레이어도 가격이 1천 달러에 불과했지만 블레이는 1만 3천
건의 주문을 받아냈다.

한국 방송콘텐츠의 비디오 사업은 매출과 비디오 업소 수를 기준으로
태동부터 소멸까지 시기별로 구분하여 볼 수 있다. 즉, 태동기, 성장기, 성
수기, 사양기 등 4개의 시기이다. 태동기는 80년대 초반까지, 성장기는 이
후 600만 달러를 달성한 1999년까지, 성수기는 이후 700만 달러를 유지
한 2006년까지, 2007년부터는 사양기를 걷고 있다고 분석할 수 있다.

미국 내 한국의 비디오 대여 업소 수는 [그림 12]에서 보듯이 2004년에

44　지나 키팅, 『넷플릭스 스타트업의 전설』, 박종근 역, 한빛비즈, 2015, 36쪽.

는 643개에서 하락하기 시작하여 2017년에는 20여 개로 축소되었다. 그 이전 기록은 확인하기가 어려워 제외하였다.

[그림 13]은 KBS의 비디오 사업 매출 현황이다. 2004년 이전 자료는 확인이 불가하다. 신문 기사를 통해 1997년부터 2003년까지 매출 통계(기준 전년도 9월 12일부터 당해 연도 9월 11일까지)[45]를 확인할 수 있어 활용하고, 2005년부터는 내부 자료를 활용하였다. 2004년은 KTE와 KBS아메리카가 겹친 시기로 회계 기준이 달라 활용하기가 어려워 제외하였다. 2002년 779,9억 달러로 최고의 매출을 기록하였고, 2016년에는 35만 3천 달러까지 하락하였다.

태동기

한국 콘텐츠 비디오 테이프 비즈니스의 태동기는 방송사에서 직접 비디오 사업을 실시하지 않던 시기로 비디오 유통이 되던 때부터 1983년까지이다. 미국 어느 도시나 한인이 많이 거주하는 곳은 필히 비디오 대여점이 있다. 한국의 KBS, MBC, SBS 등 TV 방송국의 뉴스, 드라마, 쇼 프로그램 등 대부분을 녹화하여 대여한다. 지역마다 가격이 다르나 LA 지역은 개당 약 1.5달러, 애틀랜타 지역은 개당 1달러 정도였다. 비디오 대여업은 특별한 기술도 필요 없고, 대부분 컴퓨터로 고객 관리, 대여 관리 등을 처리하여 많은 인력이 필요없기 때문에 한인들이 쉽게 추진한 사업이었다. 초기에 고향을 떠나온 한인들이 고향을 그리며 비디오 시청을 하면서 애

45　신용일, 「KBS 4,268만 달러 벌었다」, 『미주한국일보』 2005.8.11, 2면.

환을 달랬다고 한다.

성장기

성장기는 KTE가 설립된 1983년부터 600만 달러를 달성하기 전인 1999년까지이다. 비디오 사업이 성장하면서 방송사에서 직접 현지 법인을 만들어 관리하기 시작하였다. 비디오 사업은 2000년 초반 인터넷의 발달과 함께 운명을 달리했다. KBS에서 1983년 KTE(Korean Television Enterprises)를 설립하여 비디오를 본격적으로 유통하기 시작하였고, SBS는 1992년 뉴욕에 SBS USA를 만들면서 이 사업을 관리하였다.

KTE는 1983년부터 KBS 프로그램을 비디오로 제작하여 미주의 LA, 뉴욕, 시카고, 워싱턴 DC 등 주요 도시의 13개 총판을 통해 공급했다. 2002년에는 약 600여 개 비디오 렌트 업소에 월 200분의 KBS 프로그램을 공급했다.[46]

KTE는 2004년 4월 미주 전 지역 10개 총판사와의 계약 기간이 만료되는 시점에서 계약을 종료하고, 5월 1일부터 직영 체제로 전환하여 서부지사, 중부지사, 동부지사를 설립하였다. 다만, 캐나다 지역은 직영을 하지 않고 별도로 운영자를 모집하여 계약제로 총판을 운영하였다. 각 지사는 직접 배송, UPS, DHL(괌, 하와이), 페덱스(캐나다) 등을 통해 매주 비디오 원본을 배송하였다. 수금은 직접 수금과 UPS COD[47]를 주로 이용하였다.

---

46 한미동포재단 · 미주 한인이민 100주년 남가주 기념사업회, 『미주 한인이민 100년사』, 573쪽.
47 COD는 Collect on Delivery의 약자로 태그에 기록된 금액을 받아서 방송자에

이렇게 제도를 변환한 것은 그동안의 총판 체제가 갖고 있던 문제점을 해소하기 위해서였다. 총판 체제는 비디오를 통한 수입은 많은데 KTE로 들어오는 수익이 작았기 때문이다. 또 다른 변화는 총판들이 지역마다 다르게 원본료를 책정하던 것을 동일하게 적용했다는 점이다.

2004년 KTE는 KBS아메리카와 KBS LA로 분사가 되고 비디오 사업은 7월 1일부터 KBS아메리카로 이관되었다. 당시 비디오 업소 개설 요청이 많아 업소의 거리를 8마일로 제한하고, 신규 업소 운영권은 KBS아메리카에서 추첨제로 실시하였다.

KBS아메리카는 2004년 8월부터 원본 공급을 VHS 테이프에서 DVD로 교체하였다. 그 이유는 비디오 원본을 당시 매주 금요일에 발송하였으나, 많은 양의 원본을 준비해야 하므로 배송 시간을 맞추기 어려웠고, 무게가 많이 나가 배송 비용이 부담되었기 때문이었다. 일부 지역에서는 업소에서 DVD를 거부하기도 하였다. DVD 형태의 공급은 2017년부터 드롭박스 형태로 전환되어, 업소에서 직접 인터넷으로 파일을 다운받아 DVD나 비디오로 복사하는 방식으로 변경되었다. 이렇게 함으로써 DVD 제작 업무가 폐지되었고, 배송 비용도 절감하게 되었다.

비디오 원금 대금은 지사별로 차이가 있었다. 서부지사는 월 단위로 LA 지역 1,050달러, 시애틀 지역 1천 달러, 하와이 및 괌은 900달러를 받았다. 동부지사와 중부지사는 주별로 120달러에서 400달러까지 차이가 있었다. 이를 기준으로 방송 3사의 매출을 연간 약 1,200만 달러에서 1,500만 달러로 추정[48]하는 자료도 있다.

게 입금하는 방식을 말한다.

48   김재하, 「해외 시장 진출을 위한 디지털 콘텐츠 마케팅」, PPT 자료.

성수기

성수기는 KTE가 비디오 사업으로 600만 달러를 기록한 2000년부터 700만 달러를 유지한 2006년까지이다. 2002년 780만 달러로 최고 매출을 기록하였다. 이 시기는 KTE가 총판 체제를 폐지하고 직접 관리하는 체제로 변화한 때부터 온라인의 발달에 따라 급격히 매출이 감소하기 시작한 2006년까지이다. [그림 12]에서 보는 바와 같이 비디오 업소 수 현황도 비슷한 양상을 보인다. 이 시기에 비디오 업소가 황금알을 낳는 거위로 불리고, 업소에 대한 권리금이 월 매출의 25~30배까지 달할 정도였다.

> 비디오 대여업은 2000년 초반만 해도 전성기였다. 한때 '황금알을 낳는 거위'로 불리며 권리금이 업종 가운데 최고 수준이었다. 2005~2006년에는 권리금이 월 매상의 25~30배에 달하기도 했지만 인터넷의 발달 및 한국 방송 채널이 대폭 늘어나면서 비디오 대여 수요가 급감, 권리금도 뚝 떨어졌다. 비디오 대여점 업주들도 뭉쳐진 '한미비디오미주연합회'라는 단체까지 있었지만 사라진 지 오래다.
> 더욱이 저작권료, 인건비, 렌트비 부담은 갈수록 커지고 있지만 비디오 대여료는 10년 가까이 제자리걸음이다. 현재 CD와 비디오 테이프 대여료는 개당 1.25달러다. 한 관계자는 "10년 가까이 운영되면서 가격을 올린 적이 없다"며 "물가는 상승하는데 고객은 줄고 대여료는 그대로니 갑갑하다"고 토로했다.[49]

이 시기 삼성비디오 소송건이 10년에 걸쳐 진행되었다. KBS아메리카가 삼성비디오와 진행한 것이 대표적인 사례이다. 원고 홍영기는 2004년

---

49   이성연, 「[르포] 고속인터넷 시대 '비디오 대여점'의 생존 방식」, 『LA중앙일보』 2015.6.10.

10월 7일 뉴욕 브루클린에 있는 신라비디오를 인수한 후, 11월 초 뉴욕 퀸즈 지구 프레시 메도우즈로 이전하면서 삼성비디오로 상호를 변경하고 불법으로 영업을 시작하였다. 이에 KBS아메리카는 12월 9일 비디오 공급을 중단하였다. 이에 원고는 2005년 3월 KBS아메리카를 상대로 원본 공급이 불법이고 독점금지법인 셔먼법(Sherman Act)을 위반했다며 미 연방법원 맨해튼 남부지원에 소송을 제기하였다. 이전 2005년 2월에는 청와대와 국민고충처리위원회에 민원을 제기하였다. 이후 양측의 공방이 지속되다가 2014년 4월 양측이 상호 합의금 지급 없이 소송을 철회하는 조건으로 합의(walk-away settlement)하고 소송이 종결되었다.

사양기

비디오 비즈니스의 사양기는 인터넷의 발달에 따라 매출이 급감하기 시작한 2007년부터 현재까지이다. 비디오 사업이 어려워지기 시작하자 2007년 LA 인근 비디오 업주가 KBS아메리카를 찾아와 시위까지 하게 된다. 주된 요구는 원본료 인하와 홀드백 유지이다. 당시 드라마 및 예능 프로그램에 대한 홀드백이 6주였는데 2007년 홀드백을 드라마 4주, 예능 2주로 낮추면서 민원이 발생하였다. 2008년 12월경 한국비디오미주연합회에서 비디오 대여에 영향을 주는 KBS 프로그램 다시보기를 폐지해달라고 요구하기도 했다. 그러다가 2011년에도 MBC아메리카와 KBS아메리카 앞에서 동일한 요구를 하며 시위가 발생하였다.

비디오 사업이 사양길에 접어듦에 따라 KBS아메리카는 2007년 10월에 중부와 동부 지사를 폐지하고 서부에서 통합 운영하고 원본도 직접 배송하였다. 다만, 동부는 직배와 수금 업무 기능은 유지하였으나, 2015년 1월 지사 기능을 폐지하였다.

2009년에는 KBS아메리카, MBC아메리카, SBS인터내셔널 3사 공동으로 불법 비디오 업소가 많은 시애틀 지역을 대상으로 현지 사설탐정을 고용하여 단속도 하였다. 필자가 2016년 10월 방문하였을 때에도 불법 업소가 버젓이 운영하고 있었다. 겉으로는 정수기 판매 업체같이 꾸며놓고 한쪽에서는 비디오를 대여하고 있었다. 시애틀 지역만의 독특한 점은 아직도 비디오 테이프에 녹화하여 대여한다는 것이다. 이유를 물어보니 오래전에 이민 온 한인들이 노후된 비디오가 잘 재생되어 상당수 쓰고 있다고 하였다. 2014년 2월에는 광고 매출 하락을 방지하기 위해 비디오 공급 홀드백을 폐지하였다.

미국 진보 주간지『선데이 서울』의 안치용 기자는『프리미엄 조선』에 쓴 칼럼에서 황금알을 낳던 KBS아메리카의 비디오 매출이 2006년 이후 7년 만에 6분의 1로 격감하였다고 분석하였다.[50]

1986년 세탁소 한구석에서 시작하여 2014년 8월에 폐업한 '킴스비디오'는 한때 11개 점포에 23만 명의 회원을 두었다. 가장 큰 매장인 '몬도 킴'은 직원이 300명이나 되었고, 미국 전역 64개 대학에 비디오를 납품하였다. 그러나 넷플릭스 같은 인터넷 업체가 생겨나면서 2005년부터 매년 2개 매장씩 문을 닫았다.[51]

2013년 9월에도 '베이사이드 스프링'처럼 문을 닫는 곳이 속출한 뉴저

---

50 안치용, 「황금알 낳던 KBS 미주 비디오 수입, 인터넷 쓰나미로 7년만에 6분의 1로 격감」, 『프리미엄 조선』 2014.6.4.

51 김화영, 「〈인터뷰〉 뉴욕 명물 '킴스비디오' 문닫는 김용만씨」, 『연합뉴스』 2014. 8.17.

지 지역에서는 7~8년 전만 해도 권리금 15만~20만 달러를 주고 가게를 인수했었다고 한다.[52]

이처럼 비디오 사업이 사양길을 걷게 된 이유는 몇 가지를 들 수 있다. 한국의 방송사가 채널 경쟁력을 높이기 위해 비디오 홀드백을 줄이다가 결국 폐지하면서 비디오 수요가 지속적으로 감소하였다. 둘째, 인터넷의 발전으로 불법 사이트가 성행하면서 이와 경쟁하기 위해 합법 사이트의 홀드백을 폐지하였다. 셋째, 불법 비디오 대여점이 성행하면서 합법 비디오 대여 수입이 감소하였다. 불법 대여점 단속도 하였으나, 법적 처리가 쉽지 않아 2011년 말 비디오 대여점 계약서를 작성하여 이를 따르는 경우 원본료도 조정해주면서 비디오 업소를 이끌어갔다. 이후 매년 계약을 갱신하고 있다.

2017년까지 KBS아메리카는 사양길에 있는 사업이기는 했지만, 온라인과 비디오에 대한 수요층이 다르다고 보고 최대한 사업을 폐지하지 않고 유지하고자 자구책을 강구하였다. 첫째, 배송일 단축과 요금 절약을 위해 UPS에서 페덱스로 배송 업체를 변경하였다. 둘째, 프로그램을 다양화했다. 비디오 광고 수익 증대를 위해 9시 뉴스를 추가로 공급하였고, 〈차마고도〉〈누들로드〉〈울지 마 톤즈〉 같은 명품 다큐멘터리나 드라마를 DVD 세트로 제작하여 별도 판매하였다. 부동산 매물 정보와 골프 교실 및 생활 정보를 제작하여 무료로 업소에 제공하기도 하였다. 드라마 예고편도 제공하여 비디오 업소에서 광고를 유치하여 삽입하도록 하는 일도 하였다. 셋째, DVD 배급 방식을 변경하였다. 2013년부터 드롭박스를 활용하여 업소에서 직접 다운받아 DVD를 제작하도록 하여 비용과 인력을 절감하

---

52 최희은, 「이슈—사라지는 비디오 대여 업계」, 『한국일보』 2013.10.24.

다가, 2017년 2월 전면 도입하였다. 대신 원본료를 낮추어주었으나 매출 급감은 불가피하였다. 넷째, 가능한 비디오 사업을 유지하기 위해 지속적으로 원본료를 인하하였다. 업소를 폐점하겠다고 하면 원본료를 낮추어주면서 최대한 유지하였다.

그러나 아직 방송사에서 비디오 사업을 포기하지는 않고 있지만 사라지는 것은 시간 문제라고 볼 수 있다. 이렇게 한때 황금알을 낳는 비디오 사업이 소멸하고 있다.

5. 남미 비즈니스

남미 시장은 한국 콘텐츠의 비즈니스에게 새로운 기회의 영역이다. 남미는 '텔레노벨라(telenovela, 남미에서 TV 드라마를 일컫는 말)'라는 장르가 전 세계적으로 인기가 있기 때문에 이와 유사한 장르적 특징을 지닌 한국의 드라마가 뚫고 들어갈 수 있다. 비록 언어가 다르고 인종이 다르지만 남미에서의 한국 드라마와 K-Pop에 대한 인기를 활용하여 적극적으로 공략할 필요가 있다고 생각한다.

방송사별로 남미에 대한 접근을 달리하고 있다. KBS와 MBC 등 대부분의 방송사는 직접 콘텐츠를 유통하고 있다. 반면 SBS는 2007년 10월 텔레문도 인터내셔널(Telemundo International)에 남미 유통권을 부여했다.

여기서는 필자가 중남미 지역 마케팅을 하러 다녀본 국가들을 중심으로 경험담을 정리하면서 남미의 한국 방송콘텐츠 비즈니스에 대해 소개하고자 한다. 1차로 아르헨티나와 브라질, 2차로 콜롬비아, 에콰도르, 페루, 칠레 4개국, 그리고 3차로 멕시코, 온두라스, 과테말라, 푸에르토리코를 다녀왔다.

살아오면서 남미에 대한 로망은 있었으나 직접 가볼 거라고는 생각하지 못했다. 대학교 때 서울로 유학 와서 도시학 첫 수업, 필자가 청양 출신이라고 하니 교수님이 "우리나라에서 가장 촌에서 왔네. 출세했데이."라고 하신 말씀이 기억 난다. 촌놈으로 태어나 어렸을 때는 들어보지도 못한 나라들을 다니게 되었다. 그것도 3차례에 걸쳐 다녔다. 나중에는 남미 전국을 다니면서 한류를 성장시키면서 남미 한류 지도를 만들어보겠다는 꿈도 꿨으나 임기가 일찍 끝나는 바람에 그 꿈은 끝내 이루지지 않았다.

남미 첫 출장으로, 2016년 4월 7일부터 14일까지 아르헨티나와 브라질을 다녀왔다. 이 두 곳은 한류를 전파하려는 직접적인 의도를 가지고 갔다기보다는 2016년 리우 올림픽을 맞아 KBS 사장이 방문하기로 하여 본사에서 방문할 브라질 방송국을 섭외해달라는 지시가 왔기 때문이다. 사전에 진행되던 것을 포함하여 업무 진행 사항도 체크하고, 추가적으로 KBS 드라마를 판매하려는 목적도 있었다.

아르헨티나

첫 국가는 아르헨티나였다. 아르헨티나는 한때 세계 4위 경제대국이었으며, 남미에서 브라질 다음의 강국으로 백인 중심의 인종 구성, 유럽 지향의 국민 정서로 상당히 보수적이다. 콘텐츠 산업으로 보면 '텔레노벨라'를 제작해 세계 각국에 수출하고 있어 진입장벽이 매우 높은 곳이다. 한국의 드라마로는 SBS의 드라마 〈시크릿 가든〉이 2015년 1월 아르헨티나 최대 미디어 기업인 그루포 클라린(Grupo Clarin)이 운영하는 케이블인 마가 진TV(MagazineTV)에서 방송이 되었다. 2014년 9월, K-Pop을 접한 한류 팬들이 〈시크릿 가든〉을 방송해달라고 청원 운동을 펼쳐서 이루어진 것인데 의미가 깊다.[53] 이 외에도 2016년 SBS의 〈천국의 계단〉,[54] 〈별에서 온 그대〉,[55] 〈엔젤아이즈〉 등이 방송되었다.

2016년 4월 6일, 짐 피게로아 과장과 아르헨티나 부에노스아이레스를 향해 LA 공항을 떠났다. 지금은 상파울루까지 직항이 없지만 당시는 대한항공 직항이 있어서 상파울루에서 경유하여 부에노스아이레스로 갔다. 첫 장기 출장이었지만 이코노미를 탔다. 임기 중에 딱 한 번 한국 출장길에 비즈니스석을 탔고 항상 이코노미를 탔다. 항공기 좌석의 급을 내리면서 절감된 비용으로 더 많은 출장을 다니면서 마케팅하려는 의도였다. 비즈니스를 타본 개인적인 느낌으로는, 굳이 비즈니스를 타지 않아도 될 것 같았다.

아르헨티나 출장에는 두 가지 목적이 있었다. 첫째로, KBS월드 라티노를 위한 드라마와 〈뮤직뱅크〉 스페인어 더빙을 내부에서 하다가 비용 효율화를 위해 더빙업체 '만딩가'에 외주를 주려고 협의하고 있었는데, 이것을 직접 만나 계약을 하는 것이었다. 두 번째로, 2016년에 KBS아메리카에서는 처음으로 스페인어로 더빙한 드라마 〈뻐꾸기 둥지〉의 판매와 〈태양의 후예〉의 공급, 드라마 리메이크 등에 대한 협의를 하는 것이었다.

---

53 정길화, 「'시크릿 가든' 아르헨티나 방영, 한류 드라마 기폭제」, 『PD 저널』 2015.2.9.
54 〈천국의 계단〉은 2016.2.10.(수)~3.19(금)까지 오후 3시에 편성, 평균 시청률 약 10%, 최고시청률 3.17(목) 11.5%로 전체 프로그램 중 2위, '가장 많이 시청하는 프로그램' 상위 5위를 기록했다.
55 〈별에서 온 그대〉는 2016.3.21.(월)~5.13(금)까지 오후 3시에 편성, 평균 시청률 7%를 기록했다.

더빙업체 만딩가와의 만남은 잘 진행되었다. 직접 만딩가 대표를 만나기 전까지는 '원본 파일을 보냈는데 받지를 못했다'는 등 협의가 잘 되지 않았는데, 직접 파블로 캄파노(Pablo Campano) 대표를 만나보니 매우 적극적이고 신뢰할 수 있다는 느낌이 들었다. 더빙 시설도 소개를 해주었는데 꽤 시스템이 잘 되어 있었다. 만딩가는 2014년 〈다섯 손가락〉〈이웃집 꽃미남〉〈닥치고 꽃미남 밴드〉〈신드롬〉〈친애하는 당신에게〉 등을 더빙하여 한국 드라마에 대한 이해도가 높았다. 그래서 KBS월드 라티노를 위한 드라마와 〈뮤직뱅크〉 더빙 계약을 하고 왔다. 그러나 생각보다 신속하게 더빙을 처리해주지는 않아서 KBS월드 라티노 편성에 차질을 빚을까 애를 태운 적이 많았고, 더빙을 싱크해주기로 했는데 싱크가 맞지 않아 방송을 위해 직접 싱크를 맞추어야 하는 일도 다반사였다. 이처럼 비즈니스를 해보면 남미 사람들은 중국보다 더 만만디이고, 신뢰하기 어려운 경우가 많았다. 그래서 만딩가와는 2016년 11월까지만 더빙을 진행하고 중단하였다. 그러다가 2017년 초 만딩가에서 저렴하게 한 편을 더빙해주면서 신뢰를 만회할 기회를 달라고 하여 〈오렌지 마말레이드〉를 더빙하였는데, 이때는 문제없이 잘 진행되었다.

다음으로 방문한 곳은 아르헨티나에서 1990년대 이후로 시청률 선두를 유지하고 있는 방송사 텔레페(Telefe)였다. 메르세데스 레인케(Meredes Reincke) 프로그램 개발국장과 미팅을 했는데, 텔레페가 아르헨티나에서 영향력이 있어서 꽤나 거만하게 군다는 생각이 들었다. 브라질에서 MBC 중남미지사장을 한 정길화 PD의 글을 보면 이해가 된다.

2011년에서 2013년 사이 MBC 중남미 지사장 겸 특파원으로 부임해 있는 동안 〈대장금〉〈내조의 여왕〉 등 유수한 MBC 드라마를 판매해보려다 문전박대(?)를 당한 쓰린 경험이 있다. 한국뿐 아니라 일본, 중국 등 아시아권에서 제작된 드라마가 방영된 적이 한 번도 없다. 백인 중심의 인종 구성, 유럽 지향의 국민 정서로 상당히 보수적이고 진입장벽이 높은 곳이다.[56]

우리는 KBS아메리카에서 처음으로 더빙한 〈뻐꾸기 둥지〉를 소개하고, 〈태양의 후예〉가 전세계적으로 매우 인기 있기 때문에 더빙을 추진하고 있어 방송권 구매와 리메이크를 제안하였다. 그러나 남미에 판매된 한국의 드라마가 〈시크릿 가든〉뿐이어서 자신을 갖지 못하는 것 같았다. 다만, 터키 드라마의 인기가 높아 구매 금액이 높아져 부담이 되고 있다며, 한국 드라마 등으로 전환하려는 생각은 갖고 있다고 하였다. 무엇보다 남미에는 한국국제교류재단을 통해 무료로 공급한 사례가 있어 한국 드라마는 무료로 공급받기를 원하는 면도 있었다. 그러나 이제는 한국 드라마의 인기가 상당히 있기 때문에 유료로 공급해야 한다고 생각한다. 메르세데스 국장의 사무실에서 재미있었던 것은 사무실에 안마의자가 두 개나 있었다는 사실이다.

한국국제교류재단(KF, Korean Foundation)은 2004년부터 중남미 11개국에 KBS 드라마 〈가을동화〉〈겨울연가〉를, 2008년부터 중남미 12개국, 아프리카 6개국에 MBC드라마 〈대장금〉을 방영하였다. 2011년부터는 MBC 〈내조의 여왕〉, KBS 〈아가씨를 부탁해〉, KBS 〈공주의 남자〉, KBS 〈드림하이〉와 SBS 〈시크릿 가든〉을 중남미와 불어권 지역에 무상으로 제공하였다. [표 12]는 연도별로 남미 각 국가에 드라마 콘텐츠를 공급한 현황이다.[57]

---

56 정길화, 앞의 글.

57 https://en.kf.or.kr/?menuno=3726&type=view&archv_no=32680&pageIndex=1

[표 12] 한국 드라마 해외 방영 지원 현황(2005-2016)

국가	가을동화	겨울연가	대장금	아가씨를 부탁해	내조의 여왕	시크릿 가든	드림하이
과테말라	2007	2007	2009	2012	2013	2014	2015
니카라과			2010	2012	2012	2013	2014
도미니카공화국				2012		2013	2013
도미니카연방	2006	2006					
멕시코		2005	2009	2013			
베네수엘라	2006	2006	2009		2013	2013	
볼리비아			2010			2012	
아르헨티나						2015	
에콰도르	2006	2006	2009	2011	2010	2012	2012
엘살바도르	2006	2006	2009	2012	2012	2014	2013
온두라스	2009		2009	2012	2012		2013
우루과이				2016		2014	2015
칠레						2012	2012
코스타리카				2013	2013	2015	2013
콜롬비아			2009		2013	2012	2014
쿠바				2013	2013	2013	2013
파나마	2006, 2008	2007		2011		2013	2014
파라과이	2006	2006	2009	2012			
페루	2007	2007	2008, 2009	2011	2010	2013	2012
푸에르토리코					2010	2012	

&path=0/537/541/558/626&tab=1&kflnbindex=3&lang=0

한국 방송콘텐츠의 미래를 열다

다음 미팅은 스페인어 콘텐츠 잡지『프렌사리오(Prensario)』의 파브리시오 페르라라(Fabricio Ferrara)였다. 그는 콘텐츠 잡지의 중요성에 대해 이야기 해주고, KBS아메리카의 드라마를 마케팅하는 방안에 대하여 의견을 피력 했다. 5월에 LA 스크리닝에서 〈태양의 후예〉를 피칭하기로 예정되어 있기 때문에 매거진을 통해서도 알리고, 미팅 도중 광고를 보여주면서 협의를 하는 것이 신뢰도도 더 줄 수 있으며, 행사에 참석한 사람이 무료로 잡지를 가져가기 때문에 노출도도 좋을 것이라는 직원들의 의견에 따라서 첫 광고를 진행하였다. 다만, 첫 시도를 하는 것이기 때문에『프렌사리오』에서도 상당한 할인을 해주었다.

아르헨티나를 떠나기 전에 장진상 아르헨티나 한국문화원장을 방문하였다. 해당 국가에 가서 꼭 하려고 하는 것이 한국문화원(남미에는 브라질, 아르헨티나, 멕시코 세 곳이 있다)이나 대사관에 들러 한류 현황을 듣는 것이었다. 장진상 원장은 스페인에서 근무할 때도 〈대장금〉을 소개한 분으로 한류 확산에 많은 관심을 갖고 있었다. 그는 필자에게 방송사에서 이렇게 찾아와주어 감사하다며 자세히 현황을 설명해주었다. 아르헨티나에서는 〈시크릿 가든〉이 카날 트레세에서 3시에 방송하였는데도 시청률 5위를 기록하였다. 터키 드라마가 인기가 있어 다른 나라 드라마에 대하여 오픈 마인드가 생겼다. 〈별에서 온 그대〉도 3시에 방송하였는데 8~9%의 시청률이 나와서 나쁘지 않았다. 동일한 스페인어이지만 아르헨티나 발음이 특이하여 아르헨티나에서 더빙한 것은 활용할 수 있다. 〈천국의 계단〉〈엔젤 아이즈〉 등이 방송될 예정으로 알고 있으며, 한국 드라마는 짧아서 테스트용으로 좋다는 말을 텔레페의 메르세데스에게서 들었다.

아르헨티나에서 느낀 것은 주로 SBS 드라마가 많이 방송되었다는 것이다. 이것은 SBS 인터내셔널이 텔레문도와 협력을 맺고 있기 때문이다. 텔레문도가 SBS와 협의하여 더빙도 하고, 유통을 진행하기 때문에 남미의 방송사와 호의적인 관계를 맺을 수 있다는 장점이 있다. 반면, 남미에 대한 공급의 주도권이 SBS가 아니라 텔레문도에게 있다는 것은 단점이었다.

브라질

다음 방문 국가는 브라질이었다. 브라질은 남미의 거의 절반에 걸쳐진, 한반도의 37배나 되는 큰 나라이며 남미에서 유일하게 포르투갈어를 사용한다. 그렇기 때문에 문화적 자부심이 대단하다. 대부분의 프로그램을 자체 제작하고 있고 해외에 수출하기 때문에, 외국의 문화에 대하여는 매우 배타적이다. 그동안 한국의 드라마는 2015년 1월 KBS의 〈아이리스〉가 +Globosat에서 방송이 되었고, 2015년 10월 브라질 지상파 채널 6위인 헤지TV(Rede TV)에서 jtbc의 〈해피엔딩〉이 저녁 10시에 방송되었다.

브라질 방문 목적은 KBS 사장의 방문 시 KBS와 브라질 방송국 간 방송 협력 등을 추진하는 것과 브라질에 KBS 콘텐츠를 공급하는 것이다. 브라질에서는 2016년 1월 마이애미에서 열린 영상물 콘텐츠 견본시인 NATPE에서 만난 콘텐츠360 이중열 대표의 도움을 많이 받았다. 이 대표는 브라질에서 한국의 애니메이션 뽀로로 시리즈를 더빙하여 한국의 교육방송에 해당하는 테베 쿠우투라(TV Cultura)에서 2015년 브라질의 어린이날인 10월 12일부터 〈뽀로로, 꼬마 펭귄(Pororo, O Pequeno Pinguim)〉이라는 제목으로 방영[58]하는 데 중추적인 역할을 한 경력을 갖고 있다. 이 대표가 브라

---

58 정길화, 「'뽀로로까 파도'를 타는 브라질 뽀로로?」, 『PD저널』, 2015.10.7.

질에서 방송사와의 네트워크를 갖고 헤지 브라질(Rede Brasil), 헤지TV 등을 컨택하여 방문할 수 있도록 해주셨다.

헤지TV는 4위 정도의 방송사이지만 규모는 꽤 컸다. 우리는 KBS 드라마 〈착한 남자〉〈비밀〉〈태양의 여자〉〈적도의 남자〉〈태양의 후예〉〈굿닥터〉 등을 소개하였다. 문제는 관심은 있으나 경영진이 변경되어 쉽게 결정하기 어렵고, 편성을 위해서는 상당한 기간이 필요하다는 의견이었다. 또한 KBS아메리카 입장에서는 더빙해서 제공해야 하는데 더빙 비용은 많이 들고 판매 금액은 터무니없이 낮아 사업성이 전혀 없다는 것이다. 다른 방송사도 그렇지만, 콘텐츠360을 통해 진행을 하기 위해 상당 기간 협상을 했으나 귀임 전까지 해결을 보지 못했다.

헤지 브라질은 5위의 방송사로 규모가 매우 작다. 그렇기 때문에 검증이 되지 않은 한국의 드라마로도 새로이 공격적인 시도를 할 수 있는 방송사이다. 〈드림하이〉〈오렌지 마말레이드〉〈태양의 후예〉〈뻐꾸기 둥지〉〈루비반지〉 등의 드라마를 소개하였다. 가스파르 마르카우(Gaspar Marcal) 홍보이사는 멕시코에서 2년을 근무했는데 〈헤베우지(Rebelde)〉가 〈드림하이〉와 비슷하다고 하는 것을 들으면서 KBS 드라마의 브라질 공급이 가능성이 있으며, 특히 K-Pop을 많이 접하여 아이돌이 나오는 드라마가 통할 수 있다고 생각하였다. 실제로 〈드림하이〉와 〈오렌지 마말레이드〉를 검토하기로 하고, 더빙 비용은 상호 협의하기로 하였다. 그러나 필자는 방송사가 너무 작은 규모여서 프로그램을 공급하기가 꺼려졌다. 왜냐하면 여기에 방송하면 다른 방송사에는 공급할 수가 없기 때문이다. 광고 규모도 크지 않았다. 광고는 4개 쿼터로 나누어지며 월 2만 5천 달러 정도 된다고 하였다.

다음으로 헤지 브라질에서 운영하는 인터넷 TV인 IG도 방문하였다. 후

앙 알베르토 롬볼리 사장은 모든 것이 열려 있다고 하였으나, 온라인 특성상 다양한 채널을 구성하기 때문에 가치는 있을 듯해도 초기 모델이어서 더 진행하기가 어려웠다.

이 출장에서 뜻하지 않은 사람을 만났다. 〈가요무대〉팀이 리우 올림픽을 맞아 상파울루 공연을 준비하기 위해 헌팅을 왔는데, 대표가 입사 동기인 양동일 팀장이었다. 이 모임에 합류하였더니 통역 겸 현지 코디네이터인 줄리아 김을 소개시켜주었다. 다음 출장에서 통역도 해주었고, 이후에 〈태양의 후예〉 더빙 퀄리티 확인 등 많은 도움을 얻었다. 이와 별도로 짐 과장이 2015년 출장을 왔을 때 만났던 한인 박혜란 씨도 같이 만나서 브라질에 대한 정보를 얻었다. 그녀는 2016년에 콘텐츠진흥원 브라질 사무소 직원으로 채용되어 브라질에 KBS 드라마를 공급하는 데 적극적으로 도와주었다.

결국 최초의 남미 출장에서는 원하는 결과를 얻지는 못했다. 그러나 새로운 네트워크를 구축하는 성과는 거두었다. KBS 드라마는 브라질에서 방송이 되지 않았기 때문에 한 편을 무상 공급하고 추후 판매하는 방법 등을 고민하기로 하였다. 콘텐츠360과 협력하여 브라질 1개 채널에 띠편성을 받아 1년 라인업을 하는 패키지 딜 등을 모색하였다. 본사로 귀국하기 전에 가시적인 성과는 내지 못한 것이 아쉬었다. 1년 정도 더 추진했으면 조그만 성과라도 나오지 않았을까 한다. KBS아메리카에서는 〈아이언맨〉 〈연애의 발견〉 〈드림하이2〉 〈굿닥터〉 〈하이스쿨 러브온〉 〈예쁜 남자〉 〈2013〉 〈조선총잡이〉 〈내일도 칸타빌레〉 〈트로트의 연인〉 〈최고다 이순신〉에 대한 포르투갈어 자막을 보유하고 있기 때문에 더빙을 효율적으로 할 수 있다.

패키지는 1년간 KBS의 드라마 중에서 브라질에서도 인기가 있을 만한 드라마를 선정하여 추진하는 것이다. 여기에 포함하려고 선정한 드라마로는 〈태양의 후예〉(16부작) 〈착한 남자〉(20부작), 〈드림하이〉(16부작) 〈풀하우스〉(16부작) 〈오렌지 마말레이드〉(12부작) 〈연애의 발견〉(16부작) 〈굿닥터〉(20부작) 〈학교2013〉(16부작) 〈힐러〉(20부작) 〈꽃보다 남자〉(25부작) 〈성균관 스캔들〉(20부작) 〈아이리스〉(20부작) 등이 있다.

또한, 콘텐츠 비즈니스에서는 콘텐츠가 중요하기는 하지만, 인적 네트워크를 통한 신뢰성이 바탕이 되어야 한다는 것을 절실히 체감한 출장이었다.

두 달 만에 다시 브라질행 비행기에 올랐다. 2016년 6월 5일, 5일간 일정으로 LA 공항을 출발하였다. 주된 목적은 KBS 사장을 수행하고, 콘텐츠 비즈니스를 확장하는 것이었다. 그런데 출발하면서 문제가 발생하였다. 한국의 Pooq이 미국에 진출하면서 KBS아메리카의 온라인 유통권을 갖게 된 방송 3사의 연합 법인 KCP가 2017년 7월부터 서비스를 하기로 정해지며, 콘텐츠사업팀 2명이 갑자기 퇴직을 했다. 그래도 출장만 같이 가자고 부탁하여 비행기 티켓까지 구매했는데, 끝내 거부하여 출장을 같이 갈 사람이 애매해졌다. 4월에 같이 간 짐 과장은 여권이 만료되어 새로 발급받아야 하기 때문에 불가능하였고, 미국 시민권자는 비자를 발급받아야 하는데 절대적인 시간이 부족하였다. 다행히 리우 올림픽 기간 동안 관광객 유치를 위해 비자 면제라는 정보를 얻어 장화영 콘텐츠사업국장이 수행하였다. 혹시나 문제가 될까 봐 장화영 국장은 관광객처럼 하고 브라질에 입국하였다.

KBS 사장이 브라질 방송사를 방문하여 업무 협약을 원하였으나, 그동안 네트워크가 없었기 때문에 어려운 일이었다. 그래서 규모가 큰 방송사를 방문하여 미팅을 하면서 한류를 확장하기로 하였다. 그동안 짐 과장과 업무 파트너인 사토사의 네우손 아키라 사토(Nelson Akira Sato)를 통해 메이저 방송사와의 미팅을 부탁하여 방송사와의 미팅이 이루어졌다.

브라질에 도착해서 처음 만난 것은 브라질에서 가장 규모가 큰 방송사인 TV글로보(TV Globo)였다. 본사는 리우데자네이루에 있지만, 사업 조직은 상파울루에 있다. 이곳과의 컨택은 4월에 만난 줄리아 김 대표가 소개해주었다. 이번 일로 비즈니스는 정말로 발로 뛰어야 한다는 생각이 다시금 든다. 아시아 판매 담당자인 호벨토 카브리니(Roberto Cabrini)를 만나 미팅을 가졌다. 그의 말에 따르면 글로보 그룹은 지상파인 TV글로보와 유료 방송인 글로보샛(Globo Sat)으로 이루어진다. TV글로보에서 방송하는 프로그램은 93%가 직접 제작이고, 나머지 7%는 구입하는데 주로 영화나 미국 시리즈물을 구입하고, 포맷도 제작한다. 무엇보다 TV글로보가 TV 광고 시장의 75%를 장악하고 있다고 하였다. 미팅 결과 TV글로보에는 외국 드라마를 편성할 띠가 없기 때문에 한국 드라마를 판매하기가 거의 불가능하겠다는 생각이 들었다. 따라서 개별 콘텐츠나 KBS월드 채널을 론칭하려면 글로보샛과 협의할 수밖에 없을 것 같았다. 다행히 로베르토가 TV글로보와 글로보샛의 담당자 연락처를 제공해주었다. 출장 이후 짐 과장이 접촉을 하였으나 뚜렷한 결과는 도출되지 않았다.

사토 대표의 도움으로 KBS 사장을 수행하고 처음 미팅을 한 곳은 브라질 2대 방송사인 SBT였다. SBT는 브라질 유명 토크쇼 호스트인 실비오 산토스(Silvio Santos)가 소유하고 있다. 호세 산토스 마시에우(Jose Roberto dos Santos Maciel) 사장, 무릴로 프라가(Murilo Fraga) 제작본부장, 글렌 발렌치(Glen Valente) 광고마케팅본부장과 미팅을 하였다. 산토스 마시에우 사장은

"리우 올림픽에 대하여 콘텐츠도 많이 제작하고 해외에서 프로그램도 많이 구입했기 때문에 준비는 잘 되고 있다. 유튜브와도 협력하고 있고 브라질 유튜브의 18%가 SBT 프로그램이다. 브라질 국민들은 드라마에 대해서는 편견이 없고 있는 그대로 받아들이고 있다. SBT에서는 현재 5개 드라마가 나가고 있는데 2개는 재방송이고 1개는 멕시코 프로그램인데 18%의 시청률을 보이고 있다."고 하였다. 〈태양의 후예〉를 적극 홍보하고, 양사 협력을 위해 MOU라도 체결하자고 했으나, 향후 접촉을 하면서 진행하자고 완곡하게 거절하였다. 브라질에서 2위의 방송사이지만 여기도 자존심이 무척 강하다는 느낌이 들었다.

미팅이 끝나고 KBS 사장 일행은 다음 미팅을 위해 이동하고, 필자와 장화영 국장은 사토 대표와 함께 방송사 BAND와 테베 쿠우투라를 방문하였다. 먼저 점심을 하면서 협의를 하였다. 사토 대표는 한국의 콘텐츠를 브라질에 공급하고 있는데 〈태양의 후예〉의 경우 지상파, 유료TV, 넷플릭스 등을 전부 포함하여 7년간의 브라질 독점을 원하였다. KBS와 브라질 방송사 간의 방송 교류를 위한 협력 등에 대하여 논의를 하였다. 출장에서 복귀하여 지속적인 협의를 하고 MOU 문안까지도 작성했으나 필자가 본사로 복귀할 때까지 가시적인 성과로 이루어지지는 않았다.

오후에 방문한 곳은 먼저 방문한 곳은 브라질의 3대 방송사로 꼽히는 BAND였다. BAND는 1981년에 설립된 방송사로 조엉 카를로스 사지(Joao Carlos Saad) 사장, 카이오 루이스 데 카르발료(Caio Luiz de Carvalho) 부사장 등과 미팅을 하였다. 임원진이 한국콘텐츠진흥원 초청으로 한국을 방문한 경험이 있어 한국 프로그램에 상당히 호감을 갖고 있으며, 함께 협력할 수 있는 방안을 생각해보자고 협의하였다. 한국 방문 시 모 방송사와 MOU를 맺었으나 이후 진행된 것이 전혀 없으며, 건수 위주의 비즈니스는 좋지 않다고 불만을 토로하였다. 방문한 곳 중에서 가장 한국 콘텐츠에 관심이 많았고 지속적인 관계를 맺으면 좋겠다는 생각이 들었다.

마지막으로 한국의 교육방송격인 테베 쿠우투라를 방문하였다. 마르코스 멘돈사(Marcos Mendonca) 사장, 마르코스 아마조나스(Marcos Amazonas) 부사장, 조르지 다미엉 데 아우메이다(Jorge Damiao de Almeida) 홍보국장 등이 참석했다. 국영방송이라 그런지 KBS에 대해 호감이 많았다. 상파울루 지국을 위한 공간도 배려하겠다면서 필요한 장비도 사용할 수 있도록 해주겠다고 했다. 일본 NHK 지국도 있으면서 뉴스도 교류하고 있었다. 당시 한국의 대표 애니메이션 〈뽀로로〉를 방송하고 있었으며, 임원진이 한국을 다녀와서 한국에 좋은 인상을 갖고 있었다. KBS와는 콘텐츠 교류, 사회문제나 역사와 관련된 에픽 드라마 등을 공동 제작하고 싶다고 하였다. 가능하면 띠 편성을 통해 KBS 프로그램을 넣을 수도 있다고 하였다. 그러나 문제는 KBS아메리카의 비용으로 더빙해서 무료로 공급해주기를 원하는 것이기 때문에 거의 불가능에 가까운 제안이라는 생각이 들었다.

브라질에서 뜻밖의 소득이 있었다. 지구 반대편에서 입사 동기를 만나 LA에서 〈가요무대〉를 개최해보자고 의기투합도 하였다. 김동건 아나운서도 꼭 해보고 싶다는 의견을 더했다. KBS 내부적으로는 진행해보기로 하여 LA로 돌아와 비용도 파악하고, 협찬 추진까지 해보았으나 성사되지 못했다. 필자가 할 수 있는 것이라면 뭐든지 가능성을 놓고 시도를 해본 것 같다. 그러면서 일부가 성사되는 것이리라. 에디슨도 2,399번 실패한 끝에 2,400번째 성공하여 전구를 발명했다고 한다. 이처럼 아이디어의 양이 늘어나다 보면 성공하는 것이 분명히 있게 마련이다.

다음으로 피라시카바(Piracicaba) 시에 위치한 현대자동차 브라질 공장을 방문했다. 상파울루에서 공장까지 다녀오면서 생애 처음으로 방탄차를 타

봤다. 방탄차는 보통 차에다가 방탄유리와 철판을 덧댄다고 한다. 외관상으로 볼 때에는 창문을 내릴 수 없는 것이 가장 큰 특징처럼 보였다. 일반적으로 방탄차로 개조하려면 차량 가격만큼의 비용이 들어가지만, 브라질은 치안이 불안하여 방탄차가 많이 필요하다고 한다. 특히, 리우 올림픽 기간 동안은 수요가 몰려 방탄차 구하기도 어려울 뿐만 아니라 렌트 비용은 엄청 증가하고 있다고 하였다.

브라질 출장을 가기 전부터 현대자동차와 협력 모델을 고민하고 있었다. 〈태양의 후예〉에 나온 IX35가 브라질 현지 모델로 생산되는 크레타(Creta)와 유사한 데 착안하여, 〈태양의 후예〉를 방송하면서 크레타를 홍보하자는 계획을 세웠다. 현대는 〈태양의 후예〉에 대한 더빙 비용을 대고, KBS아메리카는 브라질 방송사에 드라마를 공급하면서 판매 금액을 낮추는 대신 현대자동차 광고를 삽입하겠다는 안이었다. 많은 돈을 들이지 않고 서로 협력하는 모델로 갈수록 이러한 컬래버레이션을 펼쳐야 콘텐츠 산업과 한국 제조업이 해외로 확장할 수 있다고 생각한다. KBS 사장이 방문하기 전에 협약안을 마무리하려고 하였으나, 문제가 생겼다. 현대자동차에서 〈가요무대〉를 협찬하기 때문에 추가 비용을 부담할 수 없다는 것이다. 그리고 현대자동차의 마케팅 회사인 이노션에서 KBS와 이야기했는데 KBS 측에서 지원해주지 않아도 된다고 했다는 것이다. 어디서 그런 말이 나왔는지 여러 곳을 수소문했지만 근원지를 찾아 지원 취소 결정을 되돌리기에는 활시위를 떠난 화살이었다. 이러한 사정을 차를 타고 가면서 박경찬 국장과 이야기했더니, 좋은 제안이라고 하면서 선뜻 도와주겠다고 하였다. 그는 크레타는 브라질 현지 법인에서 마케팅을 하지 않고, 카오아(CAOA)에서 진행하기 때문에 그쪽과 협의해야 한다면서 알아봐주겠다고 하였다. 결론은 당장은 추가 예산이 필요하기 때문에 쉽지 않고, 다음 기회에 해보자는 답이 왔다고 전해주었다. 2017년에 다시 연락하여 추진했는데, 예산 집행이 쉽지 않다고 하면서 홀딩이 되고 있던 차에 필자가 발령이 나는 바람에 더 진행을 하지 못했다. 이 모델은 향후에도 얼마든지 활용할 수 있는 아이디어이다.

브라질에 콘텐츠를 공급하기가 얼마나 어려운지를 보여주는 사례가 있다. MBC에서 드라마 〈내조의 여왕〉을 소개하였을 때, 콘텐츠를 구매하는 것이 아니라 비용을 내고 방영하라고 했다는 것이다. 한국 콘텐츠의 경우 아직 이러한 대접을 받고 있다.

브라질의 5대 지상파 방송 중에서는 유일하게 헤지TV가 연간 특정 시간대(예, 15~16시)에 한국 드라마를 편성하는 타임블록 형태를 수용할 용의를 표명했다. 이 방송사의 경우 토요일 18시부터 19시까지 한 시간에 10만 헤알, 즉 5만 달러를 요구했다. 이것을 20부작인 〈내조의 여왕〉에 적용하면 200만 헤알 즉 100만 달러 이상(한화로 11억 원 이상)의 액수이다. 드라마 한 편에 11억 원을 내고 시간대를 사서 들어오라는 얘기다. 가격도 가격이지만 협상에 임하는 그들의 태도는 '할 테면 하고 말 테면 말라'는 식이었다. 그들에게는 아직 한국 콘텐츠가 아쉽지 않은 것이다.[59]

2015년 8월 KBS아메리카에 부임한 이후 1년 정도 지나자 조직 내부도 어느 정도 안정되고 콘텐츠 사업의 기반을 닦았다고 판단되었다. 또한 전년보다 130만 달러의 이상 늘어난 순익이 예상되면서 남미의 한류를 확장시켜야 한다는 판단이 더 들었다. 회사는 투자를 하지 않으면 성장하지 못

---

59 정길화, 「라틴아메리카에 한류 드라마 진출하기」, 『트랜스라틴』 25호, 2013년 9월호, 101~102쪽.

하기 때문이다. 아르헨티나와 브라질을 다녀온 후 '시장으로서의 한류'를 성장시키기 위해 남미 투자가 절대적으로 필요하다는 생각이 들었다. 특히나 회사가 여유가 있을 때 새로운 먹거리에 대한 고민도 하고, 투자를 하려고 하였다. 6~70년대에 한국의 기업들이 보따리 장수처럼 현지를 다니면서 비즈니스를 한 것도 머릿속에 그려졌다.

실무자 짐 과장과 2차 출장지로 정한 곳은 콜롬비아, 에콰도르, 페루, 칠레 4개국이었다. 이곳을 선정한 이유는 남미에서도 이 서부 지역이 가장 한류가 활성화된 곳이기 때문이었다.

콜롬비아

2016년 11월 27일 LA 공항을 떠나 파나마에서 비행기를 갈아타고 콜롬비아에 도착하였다.

콜롬비아 하면 커피가 유명하고, 정세가 매우 불안한 곳으로 알려진 나라이다. 면적은 114만 제곱킬로미터로 한반도의 5배 정도, 인구는 4,700만 명이다. 한국과의 관계를 보면 6 · 25 전쟁 때 5천 명이 참전하였고, 전략적 협력 동반자 관계를 맺고 있으며, 2016년 FTA가 발효되었다. 콜롬비아는 경제력이 약하여 한국 기업의 진출도 적고, 교민 수도 적은 편이어서 한류도 남미 서쪽 치고는 다소 부진한 편이다. 그래도 보고타 공항에 도착했을 때 깜짝 놀란 것은 거의 모든 택시가 현대와 기아자동차였기 때문이었다. 이것은 에콰도르에서도 비슷하였다. 현대자동차에 다니는 친구에게 사진을 찍어 보내면서 자랑스럽다고 했더니, 현대가 너무 소형 차라는 인식이 박혀서 수익성이 높은 중대형차가 팔리지 않는 면이 있다고 하였다.

한국 드라마와 관련하여 사전 조사를 해보니 한국국제교류재단의 지원으로 MBC의 〈대장금〉이 카날 캐피털(Canal Capital) TV에서 2010년 1월부터 4월까지 방영된 것이 최초였다. 이후 〈천일의 약속(Mil dias del promesa)〉 〈내 남자의 여자(La mujer de mi esposo)〉 등이 방송되었다. 2013년 3월부터 5월까지 〈제빵왕 김탁구(Pan Amor y Sueno)〉가 콜롬비아 최대 민영방송 중 하나인 RCN TV에서 방송되었으며, 2015년 5월에는 〈시크릿 가든(El Jardín Secreto)〉이 방영되었다. 또한 2015년에 KBS 〈드림하이〉는 Canal 13을 통해 전국에 방송되었다. 무엇보다 중요한 것은 KBS 〈착한 남자〉가 2015년 최대 민영방송 카라콜TV(Caracol TV)에 리메이크권이 판매된 일이다.

첫 미팅으로 콘텐츠 에이전시인 살라비(Salabi)의 살루아 아비삼브라(Salua Abisambra)를 만났다. 그녀는 "한국 아이돌은 콜롬비아 청소년과 가수들에게 롤 모델과 같은 존재다. 〈시크릿 가든〉이 인기가 좋았으나, 번역의 퀄리티에 대해 불만이 있다. 드라마를 소개할 때 대체로 간단한 브로슈어 같은 것으로 소개하는데 그것보다 긴 시놉시스를 제공해주면 좋겠다." 등의 이야기를 전했다. 우리는 〈태양의 후예〉 〈드림하이〉 등의 인기 드라마를 소개하였다. 뿐만 아니라 〈뻐꾸기 둥지〉가 페루에서 방송되고 있는데 좋은 반응을 얻고 있으므로, 이와 비슷한 장르인 〈루비반지〉와 〈천상여자〉를 적극 소개하였다.

기존 남미에 공급된 드라마가 대부분 미니시리즈이다. 한국에서 주력 장르이기도 하고, 분량이 짧아서 더빙 비용도 부담이 없기 때문이다. 그러나 필자는 남미에서 텔레노벨라가 인기가 있기 때문에 이와 유사한 장르인 KBS-2TV 저녁 일일극이 소구력이 있을 것이라고 판단하였다.

다음으로는 장명수 콜롬비아 대사를 만났다. 중남미 전문가여서 남미의 한류에 대하여 많은 이야기를 들었다. "한국 교민은 900명 정도 된다. 콜롬비아에는 6개 소득층이 있는데 중간층이 K-Pop을 좋아한다. 한국 영화

시사회도 하고, 공공행정 협력 포럼을 개최하여 콜롬비아에 한국을 알리고 있다. 따라서 Canal TR3CE(Canal 13) 같은 공영방송에 방송 협력을 요구하면 가능성이 있을 것이다. 이 방송사의 곤잘레스 토레스(Gonzalez Torres) PD가 한국 중남미 연수에도 참가하여 훨씬 대화가 잘 될 것 같다." 등의 의견을 주셨다.

하루를 정리하면서 짐 과장은 콜롬비아에는 RCN TV와 카라콜TV, 두 개의 큰 방송사가 있는데 RCN은 〈기황후〉에 대하여 금액을 전부 다 지급하지는 않은 사례가 있어 미수가 발생하지 않도록 조심해야 한다고 하였다. 반면, 카라콜TV는 신뢰가 있는 회사로 보인다는 의견을 피력하였다.

푸에르토리코 출신 짐 과장에게서 간단한 스페인어 몇 마디를 배웠다. Muy(매우), Buenos dias(오전 인사), Buenas tardes(오후 인사), Buenas noches(저녁 인사), Gracias(감사합니다), De nada(천만에요), A dios(안녕).

에콰도르

다음 방문 국가는 넓이가 한반도의 1.3배인 에콰도르였다. 수도 키토(Quito)는 적도에 위치한 유일한 수도이며 세계에서 볼리비아 수도 라파스에 이어 두 번째로 높은 해발 2,850미터에 위치해 있다. 이곳은 1978년 최초로 문화유산으로 지정된 도시이다. 한국과의 관계를 보면, 6 · 25 전쟁 때 10만 달러 상당의 쌀을 원조해주었고, 1962년 수교하였으며, 1976년 포니가 최초로 수출된 국가이다.

에콰도르에서 방송된 한국의 드라마로는 2006년 KBS의 〈가을동화〉〈겨울연가〉, 2009년 MBC의 〈대장금〉, SBS의 〈천국의 계단〉, 2010년

MBC 〈내조의 여왕〉, 2011년 KBS 〈아가씨를 부탁해〉, 2012년 SBS 〈시크릿 가든〉, KBS 〈드림하이〉, 2015년 국영 ECTV에서 방송된 KBS 〈공주의 남자〉 등이 있다. 이 중에서 〈천국의 계단〉이 인기를 많이 끌었고, 여기에 삽입된 OST인 김범수의 〈보고 싶다〉도 인기를 끌면서 한류가 시작되었다고 할 수 있다. 본격적인 한류 붐이 일어난 것은 K-Pop이 확산되기 시작한 2011년 초부터이다. 에콰도르에서는 자극적인 남미 드라마보다 동화 같은 스토리 구성과 미니시리즈를 선호한다. KBS월드는 2011년 3월 1일부터 케이블 184번으로 방송되다가 2017년에 정지되었다.

에콰도르에서는 에콰비사(Ecuavisa)[60] 방송사를 방문하였다. 국영방송인 에콰도르TV와 에콰도르의 방송을 주도하고 있는 에콰비사TV는 1967년 3월 설립되어 방송을 개시한 상업 방송사로 3개 채널을 통해 방송을 송출하고 있으며, 전체 방영 프로그램 중 수입 프로그램의 비중이 75%를 차지한다. 'K-Pop 월드 페스티벌'의 심사위원 참석한 바 있는 마리아 수아레스는 "3년 전 한국 드라마 시청률이 높지 않았고, 소극적 여성상과 가부장적 권위가 문제"라고 하였다. 마르셀로 아귈라 파라밀로(Marcelo Aguilar Faramillo) PD는 한국과의 공동 제작과 〈풀하우스〉 리메이크에 관심을 기울였다. 향후 추가적인 논의를 하기로 하였으나 에콰도르의 경제력으로 당장 무엇인가 끌어내기는 쉽지 않을 것 같다는 느낌이었다.

다음 이은철 에콰도르 대사와 신화진 서기관을 만나 에콰도르의 한류 현황을 듣고 싶었으나 아쉽게도 외교부 초청 행사와 한인 체포 건으로 성사가 되지 못했다.

필자는 출장을 가거나 여행을 하면 가능하면 로컬 맥주를 즐겨 마신다.

---

60   KISA, 「에콰도르 방송통신 품목 보고서」, 2012, 3쪽.

이런 기회가 아니면 쉽게 경험하기 어렵기 때문이다. 지금까지 마신 맥주 중에 최고를 에콰도르 키토에서 찾았다. 브랜드는 로체 네그라(Roche Negra)다. 흑맥주인데 쓴맛이 거의 없고 단맛이 나며 여운이 꽤 오래 입안에 남았다.

페루

페루 하면 마추픽추가 가장 먼저 생각이 난다. 그다음으로 한류가 매우 활성화된 곳이라는 점도 인상적이다. 면적은 한반도의 6배나 되지만 인구는 2016년 기준으로 3,074만 명이며, GDP도 2017년 기준으로 6,506달러로 한국보다 경제력이 많이 낮다. 한국과는 1963년 수교하고, 2011년 8월에 FTA를 체결하였다.

한류는 페루 국영방송에서 2002년 〈별은 내 가슴에〉가 방영되면서 시작되었다. 2007년 KBS의 〈가을동화〉〈겨울연가〉, 2008년 MBC의 〈대장금〉, 2011년 MBC 〈내조의 여왕〉, 2012년 KBS 〈드림하이〉, 2013년 SBS 〈시크릿 가든〉, 2015년 〈내 이름은 김삼순〉〈기황후〉〈노란 복수초〉〈내 남자의 여자〉〈천만번 사랑해〉〈다섯 손가락〉, 2016년 KBS 〈공주의 남자〉, SBS 〈엔젤아이즈〉 등이 방송되었다. 이외에도 〈천국의 계단〉〈커피프린스 1호점〉〈이브의 모든 것〉〈별은 내 가슴에〉〈궁〉〈불새〉〈신데렐라 맨〉〈역전의 여왕〉〈욕망의 불꽃〉〈최고의 사랑〉〈해를 품은 달〉〈파스타〉〈꽃보다 남자〉〈매니〉〈풀하우스〉 등 20편이 넘게 방송되었다.[61] 2011년

---

61 한국콘텐츠진흥원, 「한국 드라마의 중남미시장 진출 현황과 전망」, 2013.11.8.

파나메리카 〈뻐꾸기 둥지〉 방송 장면

MBLAQ의 방문이 페루 청소년 사이에 큰 호응을 얻었고, 2012년 JYJ의 공연이 매진사례를 이루며 시장성, 호응도 측면에서 결코 다른 국가들에게 뒤지지 않는다는 사실이 입증되었다.[62]

제일 먼저 방문한 곳은 파나메리카나(Panamericana)였다. 2015년 말에 극적으로 더빙을 한 〈뻐꾸기 둥지〉가 처음 수출되어 방송된 곳이다. 방송이 끝나고 재방송까지 하고 있는 것으로 알고 있는데도 더빙이 잘 안 된 것이 있어 방송을 못 했다고 판매금의 절반을 지급하지 않아 우선 방문하기로 한 곳이다. 그러나 우리 팀이 로비에 들어섰을 때, 놀라운 광경이 펼쳐졌다. 그 순간 〈뻐꾸기 둥지〉가 방송되고 있던 것이다. 안내 직원에게 물어보니 〈뻐꾸기 둥지〉가 현재 인기 있다는 말도 하였다. 드디어 레오나르도 살라자르(Leonardo Bigott Salazar) 콘텐츠구매국장을 만났다. 판매금 지급에 대해 항의하자 미안하다며 곧 입금하도록 하겠다고 하였다. 실제로는 2017년 1월에 지급을 받았다. 반응을 물어보니 낮 시간에 가구 시청률이 2~3%(시청률 1위가 8~9% 수준)가 나올 정도로 매우 좋다고 하였다. 그래

62　한국국제교류재단, 「2017 지구촌 한류현황Ⅱ」, 2017, 506쪽.

서 〈뻐꾸기 둥지〉와 비슷한 드라마인 〈루비반지〉와 〈천상여자〉를 소개하였다. 우선 〈루비반지〉를 희망한다고 하여 다음 더빙 프로젝트로 〈루비반지〉를 선택하여 더빙을 추진하였다. 음악적 요소가 많은 〈사랑은 노래를 타고〉에도 많은 관심을 표명하였다. 〈함부로 애틋하게〉도 원했지만, KBS 아메리카에 유통 권한이 없어 더 이상 논의를 하지 않았다. 이 방송사는 하루에 1시간씩 한국 드라마 띠 편성을 하고 있다. 〈뻐꾸기 둥지〉 다음에는 2014년 jtbc에서 방송된 〈우리가 사랑할 수 있을까〉를 방송 중이었으며, 다음에는 필리핀 드라마를 방송할 예정이라고 하였다. 현장에 가지 않았으면 미수 문제를 해결하지 못했을 수도 있었다. 미수도 해결하고 페루의 반응도 들을 수 있는 출장이었다.

당일 일정이 여유가 있어 인근에 있는 방송사 아메리카나(Americana)에 무작정 찾아갔다. 담당자인 짐 과장이 아무리 연락을 해도 답이 없는 곳이었다. 로비에서 미팅을 원한다고 하면서 통화까지 했으나 바쁘다면서 미팅을 허용하지 않아 아쉽게도 발길을 돌려야 했다. 인적 네트워킹이 없으면 다른 곳도 그렇지만, 특히 남미는 담당자 미팅이 쉽지 않다는 것을 실감하였다.

다음 날 방문한 곳은 파나메리카의 모회사 라티나(Latina)였다. 크리시암 올라(Chrisiam Soy Hola) 구매 담당자를 만나 협의를 하였다. 그는 파나메리카를 포함한 콘텐츠 구매 담당이라 〈뻐꾸기 둥지〉 미수 이야기를 했더니 바로 처리해준다고 하였지만, 실제로는 1월에 입금하였다. 그를 통해 듣기로, 남미는 대체로 라틴 미디어(Latin Media)를 통해 해외 콘텐츠 구입을 한다고 하였다. 실제로 KBS아메리카도 라틴 미디어와 콘텐츠 공급 계약을 여러 건 체결하였다. 라틴 미디어는 많은 콘텐츠를 구매하여 많은 남미 국가들에게 낮은 가격으로 공급하는 전략을 펴고 있다. 또한 각 방송사를 돌면서 TV 등 값비싼 선물도 많이 하면서 영업을 하고 있었다. KBS아메리카 같은 곳은 이러한 마케팅을 하는 데 한계가 있다. 대부분의 방송사처럼 KBS아메리카는 아직 콘텐츠 판매를 통해 돈을 벌지 못하고 있어 과도한 투자가 어려운 것도 있고, 뇌물 같은 형태의 금품을 제공하기도 쉽지 않은 구조이기 때문이다. 라티나 그룹에서는 시청 타깃이 다르기 때문에 라티나는 2015년부터 페루에서 제작한 드라마와 터키 드라마만 방송하고 있다고 하고, 한국 드라마는 파나메리카나에서만 방송하고 있다고 하였다. 그리고 한국 드라마는 페루 경제를 감안할 때 비싸다고 생각했다. 그래서 단가를 낮추려면 패키지도 라틴 미디어같이 에이전트를 통하지 않고 직접 구입하는 것을 제안하였다. 크리시암이 음악 프로그램에도 관심이 있어 〈불후의 명곡〉 포맷을 소개하였다.

다음으로 방문한 곳은 페루 대사관이었다. 장근호 대사는 에콰도르 대사, 중남미 국장 등을 역임한 남미통이었다. 그는 남미에서 드라마가 먼저 인기를 끌었고, K-Pop이 그 뒤를 이었다고 분석하였다. 중소도시에서까지 K-Pop 행사를 볼 수 있었다고 한다. 그러나 2017년 6월 가족 여행시 가이드에게 들은 이야기인데, 리마의 버스 노선 체계 변경으로 K-Pop 행사의 규모가 축소되었다고 한다. 외곽에서 버스가 리마로 직접 들어오지 못하는 바람에 행사 규모를 키울 수가 없다는 것이다. 장 대사는 "페루 사람들이 제3국 드라마를 좋아한다. 그리스와 인도 드라마도 있었지만 어필하지 못하고, 오직 터키 드라마와 한국 드라마만 인기가 있다. 한국 드라마는 퀄리티가 높고, 의상과 세팅이 좋아서 중년들이 좋아한다. 터키는 원숙한 맛이 있고, 한국은 신선한 느낌이 장점이다. 드라마는 장편을 원한다."고 하였다. 이 외에 정부 지원에 대한 아쉬운 점도 토로하였다. "세종학당이 철수하여 한글 보급에 애로가 있다"고 하였다.

한국 방송콘텐츠의 미래를 열다

호텔에서 만난 제시카(Jessica)는 〈꽃보다 남자〉를 제일 좋아한다며, 한국 드라마는 미드에 비해 친절하고, 과하지 않은 것이 좋다고 하였다. 택시에 만난 기사도 한국 드라마를 본 적이 있다는 말을 한 것을 보면 페루는 한류가 매우 활성화되어 있는 지역으로 판단된다.

칠레

마지막 출장 지역인 칠레로 이동하였다. 한국에서 정확히 아래로 파 들어가면 나온다는, 한국과 정반대쪽에 위치한 나라이다. 칠레의 지상파 TV 방송은 국영방송사인 TVN, 민영방송사인 메가(MEGA)TV 등이 주도하고 있으며, 지상파가 41.4%로 유료TV에 비해 우세를 보이고 있다. 유료TV 시장에서는 VTR이 39%로 압도적인 1위를 하고 있으며, 2위는 모비스타 (Movistar)(21.5%), 3위는 디렉TV(17.4%), 4위는 클라로(Claro)(15.8%)이다.[63] 한국과의 관계를 보면 1962년에 수교가 되었으며, FTA 체결 1호 국가 라는 상징성을 갖고 있어 한국으로 보면 남미의 테스트 마켓으로 알려져 있다. 처음으로 방송된 한국 드라마는 〈천국의 계단〉으로, 2006년 3월 13 일부터 TVN(채널 13)에서 방송하였다(매주 월~금 13:00~13:30까지 총 44 회).[64] 2012년에 한국 드라마 방송이 활발했다. 〈꽃보다 남자〉가 케이블 ETC(메가 소유)에서 4월 11일부터 방송되었고, 6월 11일부터는 메가TV 에서 낮 12시에 방송되었다. 〈시크릿 가든〉은 7월 30일부터 메가TV에서

---

63 정보통신산업진흥원, 「국가별 정보통신방송현황 2016 – 칠레」, 2017, 37~38쪽.
64 주칠레한국대사관, 「한국드라마 '천국의 계단' 칠레방영」, 2006.3.23.

방송되었고(월~금 낮 12시), 메가에서 〈드림하이〉,[65] ETC에서 〈찬란한 유산〉 〈매니〉 등이 방송되었다. 2013년 8월 5일부터 VIA X 채널에서 〈최고의 사랑〉이 방송되었다(월~금 저녁 8 : 30부터). 이를 이어 〈파스타〉도 대우전자의 협력으로 방송되었다. 2014년에는 3월 10일부터 VIA X에서 tvN 드라마 〈이웃집 꽃미남〉이 방송되었다.[66] 7월에는 애니메이션 〈소중한 날의 꿈〉도 ETC-TV에서 방송되었다. 2016년에는 〈공주의 남자〉가 칠레 중남미 지역을 가시청권으로 하는 케이블 방송 TV센트로를 통해 매주 화요일 프라임 시간대인 오후 10시 30분에 방송되었다.[67] 칠레는 K-Pop의 인기가 많은 지역으로 뮤직뱅크 공연이 2012년에 성황리에 열렸고, 2018년 3월에도 개최되었다.

칠레 첫 방문지는 국영방송사 TVN이었다. 후안 마누엘(Juan Manuel) 뉴미디어 부사장과 마우리시오 캄포스(Mauricio Campos E.) 드라마 PD와 미팅을 가졌다.

TVN은 2006년 〈천국의 계단〉 이후 한국 드라마를 방송하고 있지 않다고 하였다. 이유는 짧은 드라마를 내보내면 광고 유치가 어렵다는 것이다. 보통 200편에 가까운 텔레노벨라를 편성하는데 미니시리즈는 인지도를 얻을 만하면 끝나기 때문에 광고를 유치하기 어렵다는 것이다. 한국은 사전에 광고를 판매하는데, 칠레는 드라마가 방송되면서 반응을 보고 광고가 붙기 시작한다고 한다. 다른 국가들도 비슷한 상황이라 남미에서는 장

65 https://www.kf.or.kr/front/archv/rltd/popupEvent.html?archv_no=412&lang=0&siteno=11

66 주칠레한국대사관, 「한국드라마 〈이웃집 꽃미남〉 방영」, 2014.3.10.

67 국기헌, 「한국 사극 드라마 '공주의 남자' 칠레 TV서 첫 방영」, 『연합뉴스』, 2016.5.14.

한국 방송콘텐츠의 미래를 열다

칠레 국영방송사 TVN의 마우리시오 캄포스 PD와 함께

편을 선호할 수밖에 없다고 하였다.

한국 드라마를 보통 우리는 'K-Drama'라고 홍보하고 있고 그렇게 알려져 있다고 생각했는데, TVN에서 재미있는 표현을 들었다. 칠레에서는 한국 드라마를 '노벨라 코리아나'라고 부른다고 하였다.

칠레에서는 메가에서 터키 드라마를 시작하여 좋은 반응을 얻은 이후 터키 드라마를 방영하고 있다고 하였다. TVN에도 2주 전에 시작한 드라마가 있는데 반응이 좋다고 하였다. 보통 1년 전에 편성이 끝나기 때문에 쉽게 편성을 할 수는 없지만, 칠레에서 한국 문화에 대한 관심이 높기 때문에 낮 12시 편성 시간을 고려해볼 수는 있다고 하였다.

미팅이 끝나고 칠레 드라마에 관심이 많다고 하였더니 드라마 제작 관련하여 마우리시오 PD가 자기 사무실, 제작 소프트웨어, 스튜디오 등을 소개해주었다. 한국과 달리 배우와 작가가 월 계약을 맺고 활동한다. 배우는 최고 월 2만 달러, 작가는 8천~1만 달러를 받는다고 한다. 계약 기간은 작가의 경우 사전에 써야 하기 때문에 8개월, 배우는 7개월 정도 계약하여 드라마를 제작한다고 하였다. 드라마는 7개월에 4,200분을 제작하는데,

에피소드는 140개로 이루어진다. 4,200분이면 70시간인데 어떻게 140개의 에피소드가 나오느냐고 물었더니 자세히 설명을 해주었다. 첫 1주는 분명히 60분을 제작하지만, 다음부터는 이전 방송분을 활용하기 때문에 2주에는 50분, 3주에는 40분, 4주부터는 30분만 새로 제작하면 된다는 것이다. 이런 식으로, 두 국가의 제작 시스템에 대해 열심히 이야기를 주고받았다.

제작 관리 시스템을 직접 보면서 깜짝 놀랐다. 회별로 몇 분을 촬영했는지, 누적해서 몇 분 촬영했는지, 몇 회까지 완결했는지, 예산은 얼마인지, 실제로 얼마나 얼마나 사용했는지 등이 상세히 관리되고 있다. 한국에서 이렇게 관리하는 경우를 본 적이 없다. 드라마 제작을 진행하면서는 정확히 알 수가 없다. 칠레는 제작 환경이 훨씬 열악할 줄 알았는데, 한국보다 체계적으로 관리되고 있었다.

tvN에서 2014년 10월 27일부터 방송한 아침드라마 100부작 〈가족의 비밀〉이 칠레 방송사 TVN의 국민드라마 〈엘리사는 어디 있나요?(Where is Elisa?)〉를 리메이크한 것이다. 그룹에이트에 따르면 에이전트가 소개하여 원작을 구매하여 제작하였다고 한다. 드라마를 방송한 방송 채널도 우연인지 필연인지 동일하다.

오후에는 칠레 대사관을 방문하여 유지은 대사를 예방하였다. 대사관에서 하는 한국어 교육, KT와 진행한 텔레콤 행사 등에 대하여 소개를 받았다. 공중파는 멕시코에서 하는 더빙을 싫어한다는 말을 들었다. 액센트가 달라서 그렇다고 한다. 다만, 콜롬비아에서 만든 것은 괜찮다고 한다. 콜롬비아, 쿠바 등에서 넘어온 스패니시가 많기 때문이라고 하였다. 〈태양의 후예〉를 활용하여 행사를 하고 싶다고 하여 적극 도와주기로 하였고,

LA로 돌아가 포스터 파일을 보내 주었다. 칠레 공중파에서는 〈꽃보다 남자〉를 끝으로 한국의 드라마가 방송되고 있지 않고 있다고 안타까움을 피력했다. "K-Pop의 인기가 젊은 층으로 옮겨갔다. 칠레에서는 사극에 관심이 많다. VIA X는 아트와 뮤직 등 3개의 채널을 운영하고 있어 〈태양의 후예〉에 관심이 많을 수 있다. 세금이 16%인데 대사관을 통하면 면제받을 수 있는 방법이 있다."는 등의 이야기를 들었다.

다음 날인 12월 6일 오전에 칠레의 대표적 민영방송사 메가TV를 방문하였다. 사실상 두 번째 방문이었다. 사전에 이메일로 연락을 했는데 아무런 답이 없었고, 전화를 해도 답이 없어 전날인 5일에 옛날 상사맨들이 보따리 장사 하듯이 무작정 방문하였다. 로비에서 방문 목적을 설명하고 연락처를 남겼더니, 오후에 미팅 일정을 잡아주어 다시 방문을 하게 되었다. 후안 비센테(Juan Vicente) 국제콘텐츠국장과 메가의 온라인 플랫폼인 ETC의 파트리시오 미란다(Patricio Miranda) 콘텐츠국장과 미팅을 하였다. 메가TV에서는 2012년 6월 11일부터 〈꽃보다 남자〉를 방송하였는데(낮 12시), 63만 가구가 시청하였다고 한다. 메가TV는 여성 취향의 채널이며, 오후 3시대가 멜로 존이라고 하였다. TVN과 마찬가지로 장편을 선호한다고 하였다. 우리는 다른 곳에서와 비슷하게 〈뻐꾸기 둥지〉와 〈루비반지〉를 주로 홍보하고, 〈태양의 후예〉 〈드림하이〉 등의 미니시리즈도 소개를 하였다. 〈뻐꾸기 둥지〉에 대하여 페루의 반응을 설명하니 매우 관심이 많았으나, LA에 돌아가서 최종 ETC에서 방송하는 것으로 계약이 이루어졌다.

칠레의 마지막이자 출장의 마지막 방문지는 VIA X였다. 루이스 베네가스(Luis Venegas) 사장, 마에아 가르시아(Maea Garcia) TV 프로그램 구매 담당

각시탈 기념품을 배경으로 VIA X 루이스 사장과 함께

을 만났다. 무엇보다 반가운 것은 사장실에서 수제 각시탈을 발견한 것이었다. KBS가 2012년 〈각시탈〉을 방송할 때 인기가 높아 기념품으로 만든 것인데, 어떻게 갖게 되었는지 물어봤더니 2012년 〈뮤직뱅크〉 칠레 공연 당시 KBS 사장이 방문했을 때 기념품으로 받았다고 하였다. VIA X는 앞에서 이야기한 라틴 미디어를 통해 〈최고의 사랑〉과 〈파스타〉를 구매하였다고 하였다. 유지은 대사의 말대로 여성 취향의 채널다운 선택이라는 생각이 들었다. 이처럼 방송사별로 성향이 다르기 때문에 남미를 대상으로 마케팅하려면 이러한 성향을 정확히 파악하고 비즈니스를 해야 되겠다. 짐 과장에 따르면 〈파스타〉는 본인이 판매한 것으로 일반적인 가격을 받았으나, 이후 〈기황후〉는 30%밖에 안 되는 가격을 요구하여 이후에는 진행이 안 되었다고 한다.

칠레에서 한국 드라마 인기는 꽤 높다는 생각이 들었다. 택시를 탔을 때 택시 기사에 따르면 20세의 딸이 있는데 한국 드라마를 좋아하는 것을 알고 있고, 자연스럽게 아시아 문화를 좋아한다고 하였다. 또한 멕시코에서

한국 방송콘텐츠의 미래를 열다

더빙한 것도 액센트가 달라 칠레에서 다시 더빙하는 것으로 알고 있다고 하였다. 이렇게 남미 서부 국가들을 대상으로 한 출장을 마치고 다시 LA로 향했다.

2017년 7월 5일 멕시코, 과테말라, 온두라스, 푸에르토리코 대상으로 KBS 드라마를 마케팅하기 위한 세 번째 여정을 떠났다. 2016년 4월 아르헨티나와 브라질, 11월 콜롬비아, 에콰도르, 페루, 칠레에 이어 이번에는 멕시코, 과테말라, 온두라스, 푸에르토리코 등 4개국이다. 처음에는 더 많은 곳을 잡으려고 하였으나, 현지 사정과 비행 일정이 맞지 않아 4개국으로 좁혀졌다.

지금까지 남미의 상황을 보면 한류는 있지만 시장성이 약했다. 아마도 상당 기간 그럴 것 같기는 하지만, 현상이 있을 때 조금이라도 더 화살을 당겨야 하지 않을까 하는 생각으로 이번 출장을 준비하였다. 이번에는 짐 피게로아에다 신입 김마루 사원까지 같이 가게 되어 훨씬 수월하다고 생각했다. 그는 멕시코에서 교환학생으로 1년 공부하였고, 과테말라에서 1년간 근무를 하면서 남미의 많은 국가를 여행한 경험이 있기 때문에 많은 도움이 될 것이라고 생각했는데, 실제로 그랬다. 사장과 같이 가면서도 이렇게 즐거울 수만은 없을 텐데 세 명이 정말로 즐겁게 출장을 다녔다.

멕시코

남미 한류 확산을 위한 세 번째 출장의 첫 번째 방문 국가는 멕시코였다. 멕시코는 텔레노벨라의 종주국답게 콧대가 매우 센 곳으로 한국 드라마를 사서 방영한 적이 별로 없다. 지금까지 11편의 드라마가 방송되었지만, 메인 채널이 아니고 지역 채널인 34번 메히퀜세(Mexiquense)에서 드라마를 방영하였으며, 주로 2009년부터 2012년까지는 한국국제교류재단이 무상으로 공급한 것이다. 무상 공급은 주로 MBC 드라마였고, 유상은 KBS 드라마만 이루어졌다. 드라마는 한 편당 1년에 1번이나 2번 방송되는데, 〈겨울연가〉와 〈대장금〉은 1회만 방송하였다. 드라마는 보통 월요일부터 토요일까지 오후 5시에 방송하고, 일요일 낮에 2회분을 모아서 재방송하였다. 한국의 70분짜리를 드라마를 멕시코에서는 3등분하여 3일에 걸쳐 방송하였다. [표 13]은 멕시코 문화원이 제공한, 멕시코에서 방송한한국 드라마 현황이다.

[표 13] 한국 드라마의 멕시코 방송 현황

구분	드라마	방송연도	지상파	케이블
무상	이브의 모든 것(MBC)	2002, 03, 04, 06	34(메히퀜세), 지역 7개주	전국(채널3)
	별은 내 가슴에(MBC)	2003, 04	34(메히퀜세), 지역 7개주	전국(채널3)
	겨울 연가(KBS)	2005, 06	34(메히퀜세)	전국(채널3)
	네 자매 이야기(MBC)	2006	34(메히퀜세)	전국(채널3)
	나는 달린다(MBC)	2006	34(메히퀜세)	전국(채널3)
	내 이름은 김삼순(MBC)	2008	34(메히퀜세)	전국(채널3)
	대장금(MBC)	2009	34(메히퀜세)	전국(채널3)
유상	아가씨를 부탁해(KBS)	2013, 14	34(메히퀜세), 지역 3개주	전국(채널3)
	꽃보다 남자(KBS)	2014	34(메히퀜세), 지역 3개주	전국(채널3)
	공주의 남자(KBS)	2015		
	풀하우스(KBS)	2016		

멕시코에서 첫 번째로 방문한 방송사는 폭스였다. 폭스의 본사는 마이애미에 있고, 남미 총괄은 아르헨티나에서 한다. 폭스에서 수잔 리베라(Susan Rivera) 편성국장과 하랄드 럼플레르(Harald Rumpler) 콘텐츠개발국장

한국 방송콘텐츠의 미래를 열다

을 만났다. 이들은 멕시코에서 새로운 드라마를 개발하는 일을 맡고 있으며 아르헨티나에 있는 남미 총괄의 승인하에 프로젝트를 진행한다. 폭스는 주로 역사드라마를 방송하려고 하며, 현재 스페인이 남미를 정복한 역사드라마를 제작 중에 있다고 하였다. 계열 채널인 FX에서는 남자와 젊은 층을 상대로 익스트림 스포츠 등을 추구하고, 폭스라이프(FOX life)는 여성을 타겟으로 한다. 남미에서는 더빙을 기본으로 하고 프리미엄 채널에서만 자막만으로 방송하기도 한다. 폭스에서도 폭스플레이(FOX Play)라는 온라인 플랫폼을 운영하고 있다. 텔레비사(Televisa)의 블림(Blim)처럼 모든 미디어 그룹들이 온라인과 모바일 서비스를 대비하고 있다는 것을 확인할 수 있었다. 텔레비사에서 〈넝쿨째 굴러온 당신〉을 리메이크하여 방송하는 것을 소개했지만 잘 모르고 있었다. 그러나 한국 드라마에 대하여 관심이 많아서 리메이크 가능한 드라마와 더빙된 드라마를 소개하였고, 더 구체적인 정보를 제공하고 협의하기로 하였다. 좀더 구체적인 논의가 진행되어 성과가 있을 것 같다는 기분 좋은 느낌을 받았다.

두 번째 방문 방송사는 멕시코 방송시장의 70%를 점유하고 있는 텔레비사(Televisa) 방송사였다. 텔레비사는 1955년에 설립된 텔레시스테마 멕시카노(Telesistema Mexicano)가 전신이며, 1973년에 경쟁사 텔레비시온 인데펜디엔테(Televisión Independiente)를 합병하면서 현재의 이름으로 바뀌었다. 현재 남미 최대 방송사로 4개의 지상파(Las Estrellas, Canal 5, Gala TV, FOROtv)와 23개의 케이블 채널 등을 갖고 있는 거대 미디어 그룹이다.

이번 방문에서 무엇보다 기분 좋은 소식은 KBS-2TV의 〈넝쿨째 굴러온 당신〉를 리메이크한 〈Mi Marido Tiene Familia〉가 시청률 1위를 달리고 있다는 점이다. 2017년 6월 5일부터 저녁 8:30~9:30까지 월부터 금요일에 텔레비사의 라스 에스텔라스(Las Estrellas) 채널에서 방영하였다. 방문하였을 당시 시청률이 좋아 한국 드라마에 대하여도 상당히 고무적이라고 하면서 "현재 102시간이 예정되어 있는데 반응에 따라 연장할 예정"이라고 하였다. 멕시코 드라마는 보통 80회를 방송하는데 101회로 시즌 1을 끝냈다. 100회까지는 60분 편성이나 마지막회는 115분이나 하였다. 평균시청률이 17.6%이고 최종회는 24.3%를 기록하였다. 한국과 달리 시즌 2를 제작하여 2018년 7월부터 방송하고 있다.

텔레비사와 미팅하면서 들은 바로는, 텔레노벨라가 너무 자극적이어서 전 가족이 볼 수 있는 드라마를 원하고 있었는데, 마침 〈넝쿨째 굴러온 당신〉을 알게 되어 선택했다는 것이다. 멕시코 한국문화원이 후안 오소리오 감독으로부터 스페인어 더빙이나 자막으로 〈넝쿨째 굴러온 당신〉을 볼 수 있는 방법을 알려달라는 연락을 받고 영어 자막으로 볼 수 있는 링크를 보내준 것이 2016년 11월이었으니 엄청 빠른 시간에 리메이크 방송이 이루어진 것이다. 그 이유를 멕시코 문화원 홍정의 행정원을 만나면서 알게 되었다. 사전에 〈넝쿨째 굴러온 당신〉에 대해 스터디를 충분히 하고 KBS미디어와 리메이크 계약을 했다는 것이다.

텔레비사에서는 현재 더빙된 드라마를 방송하는 것에는 관심이 없고 포맷에만 집중하고 있다고 하였다. KBS 드라마 20편 정도를 소개받아서 리메이크를 검토하고 있다. 그중에서도 전 가족을 아우를 수 있는 내용, 최소 80회를 끌고 갈 수 있고 인기가 있을 때 연장을 할 수 있는 스토리를 찾는다고 하였다. KBS 주말 드라마 〈왕가네 식구들〉이 그 사례이다. 한국에서 엄청난 인기를 끌어서 1년 정도 전에 직원이 소개했는데 관심이 없었다고 하였다. 담당자를 만나서 직접 이유를 물어봤더니 내용은 흥미롭지만, 확장하기가 어려워 포맷 구매를 하지 않았다고 하였다. 그래서 한국의 문영남 작가는 그 내용으로 얼마든지 연장할 수 있는 필력을 갖고 있는 분이기 때문에 원한다면 스토리를 더 부탁할 수도 있다고 답변하였다. 텔레비사에서는 한국의 감독이나 작가의 참여를 원하지 않았다. 일반적으로 아시아 국가들은 플라잉 프로듀서(리메이크를 할 때 해당 국가로 날아와 도와주는 일을 한다)를 요청한다. 그래서 연출자가 1달 정도 현장에서 원작의 느낌을 전달하기 위해 코치를 해주게 된다. 그러나 멕시코는 미국처럼 자신의 제작 능력을 높게 생각하기 때문에 그렇지 않은 것 같다. 채널을 위한 더빙 콘텐츠는 관심이 없지만, 온라인 서비스인 블림(Blim)을 위해서는 관심이 있다고 하였다. 그래서 포맷과 더빙 드라마를 모두 소개하기로 하였다.

그러나 텔레비사는 상대하기 쉽지 않다는 생각이 들었다. 베르나르도(Bernardo Alvarez Guerrero) 포맷 담당 국장을 처음 만났을 때, KBS미디어에서 〈Mi Marido Tiene Familia〉에 대한 시청률 자료를 요청했으나 내부적인 문제로 제공하지 못하지만 작가와 감독을 미팅할 때 제공하겠다고 했는데, 오소리오 감독이 갑자기 미팅을 취소하여 얼굴도 못 보고 자료도 못 받았다. 후안 오소리오 감독이 2015년 한국을 방문했을 때 필자가 KBS 내부와 콘텐츠진흥원을 통해 챙겨주기도 했는데, 막상 멕시코에 와서 푸대접을 당했다. 한국에 왔을 때도 너무 지나친 행동 때문에 불만을 산 것으로 알고 있는데, 멕시코뿐만 아니라 남미 최대 방송사라는 자존심과 유명세를 얻고 있어 기세가 하늘 높은 줄 모르는 것 같다.

또한 넷플릭스가 젊은 층 중심으로 인기가 높아지고 있기 때문에 텔레비사가 위기라는 평가들이 많다. UCLA에서 같이 공부했던 마리아(Maria Fernanda Mauzano)를 연락하여 만났는데, 텔레비사가 과거 관행대로 제작하고 있어 외면한다고 있다고 하면서, 주로 넷플릭스를 이용한다고 하였다. 한국에서 자리잡지 못하는 것과 상당히 다른 양상이다.

TV Azteca에서 필자, 타티아나 누네제, 김마루, 짐 피게로아와 함께

세 번째로 방문한 방송사는 TV아즈테카(TV Azteca)였다. 아즈테카는 살리나스 그룹이 소유자이며 멕시코에서 두 번째로 규모가 큰 회사이지만 텔레비사와 비교해서는 규모가 꽤 작다. 채널 13을 담당하는 타티아나 누네제(Tatiana Gallegos Nuneze)는 연예인 같은 외모로 반갑게 맞아주고, 한 시간 정도의 미팅이 끝나고 친절하게 스튜디오를 안내해주었다. TV아즈테카의 시장 점유율은 텔레비사의 1/3 정도밖에 되지 않지만 시설 면에서는 훌륭하였다. 아즈테카는 주로 브라질, 콜롬비아, 터키 드라마를 더빙하여 방송하고 있고, 한국 드라마에 대해서도 열려 있다고 하였다. 드라마를 결정하는 것은 첫 5회와 마지막 3회를 보고 결정하는데, 첫 에피소드를 팀원 전체가 보며 플롯, 캐스팅, 스토리 등을 살펴서 결정한다고 한다. 〈가족끼리 왜 이래〉를 소개하였더니 영화 〈노스트로스 로스 로블레스(Nosotros Los Robles)〉와 비슷하다며 한번 보라고 하였다. 나중에 내용을 찾아보니 세 명의 버릇없는 아이들이 가족의 지원을 받지 못하고 집에서 쫓겨나 상상할 수 없는 직업을 가져야 하는 이야기였다. 아즈테카는 다른 남미 국가와 마찬가지로 장편을 원하기 때문에 KBS의 주말드라마에 관심이 많았다. 그

한국 방송콘텐츠의 미래를 열다

리고 더빙된 KBS-2TV 저녁 일일극에 높은 관심을 표명하였다. 건물에 크게 온라인 플랫폼인 'Total Play'를 새겨놓을 만큼 온라인에도 적극적인 것으로 보였다.

미팅이 끝나고 친절하게 버라이어티쇼, 뉴스룸, VR 스튜디오 등을 소개해주었다. 버라이어티쇼인 〈뱅글 알레그로〉 생방송 현장에서는 타바타를 만났다. 그녀는 이 프로그램에서 방송한 한국의 K-Pop을 소개하기 위해 한국에 다녀왔다고 하면서 '안녕하세요'라는 한국말 인사와 함께 매우 반갑게 맞아주었다.

마지막 방문지는 멕시코 한국문화원이었다. 2015년 텔레비사 오소리오 감독 내한 때부터 메일로 연락을 해 오던 홍정의 행정원과 아메리카 테산(America Yalul Tessan) 행정원이 많은 이야기를 들려주었다. 오랫동안 근무해서 그런지 멕시코 한류 현황에 대하여 자세히 알고 있었다. 드라마가 방송된 내역까지 잘 정리해서 제공해주었다. 텔레비사는 재정 상태가 괜찮은데, TV아즈테카는 어려운 이유가 회계 기준으로 택한 화폐 때문이라고 하였다. 페소가 불안한 상황에서 텔레비사는 달러를 기준으로 결산하고, 아즈테카는 페소를 기준으로 하는 것이 주요 원인이라는 것이다. 카날 온세(Canal Once)는 IPN(National Polytechnic Institute) 대학이 운영하는 방송으로 어린이 프로그램을 많이 방송하고, 아시아 영화를 많이 방송하는 유일한 채널인데 유승호 주연의 〈집으로〉도 방송하였다고 한다. 여기에는 한국의 어린이 프로그램을 소개하면 되겠다는 생각이 들었다. 2016년 방송을 시작한 이마겐(Imagen)은 3번째의 전국 네트워크로 성장하겠다는 꿈을 갖고 2015년 설립되었다. 새로운 콘텐츠를 보여주겠다고 하면서 설립되었지만 초기에 투자를 많이 하지 않기 때문에 이런 곳이 자존심 센 멕시코를 공략

하는 방법의 하나일 수도 있다. 그리고 아리랑TV가 2007년에 이어 다시 멕시코 채널에서 제외되었다고 한다. 그래서 멕시코 방송사와 접촉할 때 한국의 드라마와 예능을 위주로 방송하는 KBS월드를 소개시켜달라고 요청하였다.

빅데이터 등을 활용한 AI 세상이 되었다고 하나 발로 뛰면서 얻는 정보의 가치는 여전히 중요한 것 같다. 폭스, 텔레비사, TV아즈테크, 멕시코 한국문화원을 방문하면서 콧대가 높기로 유명한 멕시코에 대한 공략 포인트를 찾은 듯하다.

과테말라

다음 방문한 국가는 과테말라였다. 과테말라는 멕시코시티에서 비행기로 1시간 30분 정도 소요되었다. 과테말라에서 한국 드라마는 〈겨울연가〉 〈가을동화〉가 2007년에 방송되기 시작하였지만 [표 14]에서 보는 바와 같이 수가 그리 많지는 않았다. 그래서 한류에 대해서 그다지 기대를 하지 않았다.

그러나 김마루 씨 후배의 부인을 만나서 이야기해보고 깜짝 놀랐다. 웬디 로페즈(Wendy Yesenia Cana Lopez)는 과테말라인으로 21세 때인 10년 전에 인터넷을 검색하면서 SBS에서 2003년 12월에 방송된 〈천국의 계단〉을 처음으로 본 이후 한국 드라마에 빠졌다고 한다. 당시는 유튜브를 통해 봤고, 지금은 넷플릭스를 통해 보고 있다. 미용사인 그는 손님이 없을 때 주로 한국 드라마를 본다고 한다. KBS 〈태양의 후예〉, KBS 〈꽃보다 남자〉, jtbc 〈12년 만의 재회 : 달래 된, 장국〉, 채널A 〈판다양과 고슴도치〉, 웹드라마 〈고결한 그대〉, 〈헤어진 다음 날〉, jtbc 〈맨투맨〉, KBS 〈아이리스〉, jtbc 〈순정에 반하다〉, KBS 〈겨울연가〉, jtbc 〈사랑하는 은동아〉 등을 줄줄이 봤다고 말했다. 웬디 주위에는 한

과테말라의 한국 드라마 팬 웬디 로페즈

국 드라마를 보고 토론하는 그룹도 있다고 하였다. 드라마를 제작했던 사람으로서 반갑기 그지없었다. 그래서 한국에 올 기회가 있으면 드라마 제작 현장을 보여주겠다고 했더니 펄쩍 뛰면서 기뻐하며 나를 대하는 태도가 확 달라졌다. 새끼손가락 걸고 엄지로 도장까지 찍으면서 약속을 하였다. 이런 행동을 하는 것을 보니 한국 드라마를 많이 본 것은 사실인 것 같다. 한국에 꼭 오고 싶다고 했는데 한국에서 만날 날이 기대된다.

[표 14] 과테말라에서 방송된 한국 드라마 현황

구분	드라마	방송연도	지상파
무상	겨울연가(KBS)	2007	과테비전
	가을동화(KBS)	2007	과테비전
	내 이름은 김삼순(MBC)	2009.6.29~ (월~금, 15:00~16:00)	과테비전
	대장금(MBC)	2009	과테비전
	아가씨를 부탁해(KBS)	2012.9.23~ (일 14:30~16:00)	과테비전
	드림하이(KBS)	2015.11~. (일 16:00~)	과테비전

과테말라에서 처음 방문한 곳은 채널 3번과 7번을 운영하는 엘 트레세

(El Trece)였다. 사전에 메일을 보냈지만 답변이 없었기 때문에, 다음 미팅까지 시간이 남기도 하고 칠레에서 메가를 방문하여 결실을 맺은 경험이 있으므로 다시 한 번 무작정 찾아가보기로 하였다. 건물에 도착하여 안내 데스크에 찾아온 용건을 말하니 사전에 약속이 안 되었다고 만날 수 없다고 하였다. 다시 두 명의 직원이 전화로 채널 담당자를 찾으니 두 채널의 담당자가 같았고, 한국 드라마를 소개하기 위해 왔고 10분이라도 만나달라고 하였으나, 일정이 안 된다고 하여 결국 만남은 이루어지지 않았다. 예전에 상사맨들도 이렇게 일을 했을 것이다. 그 덕분에 지금 한국의 상품이 세계 각지에서 인기를 얻고 판매되는 것이라고 생각하니 예전의 상사맨들에게 고개가 자연스럽게 숙여졌다.

다음 방문한 곳은 과테말라 최대의 방송사인 과테비전(Guatevision)이었다. 과테비전은 2003년 설립되었으며, 지상파 채널은 25번이고 케이블은 50번이다. 한국의 드라마는 〈겨울연가〉를 시작으로 모두 과테비전을 통해서 6편이 방송되었다. 과테비전의 헥터 몬테네그로 (Hector Montenegro) 마케팅 총괄을 만났다. 지금까지 모두 대사관을 통해 무료로 공급되었고, 일본과 중국, 대만에서도 무료 공급받고 있다고 하였다. 한국의 미니시리즈는 너무 편수가 적어서 편성을 곤란해하고 있다. 처음 만난 웬디의 사례를 얘기하니, 그동안 일부에서 한국 드라마 편성 요청이 있기도 했다고 한다. 102편의 〈뻐꾸기 둥지〉 같은 장편을 소개했을 때도 45분 기준으로 하면 79편이 되므로 짧다고 생각하고 있었다. 같이 소개한 〈태양의 후예〉 〈루비반지〉 〈천상여자〉 〈사랑은 노래를 타고〉 〈오렌지 마말레이드〉 등을 다 하면 5개월 정도에 끝날 것이라고 하면서 〈뻐꾸기 둥지〉와 〈루비반지〉에 많은 관심을 표명했다.

현재는 다른 나라에 비해 늦게 터키 드라마를 시작하였고, 반응에 따라 다른 국가 드라마를 검토하겠다고 한다. 주로 콜롬비아에서 더빙된 드라마를 선호한다고 한다. 왜냐하면 페루나 칠레에서 한 것은 발음이 다르기 때문이라고 한다. 그러나 최근에는 칠레에서도 중립적인 스페인어로 더빙하여 공급하고 있다고 한다. 또 하나의 문제는 세금이 매우 높다는 것이다. 그래서 할인 전략을 사용한다고 한다. 시청률 시스템은 보편적인 닐슨이 아니라 이보페(Ibope) 미디어 하나만 있다고 한다. 이보페는 중앙아메리카와 카리브해 전역에서 가장 큰 미디어 및 마케팅 회사이다. 그리고 과테말라의 광고 시간은 60분에 8분이 기준이고, 광고 개당 초수는 30초이다.

오후에는 과테말라 대사관을 방문하였다. 이운호 대사를 비롯하여 김오연 영사, 박진희 행정원과 과테말라의 한류에 대하여 의견을 나누었다. 과테말라는 경제적 여건이 좋지 않아 문화가 매우 발달하지 못했고, 방송도 대부분 자체 제작보다는 멕시코 등 외국에서 사온 콘텐츠에 더빙하거나 자막을 넣어서 내보낸다는 것이다. 특히 공중파는 과테말라 시내에서만 볼 수 있고, 여기를 벗어나면 케이블로 봐야 하는데 그런 여력이 안 되어 불법 박스나 온라인을 이용한다고 한다. 실제로 한인 잡지에서 메가 IPTV 광고를 보았고, 한인에게 물어보니 돈을 내기 때문에 합법으로 알고 있다고 했다. 외국인도 마찬가지라고 한다. 과테말라에서 방송된 한국 드라마 현황이 있는지 물어봤는데, 반향이 없어서 관리를 안 하고 있다는 대답에 아직은 과테말라에서 한국 드라마가 인기를 끌려면 시간이 걸리겠다는 생각을 하였다.

온두라스

세 번째 방문 국가는 온두라스였다. 온두라스는 과테말라에서 비행기로는 1시간 정도 떨어져 있다. 과테말라와 같이 지대가 높아 하늘이 아주 맑았으나 노후된 차량에서 뿜어져나오는 매연 때문에 숨을 쉬기가 어려웠다. 치안도 불안해서, 공항에서부터 총을 들고 있는 보안요원들의 모습이 낯설기만 했다. 수도 테구시갈파에 도착했는데 공항의 규모도 작고 항공기의 운항이 거의 없는 것 같아 경제 사정을 짐작할 수 있었다. 공항에 환전소도 없을 정도였다.

첫 번째 미팅은 과테말라에서 투자한 자본으로 만든 M 미디어 그룹의 채널 11(Canal 11)의 콘텐츠 수급과 편성 담당자였다. 가브리엘라 로드리게스(Gabriela Rodriguez)는 콘텐츠 수급을 담당하고, 신시아(Cynthia Zelaya)는 편성 담당자로 한국 드라마에 매우 관심이 많았다. 명함을 받고 보니 이름 앞에 'Lic.'가 붙은 것이 의아했다. 알고 보니 학사 학위를 가지고 있다는 뜻이라고 하였다. 콘텐츠 수급을 담당하는 가브리엘라에게 많은 이야기를 들었다. 무엇보다도 그는 한국 드라마에 대하여 많이 애정을 갖고 있으며, 온두라스에서는 다른 방송사와 계약하지 말고 자기와 하자는 말까지 하였다. 왜 한국 드라마를 좋아하냐고 했더니, "한국 드라마는 장면이 아름답고 스토리가 재미있다. 생김새보다는 스토리가 중요하다."고 답했다. 온두라스에서는 채널 5가 가장 영향력이 있고, 다음으로 채널 11이라고 한다. 채널 11 시청자의 70%가 26세 미만이어서 젊은 층을 타겟으로 한 프로그램을 원한다고 한다. 온두라스에서는 이제 터키 드라마를 방송하기 시작했는데 너무 비싸다고 하였다. 멕시코 노벨라보다 3배 정도의 금액을 요구한다고 하였다. 이는 다른 국가들에서 들은 바와 같아서 한국 드라마 진

한국 방송콘텐츠의 미래를 열다

출에는 좋은 정보이다. '초콜레타'라는 새로운 채널을 론칭하여 여성층에 소구할 채널로 만들려고 한다는 것이다. 그래서 KBS의 청춘드라마와 새로 만들고 있는 〈학교 2017〉 같은 드라마를 제안하면 좋겠다고 의견을 전달하였다. 현재 로컬 온라인 플랫폼을 구축하고 있는데 VOD 서비스를 만들고 있고, 향후 인근 국가로 확장하려고 한다고 하여 KBS아메리카에는 스페인어로 더빙된 한국 드라마가 많으니 공급해주겠다고 하였다. 온두라스도 투자가 디지털 쪽으로 가고 TV 산업은 축소되고 있기 때문에 공동 제작을 통해 돌파구를 만들어 나가기를 희망하고 있다고 하였다.

두 번째 방문한 곳은 VTV였다. 엔마 칼데론(Enma Calderon) 제작국장과 밀레이디(Mileydy) 편성국장을 만났다. VTV가 텔레노벨라를 많이 편성하고 있어 방문했으나, 드라마 결정권은 마이애미에서 갖고 있다고 한다. 매우 조그만 규모의 방송사로 자체 제작은 뉴스와 토크쇼 정도였다. 아시아 드라마로는 대만 드라마를 방송한 적이 있고, 한국 드라마의 품질에 대해서는 익히 잘 알고 있다고 하였다. 이처럼 시행착오를 겪기는 했지만 소중한 정보를 얻었다. 만나지 않으면 메일을 보내도 답도 없고, 전화도 잘 받지 않기 때문이다.

마지막으로 다음 날 신성기 온두라스 대사와 손광득 부영사를 만났다. 대사님이 전날 행사가 있어 시간이 없으니 조찬 미팅을 하자고 하셨다. 멀리서 찾아왔는데 이렇게 아침에라도 보자고 하는 것을 보면서 참으로 열심인 분이라는 생각을 했다. 짧은 시간 동안 알찬 미팅을 했다. 지난달에는 창원에서 열리는 'K-Pop 페스티벌'을 위한 온두라스 대회를 처음으로 센트럴 방송사와 공동 개최하여 성황리에 마쳤고, 조만간 방송이 될 것이

온두라스의 호텔리어 사이다

라고 하였다. 한류 동호회를 통합하여 공관에서 미팅도 했고, 10월에 통합 행사를 개최하면서 KBS아메리카에서 직접 참가해주었으면 좋겠다고 하였다. 필요한 자료를 최대한 제공하기로 하고, LA로 돌아와서 포스터 파일 등 필요한 자료를 제공하였다. 두 분 다 남미통이어서 그런지 남미에 대한 열정이 대단히 많고, 한류를 이끌어내기 위해 혼신의 노력을 다하는 것 같다는 느낌이 들었다.

무엇보다도 온두라스에서 즐거운 일은 호텔리어 사이다(Sayda)를 만난 일이다. 일본계인 그는 스페인어, 영어, 일어, 중국어가 완벽해 보였고, 한국어도 꽤 잘한다. 한국 드라마와 K-Pop을 너무 좋아한다고 하였고, 같이 근무하는 친구들 세 명도 한국 드라마를 좋아한다고 하여 깜짝 놀랐다. 어떻게 보냐고 했더니, 온라인으로 입금하면 USB를 보내준다고 하였다. 또한 넷플릭스를 통해서도 많이 본다고 한다. 〈태양의 후예〉도 봤고, 〈꽃보다 남자〉 〈개인의 취향〉 등이 좋았다고 한다. 가수 중에는 GD를 좋아한다고 하였다. 이처럼 방송이 안 되어도 한류는 꿈틀대고 있어, 이럴 때 적극적인 공략이 필요하다는 것을 절실히 느꼈다.

한국 방송콘텐츠의 미래를 열다

푸에르토리코

마지막 출장 국가는 푸에르토리코였다. 짐 과장의 고향이기도 하여 기대도 되었고, 미국령으로 LA에서 가장 동쪽에 있는 도시국가여서 설레었다. 그러나 경유지인 마이애미 공항에서의 연착과 비행 취소로 탑승했다가 내리는 우여곡절 끝에 7시간 만에 출발하여 푸에르토리코에 새벽 5시에 도착하였다. 숙소에는 6시 정도에 도착하여 2시간 정도 눈을 붙이고 바로 일정을 시작하였다.

첫 번째 방문한 곳은 WIPR TV였다. 우리를 맞은 더글러스(Douglas Mendoza)는 NBC 마이애미에서 22편의 드라마를 제작했다고 한다. WIPR은 전에는 국영이었으나, 지금은 상업방송이 되었고, 계속 성장하고 있다고 했다. 제작자로서 세계의 드라마에 대해 항상 관심이 많으며, 남미에서는 베네수엘라가 가장 드라마를 잘 만든다고 생각하고, 한국의 드라마 제작 수준에 대해 매우 높게 평가하였다. 그의 일은 텔레문도의 작품 중에서 드라마를 선택하는 것이며, 현재 재정 상태가 좋지 않아 높은 금액을 주고 구입할 수는 없으나 한국의 좋은 콘텐츠를 푸에르토리코에 소개하여 물꼬를 트고자 하니 도와달라고 했다. 이에 동감을 표하여 어떻게든 해보고 싶은 생각이 들었다. 한국의 드라마에 대해 이해하고 인정하는 곳과 비즈니스를 해야 향후에도 좋은 관계를 꾸준히 가져갈 수 있다. 실제로 그는 "이렇게 우수한 한국 드라마를 소개해주러 방문해준 것이 영광이며, 한국 드라마가 베네수엘라 드라마처럼 50개국에서 방송될 수 있다고 생각한다"고 하였다. 〈뻐꾸기 둥지〉 〈루비반지〉 〈천상여자〉 〈뮤직뱅크〉 등을 제안하였고, 그는 내부적으로 논의하고 진행하기로 하였다. 동양의 문화와 얼굴을 수용하는 데 장애가 있을 것 같다고 했더니 이에 대한 그의 대답이 계속 뇌리에 남아 있다. "WIPR은 다양성을 추구하기 때문에 좋은 품질의 드라마를 시청자에게 보여주려고 하는 것이고, 성공하면 계속 이어진다. 문을 두드리는 것이 중요하다." 그의 속마음은 어떨지 모르지만, 마켓에서 사업의 논리로만 하는 접하는 것과는 너무 다른 미팅이었다.

오전에 미팅을 했는데, 당일 오후에 〈뻐꾸기 둥지〉와 〈루비반지〉를 구매할 의향이 있으니 바로 진행하자고 연락을 해왔다. LA에 돌아와서 실제로 계약을 하였다. 또한 〈천상여자〉를 더빙하고 구매하는 형태로 진행하는 새로운 모델을 개발도 하였다.

WIPR TV와의 인연은 계속 이어져서, 〈뮤직뱅크〉를 유치하고 공동 제작하기 위한 MOU를 맺고자 리카르도 로세요(Ricardo Rossello) 푸에르토리코 주지사의 초청으로 9월 18일 방문하여 체결식을 하려고 하였다. 그러나 불행하게도 당시 태풍이 불어 방문하지 못하고 필자가 본사 발령을 받아 복귀하면서 무산되었다. 이후 후임 사장이 콘텐츠사업팀을 해체하면서 더 이상의 진전을 보지 못했다. 콘텐츠 비즈니스를 적극적으로 진행한 사람으로서 참으로 안타까운 일이었다. 이런 네트워크를 구축하려면 매우 긴 시간이 필요하기 때문이다.

다음은 푸에르토리코 영상위원회의 페드로 호베(Pedro J. Run Jove) 국장을 만났다. 무엇보다도 그는 한국에 대해 잘 알고 있었고, 전에 방송한 KBS 드라마를 4만 가구, 10만 명이 시청했다고 한다. 한국 드라마가 덜 폭력적이고, 성적 표현이 낮으며, 감정에 잘 소구하는 점들을 특징으로 생각하고 있었다. 우리가 갖고 있는 드라마를 소개하고 스토리를 팔 수 있는 가능성을 모색하기 위해 만났는데, 뜻밖에 자리가 갖고 있는 힘(?)으로 방송사 텔레문도와 WAPA의 사장도 소개해 주었다.

그리고 영화와 드라마 등의 제작의 유치를 희망했다. 최소 푸에르토리코에서의 제작비가 2만 5천 달러가 되어야 하고, 제작 장소가 푸에르토리코라고 명기하면 50%까지 지원해준다고 한다. 그래서 〈인간극장〉 소재를 찾아 제작하면 좋겠다는 생각을 하였다.

같이 미팅했던 마르빈 크레스포(Marvin Crespo) 홍보 담당자도 한국 영화 〈용의자〉를 1주일간 촬영했다는 이야기를 들려주면서, 한국 드라마의 우수성을 잘 알고 있으며 "한국 드라마의 품질이 좋기 때문에 터키 드라마의 벽을 깨기를 희망한다."고 말했다.

당일 마지막 미팅은 텔레문도였다. 영화위원회 바로 옆에 있는 텔레문도를 방문했다. 텔레문도는 마이애미에 본사가 있어서 그곳을 통해서만 판매가 되는 것으로 알고 있었으나, 별도 법인이라고 하여 직접 방문해보기로 하였다. 바로 직전 영화위원회의 페드로가 소개해주어서 수월하게 미팅을 하였다. 사장은 출장 중이어서 직원을 만났는데, 한국 드라마에 대해서는 잘 모르고 있었다. 사장과의 미팅을 주선해주기로 하고 헤어졌으나, 사장이 출장 중이라 우리의 출장 기간 중에는 미팅이 불가능하여 나중에 연락하기로 하였다. 그러나 나중에 다시 연락이 오기를 드라마 구입은 마이애미에서 결정한다는 것이었다. 문제는 텔레문도는 SBS의 드라마를 직접 더빙하여 남미에 독점으로 공급하고 있어, KBS 드라마는 구입할 수 없다는 것이었다.

다음 날 10시에 WAPA TV와 미팅을 했다. 지미 구르스테인(Jimmy Arteaga Grustein) 사장을 만났는데 푸에르토리코 최대 방송사의 사장답게 매우 자존심이 세고, 분명한 견해를 갖고 있었다. 10년 전에 푸에르토리코 3위의 방송사였는데 9년 전부터 1위를 지키고 있다고 한다. 푸에르토리코 방송시장은 복잡하여 어떤 프로그램이 인기가 있다고 하기 어렵다고 한다. 외국 드라마로는 터키 드라마를 2편 방송하고 있고, 한국 드라마는 SBS 드라마 〈엔젤아이즈〉와 〈결혼의 여신〉을 2016년 8월부터 방송하였으나 크게 인기가 없었다고 한다. 방송시장이 변화하여 장편을 원하지 않는다(반면, 동석한 셀레스테는 그래도 장편을 선호한다고 했다)고 하여 왜 장편 위주의 터키 드라마를 편성하는지 질문했더니, 터키 드라마와 한국 드라마에 대한 분명한 관점을 표명하였다. "터키 드라마는 콜럼부스의 여행부터 시작되는 스페인의 역사를 그리고 있기 때문에 소구력이 있는 남자 주인공 지향의 드라마인 데 반해, 한국의 드라마는 대체로 로맨스 위주의 드라마로 여성 지향의 드라마이다." 〈뻐꾸기 둥지〉와 〈루비반지〉가 페루의 파나메리카에서 전작에 비해 시청률이 상승하여 성공적으로 방송되었다고 해도, 그곳은 5위의 방송이며 낮 시간에 필러처럼 방송되는 것이고 시청률이 의미가 없다고 애써 부정하려고 하였다. 그리고 지미 사장은 콜롬비아 시장을 크게 생각하였다. 콜롬비아에 새로운 채널을 론칭하였고, 콜롬비아에서 제작하고 더빙하는 것을 선호하는 것처럼 보였다. 지미 사장의 터키와 한국 드라마에 대한 솔직한 이야기는 마음은 아팠지만 다른 곳에서 쉽게 듣지 못한 큰 수확이었다.

그리고 12시에는 영화 커미셔너 이네스 에찬디(Ines Mongolian Echandi)를 만났다. 그는 영화감독협회에 가입되어 있고, 현재 2개의 영화 세팅을 하고 있다고 한다. 또한 공유 주연의 영화 〈용의자〉와 삼성 웹드라마 〈SOS 섬〉도 세팅해주었다고 한다. 비행기 티켓을 푸에르토리코에서 끊으면 제

한국 방송콘텐츠의 미래를 열다

작비에 포함되고, 크레딧을 받는 데는 12~18개월이 걸린다고 한다. 미팅 이후 바로 푸에르토리코의 세금 혜택에 대한 정보를 메일로 받았고, 향후 진행이 되면 연락하기로 하였다.

이후 푸에르토리코 유일의 한국 음식점인 'Taco K'를 방문하였다. 푸에르토리코 정부에서 제공하는 세금 혜택과 인센티브를 받으면서 프로그램을 제작할 수 있는 소재를 찾기 위함이었다. 이한주 사장이 시카고 출장 중이라 만나지는 못했지만, 멕시코에서 살다가 방사선과 의사인 푸에르토리코 부인과 결혼하여 음식점을 하고 있다는 점까지 있어서 〈인간극장〉 소재가 될 것 같았다. 한국에서 멀기는 하지만 세금 혜택을 받으면서 제작을 한다면 가능성이 있지 않을까 생각하였다. 연락처를 남기고 왔음에도 끝내 연락이 오지 않았다.

제4장

한국 방송콘텐츠와 연계된 비즈니스를 개발하다

미국의 콘텐츠 기업이 변화된 환경에 대응하고 생존하기 위해 취하고 있는 전략이 비즈니스의 확장이다. 모든 기업들은 매출이 정체하거나 감소하면 주가의 하락으로 이어지기 때문이다. KBS아메리카는 비록 상장기업이 아니지만 새로운 수익원을 창출하지 않으면 방송의 영향력이 감소하므로 새로운 비즈니스를 개발해야 했다.

이 장에서는 KBS아메리카에서 필자가 추진했던 사업들을 소개한다.

1. 한국 영화 배급

모든 기업은 사업을 확장하려고 한다. 가장 많은 채택하고 있는 확장 방법은 인수 합병(M&A)이다. [그림 14]에서 보는 바와 같이 구글, 페이스북, 애플 등도 여전히 매년 많은 기업을 인수하여 성장하고 있다.

그러나 KBS아메리카라는 곳은 이러한 일을 하기가 너무 어려운 곳이다. 자본도 부족하고, 수익이 나면 저작권료를 높여서 수익이 거의 나지 않도록 통제하기 때문이다.

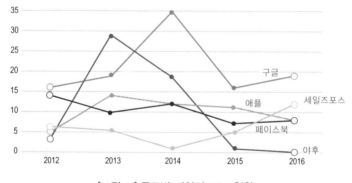

[그림 14] 글로벌 기업의 M&A 현황

부임하고 얼마 되지 않아 2011년 UCLA 연수 시절에 만난 이경준 씨가 방문하였다. 당시 CJ에서 영화 배급 부문을 개척한 분이다. KBS아메리카와 영화 배급 업무를 같이 하고 싶다고 제안하여, 그 자리에서 고맙다고 하면서 꼭 같이 해보자고 하였다. 얼마 지나지 않아 다시 방문하여 정식으로 협력하기로 합의하였다. 나중에 들어보니 여러 곳에 제안을 하였는데 그중에서 가장 필자가 가장 적극적이어서 같이 해보기로 했다고 하였다.

당시 KBS아메리카는 영화 배급을 해본 적이 없었던 터에 영화 배급의 전문가가 협력을 제안했기 때문에 안 할 이유가 없다. 영화를 배급하기로 결정한 주된 이유는 기존 방송콘텐츠 유통의 네트워크를 활용하여 콘텐츠 비즈니스를 확장해보기 위함이었다. 미국 시장에서 한국 영화의 인지도가 높아가고 있고, 기존에 좋은 성과를 올린 작품도 많았다. 〈부산행〉의 경우 200만 달러, 〈인천상륙작전〉은 100만 달러의 박스(극장 수입)를 기록하였다. 극장 수입 외에 온라인 유통과 DVD 유통을 통해 추가 수익을 올릴 수 있다. 또한 KBS아메리카는 영화를 모아서 영화 주간 같은 특별 편성을 통해 광고 패키지도 만들 수 있다.

이외에도 KBS아메리카는 미 전역에 2,300만 가시청 가구를 갖고 있고, 보도 기능을 갖고 홍보에 많은 강점을 지니고 있다. 전파의 슬롯은 일단 비용이 들어가지 않으니 홍보비에 대한 부담이 적다. 대신 영화가 잘되면 홍보비를 비용으로 처리할 수 있으니 광고 수입이 발생하게 된다. 대부분의 영화는 시사회를 한다. 이때 광고주 등 VIP를 모셔서 좋은 관계를 유지할 수도 있다.

2015년 〈대호〉를 시작으로 영화 배급을 하였다. 〈대호〉는 대작이라는 소문을 듣고 사전에 영화를 보지 않고 11월 개최되는 아메리칸 필름 마켓 (AFM)에서 영화배급사 NEW와 계약을 하였다. 부임 전 드라마 〈태양의

후예〉를 하면서 만났던 장경익 대표가 배급사인 판다 대표여서 대화하기
가 편한 점도 작용하였다. 미국에서는 스크리너를 제공하지 않아 아는 지
인들을 시사회에 초대하도록 하여 반응을 살폈는데 10인 10색이었다. 개
인의 취향은 있지만 예상 관객 수가 극과 극이었다. 첫 번째 배급한 영화
〈대호〉는 흥행하지 못했다. 미국 영화의 흥행은 한국 흥행과 거의 절대적
인 상관관계에 있다. 이때 배운 것은 영화는 무조건 스크리너를 보고 결정
해야 한다는 점이다.

　UCLA에서 공부할 때 파라마운트 사장이 영화 트레일러 5개를 들고 와
서 반응을 확인한 적이 있다. 그는 아래에서 올려준 리포트는 전혀 보지
않고 본인 혼자 결정한다고 하였다. 당시 4년간 사장을 역임하고 있었으
니 그의 선구안은 꽤 괜찮았다는 증거이다. 최종 책임은 외로운 CEO의
몫으로 남아 있다. 대표적인 것이 〈더 킹〉이었다. 2016년 AFM에서 시사
회를 가졌다. 네 명이 보았는데 두 명은 1천만은 보장된 영화라고 좋아하
였다. 필자의 느낌은 너무 밋밋하다는 느낌이고 메시지가 약했다. 그러나
제작비, 배우 캐스팅, 한국에서 반응, 탄핵 국면의 사회 환경 등이 뒷받침
되어 엄청 기대된다는 것이 평가여서 가장 높은 금액을 투자하였다. 결과
는, 손해는 보지 않았지만 기대에 훨씬 못 미쳤다. 그래도 KBS아메리카와
온디맨드코리아[1]의 힘을 보여준 작품이라고 볼 수 있다. 한국에서는 동시
에 개봉한 〈공조〉가 누적 관객 수 781만을 기록한 데 비해 대박을 기대하
던 〈더 킹〉은 531만 명으로 끝났다. 그러나 〈더 킹〉은 사전에 〈공조〉에 앞
서 마케팅 준비를 잘한 덕분에 미국에서는 〈공조〉보다 30% 정도 많은 극

1　영화사업을 파트너인 이경준 대표가 OTT 업체인 온디맨드코리아 부사장이
　　되어 온라인 마케팅도 병행할 수 있었다.

장 수익을 올렸다. 미국 영화의 흥행은 한국 흥행과 거의 절대적인 상관관계에 있는데, 〈더 킹〉은 이 관행을 깬 것이다. 〈더 킹〉은 철저한 준비와 적극적인 마케팅이 관행을 바꾼다는 보여준 작품이다.

　마지막으로 배급한 작품은 〈범죄도시〉이다. 처음에는 신인 감독의 작품인 데다 눈에 띄는 캐스팅도 아니라서 큰 기대를 하지 않고 스크리너를 보았다. 그런데 다른 곳에 시선을 돌릴 틈도 없이 계속 궁금증을 불러일으키며 전개되었다. 윤계상의 악역도 일품이었다. 작품성은 충분하다는 생각이 들었다. 다만, 조선족을 나쁘게 다루는 것이 걸렸는데, 실화를 바탕으로 했으니 크게 문제될 것은 없을 것 같았다. 살인 장면이 청소년 관람불가일 정도로 매우 잔인하기는 하나, 구체적으로 보여주지 않아 그 정도는 넘어갈 수 있을 것 같았다. 그래서 작품을 보고 투자 금액도 더 인상한 작품이다. 그런데 개봉을 하고 보니 한국에서 평이 안 좋다던 〈남한산성〉이 개봉 1주일 만에 관객 수 300만을 넘어섰다. 그러나 〈범죄도시〉는 좌석 점유율 1위를 하면서 스크린이 늘어나고 관객 수가 증가하면서 6일 만에 〈남한산성〉을 역전시켰고, 누적 관객 수가 600만을 넘어섰다. 청소년 관람불가임에도 엄청난 흥행을 했고, 적은 비용으로 가장 많은 수익을 올린 작품이 되었다. 청소년 관람불가의 영화로는 역대 3위의 기록이다. 1위는 2001년에 나온 곽경택 감독의 〈친구〉(818만 명)으로 넘사벽이다. 2위는 2015년에 나온 우민호 감독의 〈내부자들〉(707만 명)이다.

　이외에도 〈특별수사〉〈사랑하기 때문에〉〈당신 거기 있어줄래요〉〈로봇소리〉 등을 7개 작품을 배급하였다. CEO로서 새로운 비전을 갖고 추진한 사업으로 향후 좋은 성과가 지속되리라 믿었다. 그러나 필자가 본사로 발령난 이후 KBS아메리카에서 영화 배급은 중단되었다.

2. 투어 비즈니스

언뜻 보면 방송사에서 웬 투어 비즈니스를 하느냐고 할 수도 있겠다. 이 사업은 우연한 계기에 의해 시작되었다. 2016년 5월 동기인 추재만 촬영 감독에게 연락이 왔다. 〈순례〉라는 다큐멘터리 제작을 위해 LA에 오는데 짐을 맡아주었으면 좋겠다는 것이다. 당연히 사무실에 보관해주겠다고 했고, 이것이 새로운 사업 아이템 개발의 단초로 작용했다.

〈순례〉 제작팀은 PCT(Pacific Crest Trail)[2]를 따라 걷는 순례자를 촬영하러 왔다. PCT 편은 2017년 9월 15일에 〈4300km 한 걸음 나에게로〉라는 제목으로 방송이 되었다. 촬영팀이 방송사로 왔을 때 제작팀 가이드를 한 엠투어 여행사 마테오 김을 만났다. 그는 페루에서 고등학교와 대학교를 나왔고, 대학 때 한국에서 촬영팀이 오면 아르바이트로 가이드를 하던 것을 본인의 여행 사업으로 전환시켰다고 한다. 촬영을 두 번 왔는데 두 번째에

---

2 미국 서남부 멕시코 국경부터 서북부 캐나다 국경까지의 미국 서부를 종단하는 4,279km의 장거리 트래킹 코스.

한국 방송콘텐츠의 미래를 열다

는 같이 여행사를 하는 김용환 대표를 만났다. 이 여행사가 시카고에 있었는데, 그해 10월 시카고 제휴사를 방문했을 때에 김용환 대표를 다시 만났다. 이 미팅에서 PCT를 여행상품화하자는 의견을 내었다. 그랬더니 이 여행사에서 안내한 프로그램이 더 있었다. 2013년에 방송된 VJ특공대의 〈캐나다 단풍 기차〉, 2014년에 방송된 〈안데스 8,000km〉, 2017년 방송된 〈요리인류〉 등이다. 그래서 이러한 프로그램을 찾아가는 여행상품을 만들어보자는 데 의견이 일치하였다. KBS아메리카는 마케팅을 담당하고, 엠투어는 여행 가이드를 하는 모델로 합의되었고, 2017년 5월 KBS 본사로부터 사업 승인을 받고 추진하였다.

　미국은 주별로 규제가 상이하다. 시카고는 여행사업 허가를 받지 않고도 사업을 진행할 수 있으나 캘리포니아는 반드시 신고를 해야 한다. 그래서 한동안 KBS아메리카 이름으로 모객을 못 하였다. 그렇다 보니 모객이 쉽지 않게 되었다. 그래서 엠투어가 LA에서 규모가 가장 큰 여행사와 제휴하는 방법을 택하여 진행하는 아이디어를 냈다. 협의가 잘 진행되다가 끝내 합의가 안 되었다고 들었다. KBS 프로그램을 활용한 투어 사업은 기존 여행사의 상품과 차별화하여 KBS 프로그램과 관련된 코스를 고품격의 여행 상품으로 개발하여 관광객에게 제공하려는 목적이었다.

　실제로 여름 휴가 겸 답사 성격으로 페루 미식 기행을 두 가족이 다녀왔다. 패키지의 고질적인 상점 방문이 없어 좋았고, 고급 호텔과 고급 식당에서 아주 행복한 8일을 보냈다. 일반 패키지에서는 가지 않는 와이너리 숙박은 쉽게 경험할 수 없는 추억을 만들어주었다.

　최종 상품은 [표 15]에서 보는 바와 같이 페루 미식 기행, PCT 체험 트래킹, 캐나다 단풍 기차, 파타고니아 트레킹, 페루 & 볼리비아 등 5가지를 출시하여 스팟 광고도 내고 모집을 하였다. 또한 한국에 있는 여행사와 연계하여 한국의 관광객을 모집하는 것이 관건인데, 사업이 정상 궤도에 들어서기 전에 귀임하여 안타까웠고, 이후 사업은 중단되었다. 다만 페루 미식 기행 상품은 엠투어에서 자체적으로 진행하고 있다.

[표 15] KBS아메리카 투어 상품(안)

상품	관련 프로그램	여행 기간	연간 회수
페루 미식 기행	요리인류(2017.4)	8일	6
PCT 체험 트레킹	순례(2017.9)	11일	6
캐나다 단풍 기차	VJ특공대(2013.10)	5일	6
파타고니아 트레킹	안데스 8,000km(2014.3)	11일	6
페루 & 볼리비아	안데스 8,000km(2014.3)	14일	6

엠투어가 게시한 '페루디럭스 일주 8일' 포스터

한국 방송콘텐츠의 미래를 열다

3. 커피 아카데미 개설

개인적으로 커피를 좋아하지는 않는다. 그런데 어떻게 커피 사업을 하게 되었을까? 이것은 정말로 비즈니스의 기회를 잘 포착한 것과 배움에 대한 열정이 만들어낸 결과라고 생각한다.

사무실 인근에 'HAUS'[3]라는 음식점이 있다. 여기 김은상 사장은 하와이에서 코나 커피 농장을 15년간 운영했고, 커피비평가협회 회장이기도 하다. 필자는 이 음식점에서 식사를 하다가 맛있는 커피를 마시면서 커피의 세계에 입문하게 되었다.

사무실 공간을 조정해서 일정한 공간을 마련하고 HAUS에 임대를 해주었다. 2016년 1월부터 커피 교육 시설을 갖추고 창업반 강의를 시작하였다. 저녁 시간에 실시되고 있어서 필자는 건물 관리도 할 겸 청강하다가 끝까지 정주행을 하기에 이르렀다. 그래서 커피 종류에 대해서도 배우고, 커피 테스트도 해보고, 커피 아로마 킷 구분도 해보고, 드립하는 법, 에스

---

3   2018년 건물 리모델링으로 인해 폐업하였다.

필자의 커피 테이스터 자격증

프레소 머신 사용법, 라테 아트 등을 배웠다. 그리고 커피 테이스터 자격증까지 받았다. 세계적인 커피 석학인 션 스테이먼 박사(Shawn Steiman, Ph.D)가 진정한 커피 전문가란 누구냐라는 질문에 "많은 사람들이 첫 손가락에 꼽는 것이 향미 전문가, 커피 테이스터"라고 답했을 정도로 귀중한 자격증이다. 자격증은 완성이 아니라 시작이라는 말이 있다. 자격증을 취득했어도 이후 열심히 노력을 해야 테이스터로서의 자질을 유지하고 키워갈 수 있다. 향을 잘 구분하지 못하지만 이때 배운 지식을 동원하여 매일 아침 집에서 커피를 드립하여 마나님에게 바친다. 유일하게 집에서 부인을 위해 해주는 서비스이다. 또한 사장 시절 사무실에서도 손님이 오면 직접 보이차를 대접하거나 커피를 드립하여 서비스하였다. 여직원이 차 심부름을 하지 않으니 편했을 것 같다.

커피 공부를 하고 안 좋은 점이 생겼다. 바로 스타벅스 커피를 좋아하지 않게 된 일이다. 스타벅스는 로스팅을 너무 강하게 해서 커피가 너무 쓰기도 하고, 특히 식으면 더 쓴맛이 나서 마실 수가 없다. 지금은 아예 에스프레소를 마시곤 한다. 지금까지 마신 커피 중에 가장 맛있던 것은 에디오피아의 모모라였다. 신맛이 나면서도 강하지 않고, 바디감도 있고, 너티의 고소함이 느껴진다.

커피를 배우면서 커피와 관련된 사업에 대한 아이디어가 늘어나기 시작

한국 방송콘텐츠의 미래를 열다

하였다. 우선 2014년 깨끗하게 리모델링한 로비를 활용하여 테이크아웃 전용 커피숍을 오픈하려고 하였다. 인근에 커피숍이 없어서 좋은 품질의 커피라면 경쟁력도 있고, 사무실에 배달도 할 수 있다는 판단이었다. 그러나 사옥이 1956년에 지은 건물이어서 그런지 화재를 방지하기 위한 스프링클러가 설치되어 있지 않았다. 1층에만 설치한다면 비용이 조금 들어도 시도를 했을 텐데, 자칫 건물 전체가 문제가 될 수도 있다고 하여 포기하였다.

다음으로 영화와 마찬가지로 KBS아메리카라는 채널의 장점을 활용하여 뭔가 할 수 있지 않을까 고민하다가 KBS미디어에서 하는 아카데미가 떠올랐다. 공영방송으로서 시청자에게 서비스할 수 있다는 생각을 가졌고, 커피를 시작으로 할 수 있는 일이 꽤 있을 것이라 판단하였다. 미국 커피시장을 스터디하고 수익성을 분석하여 KBS Amercia와 HAUS의 롤을 구분하여 본사에 승인 요청을 하였다. 그러나 담당 본부장이 반대했다. 이유는 단순히 KBS 브랜드를 빌려주는 것은 안 된다는 것이다. 담당 본부장에게 통화하려고 문자를 보냈더니 "내가 왜 당신과 통화해야 하느냐?"며 대화도 하지 않으려고 하였다. 커피 아카데미 사업 때문에 설명을 하려고 한다고 했더니, "국장이나 부장이 부정적이더라."고 하였다. 이렇게 소통도 못 하고 아랫사람 핑계나 대는 사람이 본부장이라니 답답하였다. 결국 포기하고 상황이 바뀌기를 기다렸다. 얼마 안 있어 조직 개편이 되고 라인이 전부 바뀌었다. 다시 승인 요청을 하니 바로 승인이 났다. 8월에 HAUS와 계약을 맺고 9월부터 아카데미를 시작하였다.

앞에서 소개했듯이 드라마를 마케팅하기 위해 남미 출장을 여러 번 다녀왔다. 브라질, 콜롬비아, 에콰도로, 페루, 과테말라, 온두라스, 푸에르토리코, 멕시코에서 원산지에서 커피를 마셔보았고, 원두를 사 와서 같이 회사 직원들과 마시기도 하고, 손님이 오면 대접하기도 하였다. 특히 KBS 아메리카 토크쇼 〈이슈와 공감〉을 녹화할 때는 출장 등의 업무가 발생하지 않는 한 반드시 커피를 직접 드립하여 MC와 게스트에 제공하였다. 이 것이 프로그램 진행자나 초대손님에게는 각별하게 여겨졌던 것 같다. 사장이 직접 관심을 기울이기 때문에 프로그램이 잘된다는 진행자 영 킴[4]의 칭찬이 항상 고마웠다.

커피를 공부하면서 스페셜티 커피라는 것을 알게 되었다. 오타쿠처럼 커피에 빠지지는 않지만 LA에 있는 스페셜티 커피숍에 가보기도 하고, 해외에 출장 가면 원두를 사 와서 같이 마시기도 하고, 스페셜티 커피 관련 다큐멘터리 기획을 하기도 하였다. 미국에는 스타벅스 브랜드가 프랜차이즈 커피 시장을 장악하고 있지만, 점차 스페셜티 커피로 기호가 변하고 있기 때문이다.

미국 서부에는 스페셜티 커피 전문점이 많이 있다. 한국인들이 김치보다 많이 소비하는 음식이며, 김은상 HAUS 사장과 정철 여행작가와 함께 기획안을 만들어 KBS 본사에 제안하였다. KBS의 명품 다큐멘터리 〈실크로드〉 같은 작품을 만들고자 〈커피로드〉로 가제를 정하고 추진하였다. 본사에서 기획안이 승인이 나고 담당 연출도 정해졌으나 끝내 협찬이 정리가 되지 않아 무산되었다. 언제가 다시 추진해보고 싶다.

〈커피로드〉 다큐는 미국 서부를 투어하는 것이지만, 지역별로 관광객을 대상으로 커피 투어를 하는 곳이 있다. 바로 미국 서부 오레곤 주의 포틀

---

4   영 킴은 캘리포니아 하원의원(2014.12~2016.11)출신이며, 미국 연방 하원 외교 위원장인 에드 로이스(Ed Royce)가 물려주는 지역구에 출마하여 지난 6월 프라이머리에서 1위를 기록하여 11월에 한인으로는 김창준 의원에 이어 두 번째로 연방 의원이 될 가능성이 높은 인물이다.

랜드시이다. Cup and Bar, Ristretto Roasters, Nossa Familia, Sisters Coffee company, Olé Latte Coffee 등 다섯 곳의 스페셜티 커피 전문점을 투어하는 상품이다. 아메리카노, 라테, 에스프레소 등을 마시고, 커피 맛을 테스트하는 커핑, 커피 로스팅을 하는 것을 40달러에 경험할 수 있다. 한국어 통역 서비스는 주 1회 있으며 추가 요금을 내야 한다.

커피 투어를 하면서 LA에도 스페셜티 커피 전문점이 많이 있으니 이를 벤치마킹하여 KBS 커피 아카데미에서도 이러한 사업을 하면 좋겠다는 생각이 들어 HAUS 사장에게 소개하였다. LA에서 음식점을 소개하는 유명 사이트인 이터닷컴[5]에 보면 15개의 유명 커피숍을 소개하고 있다. G&B @ Grand Central, Intelligentsia Coffee & Tea, Dinosaur Coffee, Paramount Coffee Project, Go Get Em Tiger, Cognoscenti Coffee Bar, Verve Coffee, Copa Vida, Bar Nine, Blacktop Coffee, Blue Bottle Coffee, coffee colab, Menotti's Coffee Stop, Eightfold Coffee, Endorffeine 등이다.

5   https://la.eater.com/maps/best-coffee-los-angeles

4. K-Pop 페스티벌

　K-Pop은 전 세계에서 열광적인 인기를 얻고 있다. 이에 따라 2011년부터 매년 창원에서 'K-Pop 월드 페스티벌'이 펼쳐진다. 세계 각국에서 이 대회에 참가하기 위해 경연을 펼친다. 미국에서는 2015년 5회 대회까지는 도시별로 선발하여 한국에 추천하면 한국에서 참가를 결정하는 절차를 거쳤다.

　KBS아메리카에 부임하여 5회 대회를 치르면서 미국 전국대회를 해도 좋겠다는 생각을 하였다. 또한 외국계 광고 판촉을 위해 뉴욕에 갔을 때는 K-Pop을 키워 협찬을 유치할 수 있겠다는 생각도 하였다. 그래서 2016년에는 미 전국대회를 하기로 계획을 세웠다. 2015년 말부터 공동 주최하는 문화원과 협의를 하고 추진하였다. 또한 미국에서 K-Pop의 확산에 크게 기여하는 K-Con 행사와도 협력하기로 하였다. 전국대회의 의미는 지역별로 개최되던 K-Pop 콘테스트를 한류 팬들의 증가에 맞추어 미주 전국대회라는 더 큰 장을 마련하였고, 다채로운 한류 축제의 개발을 통한 한류의 지속적인 성장에 기여하는 하는 것이다.

KBS아메리카가 처음이자 아마도 마지막(2017년부터는 LA 대회로 축소)으로 2016년 7월 31일 실시한 전국대회에는 미국 주요 7개 도시인 LA, 뉴욕, 워싱턴 DC, 샌프란시스코, 시애틀, 애틀란타, 댈러스에서 예선을 거쳐 엄선된 보컬 9개 팀과 댄스 12개 팀 등 총 21개 팀 77명이 결선에 올라 K-Pop에 대한 열정과 실력을 마음껏 뽐냈다. 특히 이날 대회에는 가수 알리를 초청하여 열기를 더했다. 최종 K-Pop 페스티벌 미주 결선의 최우수상은 마마무의 〈피아노맨〉을 열창해 심사위원 3인의 만장일치 선택을 받은 LA 출신 브리태니 샤넬이 차지하였다. 9월 30일, 세계 각지의 참가자가 창원에서 모여 최종 결선을 치르는 K-Pop 월드 페스티벌에는 세계 15개국에서 70명의 K-Pop 마니아들이 참가하여 경합을 벌였다. 샤넬은 여기에서도 영예의 대상을 차지하는 기염을 토했다. K-Pop 월드 페스티벌에서 LA 출신 K-Pop 아마추어 보컬리스트가 우승을 차지하기는 이번이 처음이다. 세계 무대에 서게 된 샤넬 양은 가수 에일리의 노래로 곡목을 바꾸고도 당당히 우승을 차지했다. 이것은 미국에서는 처음으로 K-Pop 마니아들이 한자리에 모여 치열한 경합을 벌이는 무대가 마련된 결과라고 생각이 든다. 미주 대회를 개최한 보람을 만끽하였다.

샤넬 양은 "K-Pop을 통해 한국을 알게 됐고, 한국어도 배우게 되었는데, 이렇게 한국을 방문할 수 있는 기회까지 주어져 더없이 기쁘다."며, "전 세계에서 온 친구들과 함께 K-Pop 축제를 즐길 생각을 하니 벌써부터 설렌다."고 참가 자체에 의미를 두는 소감을 밝히기도 했다.

5. 소아암 환자 돕기 골프 대회

LA에서 살면서 느끼는 것은 골프를 즐기기에 매우 좋은 환경이라는 점이다. 한국에서처럼 새벽처럼 나가지 않아도 되고, 그린피가 비싸지도 않으며, 부킹도 쉽기 때문인 것 같다. 특히 한인들이 골프를 많이 즐기고, 골프장을 소유한 사람도 꽤 있다. 골프는 비즈니스를 하면서 어울리기 좋은 스포츠 중의 하나이다. 5시간 정도 같이 라운딩하면서 이야기도 하고, 내면을 들여다보기도 하면서 인맥을 쌓게 된다.

그래서 그런지 LA에서는 중앙일보의 동창회배, 한국일보의 백상배를 비롯하여 매우 많은 골프 대회가 열린다. 부임하고 보니 전임자들이 골프를 하지 않았다. 골프를 싫어해서가 아니라 한국에서 골프가 고급 스포츠라고 인식되고 있으니 '일은 하지 않고 골프나 친다'는 소리를 듣고 싶지 않은 것이 주된 요인일 것이다.

그러나 주된 사업 중의 하나가 광고이다. 그렇기 때문에 광고주에 대한 마케팅 활동의 하나로 광고주를 초청하여 골프대회도 진행한다. 그래서 광고주를 위한 골프 대회를 계획하였다. 그러면서도 KBS만의 공적 기능을 고민하다가 기부를 하는 아이디어를 생각해내었다. 처음에는 참가비 전액을 기부하려고 하고 단체를 물색하였다. 한인회, 한글교육원, 김영옥 연구소, 위안부 관련 단체, 복지단체 등 다양한 곳을 고려하였다. KBS아메리카는 한인뿐만 아니라 주류 사회에까지 한류를 확장하는 것이 목표이기 때문에 기부 대상으로 한인과 주류 사회 모두 아우를 수 있는 곳을 찾았다. 특정 단체를 지정하면 여기저기서 말이 나올 수 있다는 것이 직원들의 의견이었다. 최종적으로 소아암 환자를 도울 수 있는 단체로 정하고 관련 단체를 검토하다가 현대자동차 딜러들이 만든 '호프 온 휠스(Hyundai Hope on Wheels)'를 지원하기로 하였다. 이 단체는 1967년에 설립한 이래 1억 5천만 달러를 모금하여 소아암 환자 치료에 지원하였고, 300명의 어린이에게 생명을 주었다.

기존의 골프대회가 영리 목적으로 이루어진 것에 비해 KBS아메리카는 창립 이후 처음으로 개최하면서 영리 목적이 아닌 기부 목적으로 골프대회로 참가비 전액을 기부한다고 했더니, 오히려 더 많은 지원을 해주었다. 일반인들도 이러한 목적에 동참하면서 참가 신청을 많이 해서 총 144명을 기준으로 준비하다가 골프장에 동원이 가능한 카트 수만큼인 160명까지 늘렸다. 보통 골프대회는 참가자가 부족해서 걱정인데, 1회부터 2주 전에 참가 신청을 조기 마감하였다. 2017년 2회 대회는 소문이 나면서 3주 전에 마감하게 되었다. 항상 새로운 것을 시작하기가 어려운 법인데 앞으로는 큰 문제 없이 골프대회가 지속될 것이라고 생각한다.

골프대회를 하면서 'KBS가 하니 역시 다르다'는 말을 들었을 때가 가장 행복하였다. 골프대회 하나로 기부도 하고, 회사도 알리고, 광고 마케팅도 하고, 약간의 수익도 남길 수 있는 1석 4조의 효과를 거두었다. LA 한인 커뮤니티에서도 가장 참가를 선호하는 골프대회가 되었다. 앞으로도 잘

호프 온 휠스의 자파 부룩(Zafar Brooks) 사무총장에게 기부 증서를 전달했다.

운영되어 영원히 지속되는 골프대회로 남았으면 한다.

KBS아메리카 골프대회의 주된 목적은 마케팅 활동이지만 여기에 무엇인가 의미를 더하는 것(value-added)이 수익금을 기부하는 아이디어였다. 회사로서는 고생스럽기는 하지만 의미가 있는 일이 될 것이라고 생각하였다. 기존 골프대회와 차별이 되고 공영방송 KBS의 사명을 수행하는 것이기 때문이다.

2016년 제1회 행사가 끝나고 '호프 온 휠스'에 2만 달러를 기부했다. 행사 참가자 158명이 100달러씩 냈다고 보면 15,800달러가 될 테지만, 실제로는 협찬사를 제외하고 순수하게 참가비를 낸 일반인은 86명이었으므로 나머지 11,400달러는 별도로 회사가 부담했다. 그렇기 때문에 이 행사가 끝나고 지역사회에서 많은 격려를 받았다. 이 대회를 통해 KBS아메리카라는 이름을 더욱 알리게 된 것이다. 이를 계기로 상대사인 MBC아메리카와 SBS인터내셔널이 하반기에 골프대회를 개최하게 되었다.

그해 10월에 열린 '호프 온 휠스' 행사에서 소아암을 이겨낸 아이들이 현대 차에 손도장을 찍고 이름과 나이를 남기는 것을 보면서 눈시울이 붉어졌다. 골프대회를 통한 기부가 공익적인 목적을 달성하고 개인적으로 마음의 정화를 시키는 것을 느끼면서 앞으로 더욱 사회에 대한 공헌 활동도 더 열심히 해야겠다는 생각을 절실하게 하였다. 또한 글을 퇴고할 무렵 김위찬과 르네 마보안의『블루오션 시프트』를 읽었는데, 이러한 노력이 일정 정도 그러한 방법론을 차용하고 있었다는 느낌이 들었다.

제5장

한국 방송콘텐츠 비즈니스의
성장을 위한 제언

1. 스페인어 더빙 지원

이제 한국 드라마는 전세계 어디에서나 인기가 많다. 머나먼 남미 대륙에서도 그 인기는 매우 높다. 이것은 한국국제교류재단에서 2012년부터 조사하는 한류 동호인 숫자를 보면 알 수 있다. 2012년 670만 명에서 2016년에는 약 6천만 명으로 거의 10배가 증가하였다. 아시아·대양주가 4천만 명으로 가장 많고, 유럽이 다음으로 1천만 명이고, 아메리카는 900만 명, 아프리카·중동이 가장 적은 20만 명이다.

남아메리카의 대부분의 국가가 스페인 식민지에서 독립하여 스페인어를 사용하고 있다. 또한 이 국가들은 문맹률이 높아 더빙을 하지 않으면 콘텐츠를 공급하는 것이 쉽지 않다. 그러나 더빙 비용이 부담이 된다. 4곳에는 팔아야 더빙 비용을 만회할 수 있기 때문이다. 그래서 그런지 필자가 부임하기 전까지 드라마를 더빙한 적이 없다. 그동안은 KBS미디어가 한국콘텐츠진흥원의 재제작 지원을 받아 더빙을 한 것을 KBS월드 라티노에 방송하거나 일부를 대신 유통해주었다. 자체 더빙한 드라마가 없기 때문에 남미 지역에 드라마를 판매할 수가 없었다.

남미에서 한국 드라마가 인기가 있는데도 이에 대한 마케팅을 할 수 없어서 타개책을 마련해야 했다. 2015년 문화체육관광 장관이 LA에 와서 콘텐츠 담당자를 미팅한 적이 있다. 이때 이러한 문제를 제기하여 KBS아메리카에서도 더빙 시 재제작 지원을 간접적으로 받을 수 있게 되었다. LA에 사무실을 두고 있는 방송 3사 자회사들이 남미에서 직접 콘텐츠 판매나 리메이크 등을 추진하는데 조건이 안 되어 지원을 못 받고 있었다. 그 조건이라는 것이 국내 체납 기록이 없어야 하는데, KBS아메리카는 국내에 법인이 없어서 체납 증명을 하지 못하기 때문에 지원을 받을 수가 없었다. 그래서 형식적으로는 본사에서 추진하고, 실무는 KBS Ameira에서 담당하여 더빙을 하였다. 처음으로 한 것이 〈뻐꾸기 둥지〉였다. 지원 대상으로 선정된 것까지는 좋았으나, 여러 가지 난관에 부딪혔다. 첫 번째는 6주 안에 더빙을 해야 하는 것이었다. 16개의 작품을 기준으로 더빙 기간을 정하였는데, 100회나 되는 드라마를 그 기간 안에 완성시키는 것은 불가능한 일이다. 그래서 결국 더빙 팀을 2팀 구성하여 주어진 기간 안에 마무리하였다. 또 하나는 콘텐츠진흥원이 제시하는 단가대로 진행해야 하는 것이었다. 그렇게 하면 비용이 너무 높아지는 문제가 생겼다. 결국 더빙 인원을 1명 정도로 줄이는 등의 방법을 통해 해결하였다. 정부에서 지원하는 일을 할 때는 명쾌한 기준대로 하지 않으면 감사에 걸리기 때문에 융통성이 없다는 것이 이해는 된다. 그러나 장편을 더빙하는데 6주라는 기간이 너무 짧다고 문제를 제기하여도 담당자가 매년 바뀌기 때문에 정정이 되지 않고 있다. 현장의 의견을 적극적으로 수용하였으면 하는 바람이다.

　　남미에서는 장편의 드라마를 선호한다. 한국과 달리 모든 드라마를 월요일부터 금요일까지 방송하기 때문에 한국의 미니시리즈는 한 달이면 방송이 끝난다. 인기 있는 드라마도 광고 판매로 이어지기 어렵기 때문에 장편 드라마를 절대적으로 선호한다. 그래서 부임 이후 KBS아메리카에서는 장편 위주의 드라마를 더빙하는 전략을 세웠다.

KBS아메리카에서 처음으로 더빙한 〈뻐꾸기 둥지〉는 어렵게 더빙하여 페루 등 몇 개 국가에 판매하였다. 페루의 파나메리카나라는 방송사에서 구매하고 품질을 문제삼아 거의 1년간 판매금의 잔액인 50%를 주지 않아, 담당자가 통화도 하고 메일도 보냈지만 별 소득이 없었다. 그래서 2016년 11월 출장길에 방문하였는데 바로 그 시간에 〈뻐꾸기 둥지〉가 방송되고 있었다. 담당 국장과 미팅을 했더니, 반응이 좋아 재방송을 하고 있다고 하였다. 그래서 미수금을 해결해달라고 요구하였고, 1개월 후에 처리해 주었다. 그러면서 〈루비반지〉〈사랑은 노래를 타고〉 등을 추가로 구매하고 싶다고 하였다. 바로 〈루비반지〉는 더빙에 들어가고, 더빙을 하면서 방송을 하는 전략을 펴기로 하였다. 이 과정에서 생각하지 못한 변수가 발생하였다. 더빙을 하고 있는 아르헨티나에서 성우가 파업을 시작한 것이다. 더빙본을 공급하지 못해 페루 방송국에서 방송 사고로 이어질 뻔했는데, 다행히 극적으로 파업이 끝나 무난하게 더빙본을 공급하였다.

〈태양의 후예〉는 스페인어와 포르투갈어로 더빙을 직접 한 사례이다. 전 세계적인 인기를 얻었기 때문에 남미에서도 통할 것이라고 보고 추진하였다. 그러나 브라질에서 적정한 가격을 제시하지 않아 여러 방안을 모색했음에도 아직도 방송을 못 하고 있다. 새로운 아이디어 중의 하나가 기업의 광고를 유치하여 제시하는 것이다. 방송사의 입장에서는 작품의 성공 여부에 따라 수익이 달라지는데 기업에서 협찬이나 광고를 유치한다면 초기 부담이 줄어들어 편성을 쉽게 해줄 수 있다.

이 외에도 〈오렌지 마말레이드〉를 자체 비용으로 더빙을 하였고, 〈아버지가 이상해〉는 푸에르토리코에서 더빙과 판매를 결합하는, 상대적으로 저렴한 방식으로 더빙을 하기로 하였다. 〈뻐꾸기 둥지〉와 〈루비반지〉 같은 텔레노벨라 형식의 드라마를 지속적으로 더빙하여 한류의 붐을 이어가려고 하였다.

남미는 문맹률이 높아 자막을 통해 유통하는 것이 어렵다. 그래서 꼭 더빙이 필요한데 그 비용을 모두 방송사에서 부담하는 것이 쉽지 않다. 그렇기 때문에 정부 차원에서 적극적인 더빙비 지원이 필수적이다. 특히 해외에 있는 방송사 법인은 독립채산제이므로 투자 예산이 부족할 수밖에 없다. 국내에서 지원하는 재제작 지원 대상을 해외까지 확대할 필요가 절실하다. 드라마의 확산이 이루어지면 일반 상품까지 확대된다는 것은 그동안의 한류의 성장 과정에서 확인된 사실이다.

2. 콘텐츠 마켓 참가

콘텐츠 비즈니스를 효율적으로 하는 곳이 콘텐츠 견본시, 즉 콘텐츠 마켓이다. 콘텐츠 판매자와 구매자가 이러한 마켓을 다니면서 콘텐츠를 거래하고 있기 때문이다.

콘텐츠 전문 잡지인 『월드스크린(World Screen)』에 따르면[1] 2018년 콘텐츠 마켓이 64개가 있다. 유명한 것이 NATPE(미국 마이애미), 필름마트 (FILMART, 홍콩), MIPTV(프랑스 칸), LA 스크리닝(LA Screening, 미국 LA), BCWW(한국 서울), MIPCOM(프랑스 칸) 등이다. 한국콘텐츠진흥원에서 유명한 행사에 대해서는 방송사 또는 독립 제작사를 위해 부스를 지원하고 있다.

한국의 최초의 수출도 콘텐츠 마켓을 통해서 이루어졌다. 1977년 북한에서 먼저 MIPTV에 참가한 것을 알고 정부에서는 이에 뒤지면 안 된다고 판단하여 부랴부랴 1978년부터 MIPTV에 참가하였고, 이듬해인 1979년

---

1   http://worldscreen.com/event-calendar/

〈위도 배뱅이굿〉 등 다큐멘터리 10편을 1천 달러에 최초로 판매하였다. 드라마의 최초 수출 사례는 1983년 〈바닷가 소년〉을 BBC와 서독에 판 것이다.[2]

필자는 2008년 MIPTV와 2016년 NATPE 마이애미에 참가한 경험이 있다. 참가 전에 미팅을 잡고 직접 만나서 소개하고 구매하는 경우가 대부분이다. 그러나 사전에 거래 협의까지 마치고 현장에서 계약서에 날인하는 경우도 종종 있다. 중요한 것은 지속적으로 마켓에 다니면서 바이어와 얼굴을 익히고 친분을 쌓는 것이다. 그래야 서로 신뢰를 높이고 거래를 성사시키는 확률이 높아진다. 미국에서는 주로 참가할 수 있는 행사는 남미 시장을 타겟으로 1월, NATPE 마이애미, 4월 리오콘텐츠마켓(RioContent-Market), 5월 LA 스크리닝, 11월 MIP 칸쿤(Cancun) 정도이다.

남미 시장의 확대를 위해 꾸준히 마켓에 다니면서 네트워크를 유지하여야 한다. 시간이 허용된다면 국가별로 방송사를 방문해야 한류 확산의 가능성이 커지리라 생각한다. 왜냐하면 마켓에서는 미팅이 많아서 시간을 갖고 소개하기가 쉽지 않기 때문이다. 그러나 직접 방송사를 방문하면 해당 국가의 방송사별로 지향점이 다르므로 방송사가 원하는 맞춤형 콘텐츠를 소개할 수 있다.

2   KBS 사우회, 『그때 그 시절 이야기』, 서울 : 커뮤니케이션북스, 2011, 137~138쪽.

[표 16] 세계 콘텐츠 마켓(2018년 기준)

월	행사명	개최지
1	CABSAT	아랍에미리트 두바이
	NATPE Miami	미국 마이애미
	Realscreen Summit	미국 워싱턴 DC
2	European Film Market (EFM)	독일 베를린
	Berlinale	독일 베를린
	Toy Fair	미국 뉴욕
	DISCOP Dubai	아랍에미리트 두바이
3	AIDC	호주 멜버른
	FICCI Frames	인도 뭄바이
	Cable Congress	아일랜드 더블린
	Andina Link	콜롬비아 카르타헤나
	Cartoon Movie	프랑스 보르도
	INTV	이스라엘 예루살렘
	SPORTEL Asia	싱가포르
	FILMART	홍콩
4	RioContentMarket	브라질
	CANNESERIES	프랑스 칸
	MIPDoc	프랑스 칸
	MIPFormats	프랑스 칸
	NAB Show	미국 라스베이거스
	MIPTV	프랑스 칸
	International Emmy Kids Awards	프랑스 칸
	Apex MultiMedia Market	프랑스 파리

월	행사명	개최지
4	Cartoon Connection Asia	한국 서울
	Asia Pacific Video Operators Summit (APOS)	인도네시아 발리
	Hot Docs	캐나다 토론토
	INPUT	미국 뉴욕
5	Media Convention Berlin	독일 베를린
	Busan Contents Market	한국 부산
	L.A. Screenings	미국 LA
	Licensing Expo	미국 라스베이거스
	DISCOP Abidjan	아이보리코스트
6	CoPro 20-The Israel Documentary Screen Market	이스라엘
	Convergencia Show.MX	멕시코 멕시코시티
	MIP China	중국 항저우
	Sheffield Doc Fest	영국 세필드
	Banff World Media Festival	캐나다 반프
	NEM: New Europe Market	크로아티아 두브로프니크
	Annecy	프랑스 아네시
	Monte-Carlo TV Festival	모나코 몬테카를로
	Sunny Side of the Doc	프랑스 라 로셸
	NATPE Budapest International	헝가리 부다페스트
7	DISCOP Zanzibar	탄자니아 잔지바르
8	TEPAL	파나마 파나마시티
	Edinburgh International Television Festival	영국 에든버러

한국 방송콘텐츠의 미래를 열다

월	행사명	개최지
9	Andina Link Expo Centroamérica	코스타리카 산호세
	BCWW	한국 서울
	Le Rendez-Vous	프랑스 비아리츠
	Cartoon Forum	프랑스 툴로스
	IBC	네덜란드 암스테르담
	Kiev Media Week	우루라이나 키에프
	Jornadas	아르헨티나 부에노스아이레스
10	Brand Licensing Europe	영국 런던
	MIPJunior	프랑스 칸
	MIPCOM	프랑스 칸
	SPORTEL Monaco	모나코
	CAPER	아르헨티나 부에노스아이레스
	Festival of Media LatAm	미국 마이애미
	CASBAA Convention	홍콩
	AFM	미국 산타모니카
11	MIP Cancun	멕시코 칸쿤
	DISCOP Johannesburg	남아공화국 요하네스버그
	International Emmy Awards Gala	미국 뉴욕
12	Asia TV Forum	싱가포르

3. 콘텐츠 전문 잡지 활용

콘텐츠 비즈니스를 하다 보면 콘텐츠를 마케팅하여야 한다. 아무리 좋은 드라마가 있어도 알려지지 않으면 알 수가 없다. 앞에서 콘텐츠 마켓을 활용하는 것이 중요하다고 했는데, 이에 못지않게 활용할 수 있는 것이 콘텐츠 소개 잡지이다. 마켓에서 직접 만나지 못하더라도 잡지를 통해서 접하는 경우도 상당하다. 잡지를 잘 활용하는 것이 CJ E&M으로 보인다.

잡지 『월드스크린』에서 CJ의 프로그램을 자주 접할 수 있다. CJ E&M은 MIPFormats & MIPTV 판 TVFORMTS에 〈수상한 가수〉 포맷을 소개하는 광고를 게재했다. 이 프로그램은 2017년 7월 14일부터 2017년 11월 16일까지 tvN에서 강호동의 사회로 19회 방영된 예능 프로그램이다. 또한 『월드스크린』에 드라마 〈라이브〉을 소개했다. 『월드스크린』에서는 MIPTV 스폿라이트로 CJ E&M을 소개하기도 하였다.[3]

남미 콘텐츠 시장을 위해서는 『프렌사리오(Prensario)』를 활용하면 된다.

---

3   http://worldscreen.com/tvasia/miptv-spotlight-cj-em-2/

한국 방송콘텐츠의 미래를 열다

CJ E&M의 MIPFormats & MIPTV 판 TVFORMTS 광고

May 2-4, 2018
Lille - France

Programme & Registration
at
seriesmania.com

SERIES MANIA

New Korean Police Procedural from CJ E&M

CJ E&M has added a new police
procedural to tvN's drama lineup:
Live.

Starring Jung Yu-mi, featured in
tvN's hit reality show Yoon's
Kitchen, and reality-TV star Lee
Kwang-soo, Live follows those working on the busiest patrol unit in
Korea. The series is written by No Hee-kyung, best known for her hits
Dear My Friends and It's Okay, That's Love.

» continued...

World Screen
TV LATINA · TV NIÑOS · TVSERIES

L.A. Screenings

Space Reservations: April 26 | Ad Materials: April 30

『월드스크린』에 소개된 〈라이브〉 기사

Prensario Internacional
Television · Broadband · New Media · Licensing

KBS: cierra ventas en Latinoamérica

2016.05.06 | KBS America (USA), división de KBS (Corea
del Sur) para las Américas liderada por Konshik Yu,
presidente y CEO, presenta en LA Screenings su nueva
serie dramática Descendientes del Sol (16x'60') que se
emitió con éxito entre enero y abril en KBS2 en Corea.

Konshik Yu, presidente y CEO

'Inició con 16 puntos de rating y alcanzó 41.6 puntos hacia el final. Ha sido
rodada en Grecia en HD, y cuenta la historia de un soldado y una doctora
que encuentran el amor en medio de la guerra en Medio Oriente. Es una
historia con valores universales', explica Yu.

'Protagonizada por Song Hye-Gyo, una importante actriz que hacía mucho
tiempo no tenía un protagónico, ha sido el drama más exitoso de la historia
de Corea. Se emitió en simultáneo en la plataforma digital iQiyi (China) y
en KBS.com en total fue seguida por 2.9 billones de personas. La serie se
ha licenciado en más de 30 mercados, incluyendo Japón, Singapur,
Tailandia y Malasia, entre otros', añade Jim Figueroa, international sales
manager.

Para América Latina, los ejecutivos indican que el producto que más se
requiere son las 'daily soaps' de más de 100 episodios, acordes al formato

LA Screening 기간 동안 『프렌사리오』에
소개된 〈태양의 후예〉

〈태양의 후예〉를 홍보하기 위해 이 잡지를 활용하기도 했다.[4] 이러한 활동이 일회성으로 끝나면 안 된다. 지속적으로 회사의 브랜드 이미지를 알리기 위해서는 꾸준히 이러한 노력을 해야 한다.

한국의 방송사도 한류를 확산하기 위해서는 CJ E&M이 지속적으로『월드스크린』잡지를 활용하여 회사와 프로그램을 홍보하듯이 잡지를 적극 활용해야 할 것이다. 또한 방송사들이 협력하여 공동으로 접촉한다면 한류 특집을 낼 수 있으므로 효과적으로 비즈니스를 할 수 있을 것이다.

---

4 http://www.prensario.net/16052-KBS-cierra-ventas-en-Latinoamerica.note.aspx

4. 한류 동호회 활용

한류는 팬들의 힘으로 이어져간다고 할 수 있다. 한류의 성장을 살펴볼 수 있는 또 방법 중의 하나가 K-드라마와 K-Pop 팬이 얼마나 많은지를 파악해보는 것이다. 2012년부터 한국국제교류재단에서 조사하여 발간하는 지구촌 한류 현황을 보면 한류 팬이 급증하고 있음을 알 수 있다. 2012년 670만 명에서 2016년에는 약 6천만 명으로 거의 10배가 증가하였다.

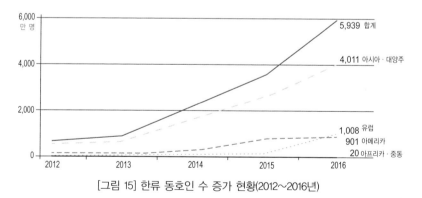

[그림 15] 한류 동호인 수 증가 현황(2012~2016년)

자료 : 한국국제교류재단, 〈2012~2016 지구촌 한류현황〉 재구성.

아시아·대양주가 4천만 명으로 가장 많고, 유럽이 다음으로 1천만 명이고, 아메리카는 900만 명, 아프리카·중동이 가장 적은 20만 명이다.

중국에서는 드라마 〈태양의 후예〉의 돌풍, 유럽에서는 영화 〈아가씨〉와 〈부산행〉의 주목, 미국과 중남미에서는 아이돌 그룹 '방탄소년단' 등이 K-Pop 인기가 한류의 성장을 이끌었다.[5] 주목할 사항은 유럽의 한류 팬이 2015년 약 165만 명에서 2016년에 1천만 명이 넘도록 급증하였다는 것이다. 지금까지는 유럽에서 상대적으로 한류가 약했는데 새로운 한류 지역으로 성장할 잠재력을 보여주고 있는 징조라고 볼 수 있다.

아메리카는 2016년 기준으로 한류 팬이 900만 명으로 다른 아시아나 유럽에 비해 적지만, 한류 동호회 숫자에 있어서는 아시아와 대양주 403개보다 722개로 훨씬 많다. 그만큼 다양한 나라와 다양한 계층에서 한류를 즐기고 있다고 할 수 있다. 이러한 한류 팬들을 묶는 작업을 해야 한다. 이들에게 K-드라마나 K-Pop에 대한 정보를 제공하는 플랫폼을 만들고 여기에 드라마를 노출시킬 수 있는 플랫폼이 절실히 필요하다. 방송사 공동으로 KCP도 출범시켰으니, 조속한 시일 내에 이러한 조치를 해야 할 것이다. 콘텐츠 마케팅 연구소를 운영하는 조 풀리치와 로버트 로즈가 최근 낸 『킬링 마케팅(killing Marketing)』에서 주장하는 것도 오디언스를 확보하여 비즈니스로 발전시키는 것이다. 오디언스는 구축되어 있다. 이를 연결하는 작업이 절실하다.

---

5   박태인, 「'세계 한류팬 6000만 명' 한국 인구 넘어섰네」, 『매일경제』 2017.1.25.

5. 공동제작과 투자 활성화

콘텐츠 산업의 트렌드는 공동 제작(Co-Production)이다. 갈수록 한 국가에서만 제작하는 것보다 글로벌하게 진행이 되는 것이 많아진다. 특히 한국보다 드라마 제작 능력이 떨어지는 곳에서 이러한 방식을 선호하고 있다. 해당 국가는 비용을 부담하고, 한국은 제작 역량을 제공하는 것이다. MBC의 〈아빠! 어디 가?〉와 SBS의 〈런닝맨〉이 대표적인 사례이다.

〈런닝맨〉은 SBS 제작진과 중국 저장 위성TV가 공동 제작해 〈달려라 형제〉라는 제목으로 중국에서 방송하여 매회 시청률 4% 이상을 기록하는 엄청난 성공을 거두었다. MBC의 〈아빠! 어디 가?〉는 2013년 중국 후난 위성TV와 수출돼 평균 4.3% 시청률을 기록하며 인기를 끌었고, 시즌 1의 성공에 힘입어 시즌 2 수출 때에는 포맷의 판권 가격이 10배 정도 올랐다. 〈런닝맨〉은 SBS의 조효진 PD가 플라잉 PD로 참여하여 중국 저장 위성TV와 공동 제작하였다. tvN의 〈꽃보다 할배〉도 나영석 PD가 플라잉 PD가 되어 제작 기술을 전수하였다. MBC의 〈진짜 사나이〉는 중국 후난 위성TV에 김민종 PD가 플라잉 PD로 참여하였다.

공동 제작의 또 하나의 효과는 해당 국가에서 제공하는 세금 혜택을 적극 활용하게 된다는 점이다.[6]

한국 드라마가 세계적으로 인기를 끌게 되면서 드라마에 대한 직접 투자가 이루어지고 있다. 처음에는 일본에서 이루어졌고, 다음으로 중국에 이어 미국이 가세하고 있다. 일본에서의 투자는 드라마에 대하여 사전 선구매 방식으로 이루어졌다. 일본의 쓰타야 같은 렌털업체나 방송사가 직접 투자를 진행하였다. 일본 NHK의 자회사인 NHK 엔터프라이즈에서 투자한 ACC에서 한국에 ACC코리아를 설립하여 〈매리는 외박중〉 등을 제작하기도 하였으나, 현재는 철수한 상태이다.

중국에서도 〈별에서 온 그대〉가 인기를 끌면서 한국에 대한 투자를 강화하였다. 영화사 NEW에 대한 투자, 초록뱀미디어에 대한 투자 등이 대표적인 예다. 그러나 중국은 사드와 관련하여 투자가 거의 중단되었다.

이제 한국에 진출한 넷플릭스가 영화 〈옥자〉를 시작으로 공격적으로 투자하고 있다. 유재석이 이끄는 예능 프로그램 〈범인은 바로 너〉가 런칭하였고, 천계영 작가의 웹툰 〈좋아하면 울리는〉을 한국 첫 오리지널 드라마로 제작하기로 하였으며, 김은희 작가의 〈킹덤〉을 두 번째의 오리지널 드라마로 제작하기로 하였다. 또한 최종 NBC 유니버설이 투자하기로 하였지만, 미국 드라마 〈슈츠(Suits)〉의 한국 리메이크 드라마에 많은 금액을 투자하려고도 하였다. 드라마피버와 라쿠텐 비키도 한국 드라마에 적극 투자하여 판권을 확보하고 있다.

---

6   조인우, 「[中 한류빅뱅/②방송] 콘텐츠 판매 → 포맷 수출 → 합작 '진화 거듭'」,
     『뉴시스』, 2015.6.23

한국 방송콘텐츠의 미래를 열다

요즘 미국에서 〈굿닥터〉의 성공으로 한국에 대한 관심이 많다. 할리우드 사람들을 만나보면 공동 제작에 대한 욕구가 크다. 문제는 서로 문화와 규모가 차이가 있어 각자 생각하는 그림이 다르다는 것이다. 점차 할리우드에서 일하는 한인들도 늘어나고 한국에서 일하는 미국인들도 증가하고 있다. 그렇기 때문에 서로 협력할 일이 늘어나고 있다. 필자의 경험으로는 한국에서는 우수한 스토리를 대고, 미국은 자본을 대는 방안이 상호간의 간격을 줄이는 방법이라 생각한다.

6. 불법 유통 단속

한국과 달리 미국에서는 불법으로 유통되는 콘텐츠가 매우 많다. 미국 정부는 미국의 저작권이 침해되는 것은 매우 빨리 단속하지만 그렇지 않은 경우에는 방관에 가깝게 대응한다. TV패드는 한국의 방송 3사가 콘텐츠 비즈니스에 막대한 영향을 줄 것이 우려되어 막대한 비용을 감수하고 소송을 진행하여 승소한 경우이다.

TV패드 외에도 많은 불법 업체가 난립하고 있다. 한인들이 많이 사용하고 있는 미씨 USA(missyusa.com)에는 불법으로 볼 수 있는 링크가 수시로 올라오고 있다. enjoybs.com[7]의 경우 고화질로 스트리밍, 다운로드까지 제공하고 있다. 페이스북에 대담하게 광고까지 하고 있다. 무엇보다 합법 업체보다 기술력이 더 좋아 보인다는 것이다.

TV패드처럼 막대한 소송 외에 VISA와 MasterCard와 방송사의 제휴를

---

7   처음에는 tvbayo.com으로 서비스를 시작하였으나, 단속 때문에 enjoybs.com으로 url을 변경하였고, tvbayo.com을 쳐도 이 사이트로 연결된다.

한국 방송콘텐츠의 미래를 열다

통한 단속도 효과가 있었다. 대응 방법은 불법업체가 결제 수단으로 카드를 사용하는 경우 이를 카드사에 요청하여 결제 서비스를 차단하는 것이다. 이 조치를 통해 클럽나라(www.clubnara.com), 디스크팸(www.diskfam.com), 올셰어즈(www.allsharez.com), 댑데이트(www.dabdate.com), 유에스아이클럽(www.usiclub.com), 팝드라마(www.popdrama.com), 클럽나

불법업체 TVbayo의 페이스북 광고

라(www.clubnara.com)가 이름을 바꾼 디스크주(www.diskzoo.com), 디스크팸 (www.diskfam.com)과 올셰어즈 (www.allsharez.com)가 통합한 아라비카(www.aravica.com), 올빼미가 이름 바꾼 벅스원(www.bugsone.com) 등을 제재하였다. 이 과정을 통해 유에스아이클럽은 아예 폐업을 하기도 하였다.

　이처럼 불법업체에 대한 단속 의지를 갖고 모든 저작권자와 사업체가 협력하여 불법을 막아야 미국에서 한류의 지속적인 성장이 이루어질 것이다.

7. 네트워크 관계 지속

　방송사 현지 법인의 사장이 너무 자주 바뀌는 문제도 개선되어야 한다. 비즈니스는 인간관계의 친밀성에 의해 많은 영향을 받게 되기 때문이다. CEO가 바뀌면 조직에도 많은 영향을 미치므로 장기적인 콘텐츠 비즈니스의 관점에서 바라보아야 한다.

　올해가 『목민심서』 출간 200주년이 되는 해이다. 200년 전에도 정약용 선생은 같은 문제를 제기하였다. 지방 수령관의 임기가 너무 짧아 실적 평가를 못 한다고 지적하면서 6년으로 임기를 정해야 한다고 하였다.

　6년으로 임기를 정해야 한다. 수령이 먼저 오래 그 자리에 있은 후에야 실적 평가를 의논할 수 있다. 20년 이래 수령들이 자주 교체되어 오래가야 2년이요, 나머지는 1년에 끝나기도 한다. 이것이 고쳐지지 않으면 아전과 향청 직원들에 대한 항구적인 계책이 없고, 실적 평가도 웃음만 살 뿐이다.[8]

8　정약용, 『정선 목민심서』, 다산연구회 편역, 파주 : 창비, 2005, 173쪽.

　　　　　　　　　　　　　　　한국 방송콘텐츠의 미래를 열다

필자의 경우에도 낯선 미국에서 2년 만에 교체되었다. 업무를 못한 것도 아니다. 2년 연속 계열사 중에서 경영평가 1위를 할 정도였다. 그러나 본사 인사를 하면서 아무런 이유 없이 교체를 한 것이다. 그렇게 되면서 기존에 추진하던 일이 대부분 바뀌었다. 한국 드라마 최초로 〈굿닥터〉를 리메이크하여 ABC에서 시즌 2까지 진행되는 사업을 접은 것이다. 사장이 평소에 관심이 없자 직원 1명은 알아서 퇴사하고, 그다음 해당 팀을 해체하고 나머지 1명도 해고하였다. 한류를 위해 더욱 노력을 해야 함에도 불구하고 이렇게 된 것이 원칙 없는 인사 때문이다. 미국은 특히 인적 네트워크가 중요하다. 이러한 관계를 쌓는 것이 매우 힘들다. 어렵게 쌓아놓은 네트워크가 일순간에 사라진 것이다. 공조직의 평균주의는 콘텐츠 비즈니스에서는 통하지 않는다. 지속적인 협력 관계를 형성하는 문화가 조성되기를 희망한다.

제6장

LA에서 경험한
미국 콘텐츠 산업에 대한 이해

1. 광고 단가로 살펴본 미국 방송시장 전망[1]

디지털 방송시장이 성장하면서 올드 미디어인 방송의 위기가 계속 심화되고 있다. 실제로 올해 광고 판매액이 급감하면서 MBC의 경우 700억 원의 적자가 예상되며, KBS나 SBS도 상황이 크게 다르지 않다. 미국의 상황은 어떨까.

연초, 미국의 컨설팅 회사 '포레스터(Forrester)'는 미디어와 광고업계 임원 100명을 상대로 설문조사를 진행한 결과 영상 소비 패턴이 변화하고 있지만 TV는 여전히 경쟁력이 있고, 향후 3년 동안 성장할 것이라고 발표했다.[2] 통계 전문회사 스터티스타(statista.com)도 2016년 미국 TV 광고 시장이 730억 달러에서 2020년 817억 달러로 완만하게 증가할 것으로 전망했

1 『PD저널』, 2016.10.17. http://www.pdjournal.com/news/articleView.html?idxno=59499.

2 http://worldscreen.com/survey-media-buyers-are-bullish-about-linear-tv-advertising/

다.[3] 또한 슈퍼볼의 경우 해마다 광고 단가가 상승하고 있다. 1967년 제1회 슈퍼볼 광고는 30초에 4만 2천 달러에서 시작해 2000년 제34회는 190만 달러, 2015년 제49회는 450만 달러, 2016년 제50회는 500만 달러로 급상승했다.[4]

그러나 광고 단가의 추이는 다른 모습이다. 미국의 광고 전문 사이트인 애드버타이징에이지(AdvertisingAge)는 매년 10월 텔레비전의 광고 에이전시를 조사해 30초당 광고 단가를 발표한다. 이에 따르면 전반적인 방송 광고의 지형은 실시간으로 볼 수밖에 없는 스포츠 중계의 단가는 상승하고, 드라마와 예능 등의 프로그램 단가는 하락 추세다. PwC에서도 대다수의 TV 시청자는 실시간 스포츠 중계와 프리미엄 엔터테인먼트에 관심이 증가하고 있다는 분석 결과를 발표했다.[5]

이런 상황의 배경엔 디지털 매체의 폭발적인 증가가 있다. 온라인 동영상 서비스 업체가 넷플릭스를 필두로 아마존, 유튜브 등에서 오리지널 제작을 늘리고 있다. 기존 콘텐츠를 유통하는 것으로 사업을 시작했던 넷플릭스는 앞으로는 50% 이상을 직접 제작해 유통하겠다는 전략을 세우고 있고, 올해 50억 달러를 투자하기로 했다.

성과도 있다. 2013년 처음 에미상에 드라마가 노미네이트됐던 넷플릭스는 올해 54개의 드라마를 명단에 올렸다. 네트워크보다 노미네이트되는 숫자가 더 많은 상황이다. 아마존은 '아마존 스튜디오'를 만들어 매년

3　https://www.statista.com/statistics/259974/tv-advertising-revenue-in-the-us/

4　http://www.syracuse.com/superbowl/index.ssf/2015/01/super_bowl_2015_how_much_does_commercial_cost_tv_ad_30_second_spot.html

5　http://www.pwc.com/gx/en/industries/entertainment-media/outlook/segment-insights/tv-advertising.html

넷플릭스(Netflix)

열 편 이상의 드라마를 제작하고 '아마존 프라임'을 통해 유통하고 있다. 아마존의 대표 드라마는 시즌 3까지 나온 〈트랜스페어런트(Transparent)〉다. 구글은 유튜브의 유료 동영상 서비스인 '유튜브 레드'에서 지난 2월 네 개의 자체 제작 작품을 선보였다. 애플도 6개로 구성된 30분 분량의 자체 드라마 〈바이털 사인(Vital Signs)〉를 제작하고 있으며, 페이스북 또한 오리지널 드라마를 준비 중이다.

[표 17]은 지난 5년간 TV 광고료 순위 톱 10을 정리한 것이다. 이를 통해 보면 우선 텔레비전 프로그램의 30초당 단가에서 NBC의 〈선데이 나이트 풋볼(Sunday Night Football)〉이 5년간 부동의 1위를 달리고 있다. 그것도 2012년 54만 5,142달러에서 2016년 67만 3,664달러로 10만 달러 이상 상승하였다. CBS의 목요일 NFL 경기 중계인 〈NFL 서즈데이 나이트 풋볼(NFL Thursday Night Football)〉도 2014년 신설 이후 줄곧 2위를 유지하고 있으며, 30초당 단가는 2014년 48만 3,333달러에서 2016년 52만 2,910달러로 상승했다. 이런 측면에서 NBC가 올해 목요일에도 〈서즈데이 나이트 풋볼〉을 신설한 것은 의미 있는 정책으로 보인다.

[표 17] TV 광고 단가 연도별 상위 10위 현황

순위	2016 제목	채널	단가($)	2015 제목	채널	단가($)	2014 제목	채널	단가($)	2013 제목	채널	단가($)	2012 제목	채널	단가($)
1	Sunday Night Football	NBC	673,664	Sunday Night Football	NBC	603,000	Sunday Night Football	NBC	627,300	Sunday Night Football	NBC	593,694	Sunday Night Football	NBC	545,142
2	NFL Thursday Night Football	CBS	522,910	NFL Thursday Night Football	CBS	464,625	NFL Thursday Night Football	CBS	483,333	American Idol	Fox	355,943	American Idol(Wed)	Fox	340,825
3	Thursday Night Football	NBC	485,695	The Big Bang Theory	CBS	348,300	The Big Bang Theory	CBS	344,827	The Big Bang Theory	CBS	316,912	Modern Family	ABC	330,908
4	Empire	Fox	437,100	How to Get Away with Murder	ABC	252,934	The Blacklist	NBC	282,975	The Voice	NBC	294,038	New Girl	Fox	320,940
5	The Big Bang Theory	CBS	289,136	The Voice (Monday)	NBC	240,502	The Voice (Monday)	NBC	274,157	American Idol Results	Fox	289,942	American Idol(Thur)	Fox	296,062
6	This Is Us	NBC	272,000	Modern Family	ABC	239,993	The Voice (Tuesday)	NBC	253,840	Modern Family	ABC	281,951	The Simpsons	Fox	286,131
7	Modern Family	ABC	224,571	The Voice (Tuesday)	NBC	233,720	Modern Family	ABC	239,650	The Voice Results	NBC	278,987	Family Guy	Fox	276,690
8	The Voice (Monday)	NBC	214,079	Scandal	ABC	224,509	State of Affairs	NBC	219,188	New Girl	Fox	236,857	The Big Bang Theory	CBS	275,573
9	The Voice (Tuesday)	NBC	202,600	The Blacklist	NBC	193,793	Scandal	ABC	217,546	The Simpsons	Fox	231,532	2 Broke Girls	CBS	269,235
10	Grey's Anatomy	ABC	193,210	The Simpsons	FOX	186,050	Sleepy Hollow	FOX	202,500	The Following	Fox	211,832	Two And A Half Men	CBS	247,261

한국 방송콘텐츠의 미래를 열다

둘째, 스포츠 외의 프로그램 가운데에는 일부 광고 단가가 올라간 프로그램도 있으나, 대부분 하락 추세다. CBS의 〈빅뱅 이론(Big Bang Theory)〉의 경우 1997년 첫 방송을 시작한 이래 광고 단가가 꾸준히 상승하다가 2015년 34만 8,300달러에서 2016년 28만 9,136달러로 급락했다. ABC의 〈모던 패밀리(Modern Family)〉는 2012년 33만 908달러에서 2016년 22만 4,571 달러로 하락했다. NBC의 〈더 보이스(The Voice)〉도 2013년 29만 4,038달러에서 2016년 21만 4,079달러로 하락했다.

물론 전년도 시즌의 시청률에 따라 광고 단가의 변동은 이루어진다. 그럼에도 2015년의 광고 단가 총액은 전년도에 비해 5.3% 하락했고, 2016년은 8.4%나 하락했다. 그럼에도 폭스의 〈엠파이어(Empire)〉는 2015년 시즌 1에서 성공을 거두어 올해에는 43만 7,100달러로 상승함으로써 드라마나 예능에도 양질의 콘텐츠 희망이 있음을 보여준다.

셋째, 2012년부터 스포츠 경기와 기타 프로그램의 광고 단가의 격차가 크게 발생하고 있다. 2011년 NBC의 〈선데이 나이트 풋볼〉 광고 단가가 51만 2,367달러에서 2012년 54만 5,142달러로 상승했으나, 비슷한 금액이었던 〈아메리칸 아이돌(American Idol)〉은 50만 2,900달러(마지막 회는 100만 달러 이상)에서 34만 825달러로 하락했기 때문이다.[6] 스포츠와 기타 프로그램 간에는 20만 달러 이상의 차이가 나고 있고, 올해의 경우 그 격차는 23만 6,564달러를 기록했다.

'스터티스타'나 '포레스터'의 미국의 방송시장에 대한 낙관적인 전망과 달리 하락하는 방송광고 단가, 넷플릭스 같은 온라인 업체 제작 드라마의 인기, 하락하는 시청률 등을 보면 미국 방송사의 미래도 심히 걱정스럽다.

---

6   http://adage.com/article/media/tv-ad-prices-idol-match-football/237874/

미국 NBC의 〈선데이 나이트 풋볼〉

　가장 광고 단가가 높은 NFL을 중계하는 패키지 프라임 타임 시청률이 아직 256개 경기 중에 192개가 남아 있는 시점이지만 토요일 경기를 제외하고는 전년도와 비교할 때 꽤 하락했다. 3개의 프라임 타임 전체로 보면 시청자 수는 1,590만 명으로 15% 하락하고, 시청률은 9.3%로 17%나 떨어졌다.

　프로그램별로 보면, NBC의 토요일 경기 중계인 〈새터데이 나이트 풋볼 (Saturday Night Football)〉은 평균 2,200만 명의 시청자 수와 12.5%의 가구 시청률을 기록했다. 이 수치는 전년도 2,540만 명과 14.8%와 비교하면 감소한 수치다. ESPN의 〈먼데이 나이트 풋볼(Monday Night Football)〉의 시청자 수는 1,130만 명으로 18%가 하락하고, CBS의 〈서즈데이 나이트 풋볼〉의 시청자 수도 1360만 명으로 13%가 하락했다.[7] 이는 [그림 16][8]에서 보는

7　http://adage.com/article/media/heaven-hell-preacher-a-respectable-start/306209/?utm_source=daily_email&utm_medium=newsletter&utm_campaign=adage&ttl=1476483352?utm_visit=1173237

8　http://www.thewrap.com/as-viewers-flee-broadcast-tv-will-advertisers-be-

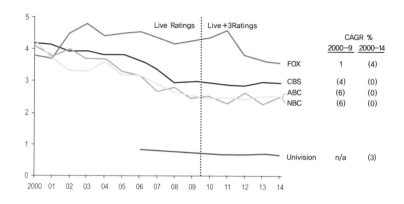

[그림 16] 미국 주요 네트워크의 연도별 시청률 추세

것처럼 2000년 이후 시청률이 꾸준히 하락하는 상황의 연장선으로 보인
다.

이렇게 되면 증가세에 있던 NFL의 광고 단가도 내년에는 크게 하락할
가능성이 높아 미국 방송시장은 악화되지 않을까 전망된다. 어쩌면 디지
털 강국의 한국의 지상파 광고 하락 추세가 미국의 지상파 광고의 전조가
될 것 같은 예감이 든다.

far−behind−guest−blog/

2. 에미상으로 확인되는 드라마 산업의 변화[9]

2016년 9월 18일(현지시간 기준) 제68회 에미상(Emmy Awards 2016) 시상식이 열렸다. 에미상 시상식 중계는 ABC, CBC, NBC, 폭스가 돌아가며 맡고 있고, 올해는 ABC에서 LA 시간 기준 오후 4시부터 레드카펫 중계를 시작으로 오후 5시부터 8시까지 시상식 중계를 했다. KBS아메리카 사장으로 부임하고 두 번째로 시청한 에미상 시상식이었다. 지난해에 에미상 시상식을 보면서 느꼈던 부분이 올해에도 이어졌을 뿐만 아니라 오히려 더욱 강해졌다.

에미상은 텔레비전예술과학아카데미가 1949년부터 텔레비전 프로그램과 관련된 업적을 평가하여 수여하는 미국 방송계 최대의 상이다. 영화의 아카데미(Academy Award), 연극의 토니상(Tony Award), 음악의 그래미상(Grammy Award)과 같이 TV 분야의 최고상으로 불린다.

---

9   『PD저널』 2016.9.27. http://www.pdjournal.com/news/articleView. html?idxno=59368

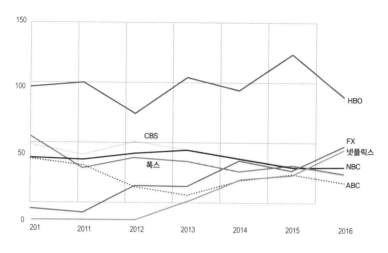

[그림 17] 제68회 에미상 노미네이트 현황

올해 에미상은 지난 2015년 6월 1일부터 올해 5월 31일까지 방송된 미국의 프라임 타임 텔레비전 프로그램을 대상으로 한다. 드라마 부분에서는 HBO에서 방송한 〈왕좌의 게임(Game of Thrones)〉이 최우수작품상을 수상하고, 남자 연기상은 USA에서 방송한 〈미스터 로봇(Mr.Robot)〉의 라미 말렉(Rami Malek), 여자 연기상은 BBC America에서 방송한 〈오펀 블랙(Orphan Black)〉의 타티아나 마슬라니(Tatiana Maslany)가 수상했다.

올해 에미상의 가장 큰 화제는 HBO의 〈왕좌의 게임〉이 2년 연속 드라마 부분 최우수작품상을 받은 것과 감독상과 각본상, 남우조연상 등 12개 부문에서 수상한 것이다. 지금까지 시즌 6까지 진행되는 동안 38개의 에미상을 받아 NBC의 〈프레이저(Fraiser)〉의 37개를 깨고 역대 최다 수상의 기록을 세웠다. 〈프레이저〉는 코미디 시리즈로 1994년부터 2001년까지 무려 7년 연속 최우수작품상을 수상한 작품이다. 다음으로 FX의 〈더 피플 v. O.J. 심슨 : 아메리칸 크라임 스토리〉는 리미티드 시리즈 부분의 작품상, 남녀 주연상 등 9개의 에미상을 수상하였다.

[표 18] 제68회 에미상 주요 수상 현황

장르	작품상	남우주연상	여우주연상
드라마 시리즈	〈왕좌의 게임〉(HBO)	〈미스터 로봇〉의 라미 말렉(USA)	〈오펀 블랙〉의 타티아나 마슬라니 (BBC America)
코미디 시리즈	〈더 빕〉(HBO)	〈트렌스페어런트〉 (Amazon)의 제프리 탬버	〈더 빕〉(HBO)의 줄리아니 루이스 드레이퍼스
버라이어티 토크 시리즈	〈래스트 위크 투나잇 위드 존 올리버〉(HBO)		
버라이어티 스케치 시리즈	〈키 & 필〉 (Comedy Central)		
리미티디 시리즈	〈더 피플 v. O.J. 심슨 : 아메리칸 크라임 스토리〉(FX)	〈더 피플 v. O.J. 심슨 : 아메리칸 크라임 스토리〉(FX)의 코트니 B. 반스	〈더 피플 v. O.J. 심슨 : 아메리칸 크라임 스토리〉(FX)의 사라 폴슨
TV 무비	〈셜록 : 유령신부〉(PBS)		
리얼리디 경쟁 프로그램	〈더 보이스〉(NBC)		

제68회 에미상 중계를 보면서 느낀 점이 몇 가지 있다. 첫째, 생방송과 재방송의 차이이다. 2015년 KBS 연기대상을 예로 들어보자. 지난해 KBS 연기대상은 12월 31일 오후 9시부터 밤 12시까지 생방송을 했고, 다음 날인 정월 초하루 낮에 재방송을 했다.

반면 에미상 중계는 한국의 방송에서는 상상할 수 없는 시간대인 오후 8시부터 11시까지 재방송을 했다. 물론 LA 오후 5시가 뉴욕을 포함한 동부에서는 오후 8시이므로 생방송을 보게 된다. 이것은 10년 정도 지속된 현

한국 방송콘텐츠의 미래를 열다

상으로 동부와 서부의 시차를 고려하고, 광고 수익을 극대화하려는 전략으로 보인다. 이것은 리우데자네이루 올림픽의 개막식도 마찬가지였다. 지난 8월에 열린 리우 올림픽 개막식을 녹화해놓았다가 오후 5시에 첫 방송을 하는 것과 비슷한 양상이다.

둘째, 지상파 수상작은 거의 보이지 않고 케이블, 특히 HBO에서 대부분 상을 휩쓸었다는 것이다. 지금까지 에미상 드라마 작품상은 NBC 21회, CBS 18회, ABC 9회, AMC 6회, HBO 4회, PBS 4회, 폭스 1회, NET 1회, KECA-TV 1회, 쇼타임(Showtime) 1회이다.[10] 그러나 15년 동안 HBO가 절대 강자 자리를 유지하고 있다. 에미상에 노미네이트된 숫자만 봐도, 지난해 126개보다 줄긴 했으나 94개로 1위다. 2위는 FX로 56개이다. 넷플릭스의 경우 2012년까지만 해도 단 하나의 작품도 올리지 못했지만 올해는 54개로 3위를 기록했다. 이로써 지상파는 3위 안에 진입하지 못하는 역사적인 치욕을 겪은 첫 번째 해가 됐다.[11]

KBS에서 드라마 제작에 관여하여 그런지 에미상의 드라마 부문을 유심히 살펴보았지만 지상파의 이름을 들을 수 없었다. 주요 수상 중에서 리얼리티 경연 프로그램 부분에서만 NBC의 〈더 보이스(The Voice)〉만 이름을 올렸다.

[표 19]에서 보듯 지상파는 2008년 이후 케이블에게 자리를 넘겨준 것으로 나타났다. 케이블에서 방송된 것 중에서 NET의 〈넷 플레이하우스

10　https://en.wikipedia.org/wiki/Primetime_Emmy_Award_for_Outstanding_Drama_Series

11　https://www.washingtonpost.com/news/arts-and-entertainment/wp/2016/09/17/what-the-emmy-nominations-tell-us-about-the-state-of-television-networks/

〈NET Playhouse〉〉가 1968년 처음으로 에미상에 노미네이트됐고, 1969년에 작품상을 수상했다. 1972년 PBS의 〈엘리자베스 알(Elizabeth R)〉와 1974년 과 1975년 PBS의 〈업스테어스, 다운스테어스(Upstairs, Downstairs)〉가 작품 상을 수상했고, 1995년 폭스의 〈더 엑스파일(The X-files)〉이 등장하기 전까 지는 3대 메이저 지상파 방송사인 ABC, NBC, CBS의 천하였다.

[표 19] 10년간 에미상 드라마 부분에 노미네이트된 채널 현황

채널	2007	2008	2009	2010	2011	2012	2013	2014	2015	2016	계
ABC	2	2	1	1							6
NBC	1				1						2
CBS				1	1						2
PBS						1	1	1	1	1	5
폭스	1	1	1								3
AMC		**1**	2	2	1	1	**2**	**2**	1	1	13
HBO	**1**		1	1	1	1	1	2	**1**	**1**	10
FX		1	1							1	3
쇼타임		1	1	1	1	**1**	1		1	1	8
USA										1	1
넷플릭스							1	1	2	1	5

* 볼드체는 당해연도 수상작을 낸 채널임.

1999년 HBO가 〈소프라노스(The Sopranos)〉로 처음 노미네이트되면서 케 이블의 드라마가 본격 등장하기 시작했다. 2002년 폭스의 〈24〉가 노미네 이트됐고, 2004년과 2006년 작품상을 수상했다. 2003년 55회부터 지상파

한국 방송콘텐츠의 미래를 열다

드라마보다 케이블 드라마가 2대 3으로 더 많이 노미네이트되면서 서서히 역전됐다. 2008년이 변혁의 시기이다. 이때부터 AMC, FX, 쇼타임 등의 케이블 드라마가 에미상 후보에 진입하였고, 지상파보다 케이블 드라마의 노미네이트 숫자가 많아졌다. 지상파는 지난 10년간 작품상을 하나도 받지 못했고, AMC가 6회, HBO가 3회, 쇼타임이 1회이다. 그리고 2013년 OTT 서비스인 넷플릭스가 진입했다.

셋째, 프라임 타임 에미상인데도 프라임 타임이 따로 없는 넷플릭스와 아마존의 드라마도 수상 후보작에 오르고, 실제 수상도 많이 한다. 노미네이트된 숫자를 비교하면 2016년 넷플릭스가 54개이며, 아마존도 16개가 노미네이트됐다. 프라임 타임 드라마에 넷플릭스는 2013년부터 〈하우스 오브 카드(House of Cards)〉가 꾸준히 선정되고 있다.

넷째, 시청률이 계속 하락한다는 것이다. 18~49세 성인의 1130만 명이 에미상 시상식을 시청했고 시청률은 2.8%를 기록했다. 지난해 폭스에서 시상식 방송을 했을 때의 시청자 1,190만 명보다 올해 5%가 감소한 것이다. 또한 광고주가 희망한 시청률 3.8%보다는 22%가 떨어지는 수치이다. 이는 밀레니얼 세대가 35% 감소한 것이 가장 주요한 이유로 분석된다.[12]

다섯째, 동일한 드라마가 연속해서 작품상을 받는다는 점이다. 올해 〈왕좌의 게임〉이 2년 연속 수상을 하였다. AMC의 〈매드 맨〉은 2008년부터 4년 연속 수상하였다. 한국에서 볼 수 없는 풍경으로 시즌제만이 갖는 매력이다. 시즌이 인기가 있으면 계속 제작되기 때문이다. 하나를 잘 만들어 시즌을 이어가는 것이 장수의 비결이고, 상당히 비용을 벌 수 있다.

---

12 http://adage.com/article/media/emmys-ratings-drop/305914/?utm_
    source=daily_email&utm_medium=newsletter&utm_campaign=adage&ttl=14749
    32571?utm_visit=1173237

한국에서도 시즌제를 지향하기는 하지만 전반적인 환경이 안 되고 있다. 일본은 한일 정치 문제로 한류가 꺾이고 있으며, 중국은 사드 문제로 한류 콘텐츠에 대한 규제가 심해 당분간 수출이 어려울 전망이다. 심지어 중국 넷플릭스라고 불리는 LeEco TV가 미국에서의 IPTV 사업에 뛰어들려 하면서 최근 갑자기 한국 콘텐츠를 구매하지 않기로 한 것도 이의 일환으로 보인다. 이제는 정말로 시즌제에 눈을 돌려야 할 때이다.

에미상은 TV 최고의 권위를 갖고 있어서 그런지 모든 배우들이 참석해 축제를 벌이는 것 같다. 한국의 수상자만 참석하는 시상식과 배우가 출연하지 않으면 주지 않는 상과는 매우 다르다는 생각이 들었다. 한국에서도 이런 권위 있는 상이 지속적으로 이어졌으면 하는 생각이 무엇보다 들었다.

3. 제69회 프라임 타임 에미상의 의미[13]

제69회 프라임 타임 에미상(Emmy Awards 2017) 시상식이 로스앤젤레스의 마이크로소프트 극장에서 CBS의 간판 토크쇼 〈더 레이트 쇼〉의 사회를 맡고 있는 코미디언 스티븐 콜베어(Stephen Colbert)의 사회로 열렸다. 에미상은 텔레비전예술과학아카데미가 1949년부터 텔레비전 프로그램과 관련된 업적을 평가하여 수여하는 방송계 최대의 상이다. 그런 만큼 이날만큼은 거의 모든 배우, 감독, 작가들이 수상에 관계없이 이 행사에 직접 참여한다. 이번 에미상 대상 작품은 2016년 6월 1일부터 2017년 5월 31일까지 프라임 타임에 방송된 프로그램이다.

제69회 에미상에서 드라마 작품상은 훌루(Hulu)의 〈시녀 이야기(The Handmaid's Tale)〉가 차지하고, 코미디 작품상은 HBO의 〈더 빕(The Veep)〉에게 돌아갔으며, 니콜 키드먼은 〈빅 리틀 라이즈(Big Little Lies)〉로 리미티드

---

13 『PD저널』 2017.9.20. http://www.pdjournal.com/news/articleView.html?idxno=61054

와 영화 부문에서 여우주연상을 수상했다.

[표 20] 제69회 에미상 주요 수상 현황

분야	작품상	남우주연상	여우주연상
드라마	〈시녀 이야기〉(Hulu)	〈디스 이즈 어스〉의 스털링 브라운	〈시녀 이야기〉의 엘리자베스 모스
코미디	〈더 빕〉(HBO)	〈애틀랜타〉의 도널드 글로버	〈더 빕〉의 줄리아 루이스-드뢰푸스
버라이어티 토크	〈래스트위크 투나잇 위드 존 올리버〉(HBO)		
버라이어티 스케치	〈SNL〉(NBC)		
리미티드	〈빅 리틀 라이즈〉 (HBO)	〈더 나잇 오브〉의 리즈 아메드	〈빅 리틀 라이즈〉의 니콜 키드만
TV영화	〈블랙 미러 : 샌 주니페로〉(Netflix)		
리얼리티 경쟁	〈더 보이스〉(NBC)		

올해 에미상의 가장 큰 특징은 훌루의 웹 시리즈 〈시녀 이야기〉가 드라마 부문에서 작품상을 수상한 것이다. 이 작품은 1985년 발표된 마거릿 애트우드의 장편소설을 드라마화한 것으로 평화롭게 살던 여주인공 오프 브레드가 어느 날 갑자기 이름과 가족을 뺏긴 채 사령관의 시녀가 되어 그의 아이를 갖도록 강요받으면서 벌어지는 이야기를 그린 10부작 드라마이다. 〈시녀 이야기〉가 수상한 것은 두 가지가 의미가 있다. 하나는 웹 시리즈가 처음으로 드라마 부분에서 수상했다는 것이다. 〈하우스 오브 카드〉와 〈오렌지 이즈 블랙〉, 최근에는 〈루머의 루머의 루머〉(13 Reasons Why) 등 상대적으로 웹 시리즈에서 가장 선두를 달리고 있던 넷플릭스는 5년 동안 매년 노미네이트되었지만 실패했다.

한국 방송콘텐츠의 미래를 열다

그러나 훌루는 올해 처음 노미네이트되었지만 운 좋게도 단번에 그 기회를 잡았다. 수상한 〈시녀 이야기〉는 드라마 시리즈 13개 부문에 노미네이트되었고, 작품상·여우주연상·여우조연상·감독상·극본상·특별여자출연상·촬영상·세트디자인상 등 8개 부문에서 수상을 하였다. 지금까지 지상파 방송사와 케이블의 전유물이었던 드라마 시리즈의 작품상이 더 이상 그들만의 세상이 아닌 것이 되었다. 이제 우수한 드라마는 자본력만 있으면 어느 플랫폼에서나 만들 수 있는 시대가 된 것이다.

요즘 한국의 미니시리즈도 시청률이 형편없다. 심지어 1%대까지 내려간 드라마도 있다. 트렌드의 전환이 급속도로 이뤄지는 시대에 정책 방향이 제대로 수립되지 않으면 미래가 불투명하다는 것이 분명하게 느껴진다. 다음으로 플랫폼 시장에서 경쟁력을 갖기 위해서 자체 콘텐츠를 제작할 수 밖에 없다는 것을 보여주고 있다.

훌루는 2007년 월트디즈니(지분 30%), 21세기폭스(30%), 컴캐스트(30%), 타임워너(10%)가 자신들이 소유하고 ABC, CBS, NBC 등의 콘텐츠를 직접 스트리밍하기 위해 만든 조인트 벤처이다. 그럼에도 불구하고 훌루는 2013년부터 넷플릭스처럼 오리지널 제작을 하여 서비스를 시작했다. 첫 작품은 〈이스트 로스 하이(East Los High)〉로 10대용 드라마로 벌써 시즌 4까지 제작되었다. 현재까지 훌루는 10편의 작품을 제작하였는데, 2016년과 2017년에 대부분 제작하였다. 2016년에 무려 6편의 드라마를 제작하였고, 2017년은 3개이다.[14] 반면 넷플릭스는 2013년 〈하우스 오브 카드〉 등 15편의 드라마를 제작하였는데, 2013년 3편, 2014년 1편, 2015년 3편,

----

14   https://en.wikipedia.org/wiki/List_of_original_programs_distributed_by_Hulu

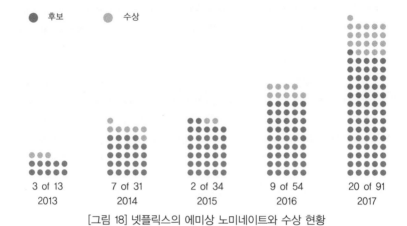

● 후보　　　● 수상

3 of 13　　7 of 31　　2 of 34　　9 of 54　　20 of 91
2013　　　2014　　　2015　　　2016　　　2017

[그림 18] 넷플릭스의 에미상 노미네이트와 수상 현황

2016년 4편, 2017년 4개 등 꾸준하게 제작을 하고 있다.[15]

안정된 콘텐츠를 공급받을 수 없는 넷플릭스와 달리 훌루는 투자사로부터 안정적으로 콘텐츠를 제공받을 수 있다. 그럼에도 훌루가 이렇게 제작을 하는 이유는 넷플릭스의 성공에 영향을 받은 것으로 보인다. 넷플릭스는 2018년 70억 달러를 오리지널 콘텐츠 제작에 투자하기로 하였다. 이는 2017년보다 10억 달러가 증가한 예산이다. 이번 에미상 후보에도 오른 〈더 크라운(The Crown)〉은 넷플릭스 드라마 중 가장 많은 제작비를 사용하였는데, 시즌 1의 10부작을 제작하는 데 총 1,495억 원을 투입하여 한 회당 150억 정도를 들였다. 넷플릭스의 가장 큰 경쟁자인 아마존은 올해 오리지널 콘텐츠 제작에 45억 달러를 투자했다. 여기에 애플도 2018년에 10억 달러 예산을 책정하고 제작에 본격적으로 나선다. 페이스북도 드라마와 예능의 자체 제작을 준비하고 있다. 디즈니는 넷플릭스에 콘텐츠를 공

15　https://en.wikipedia.org/wiki/List_of_original_programs_distributed_by_Netflix

급하던 것을 끊고, 2019년부터 자체 스트리밍 서비스를 하려고 한다.[16] 이른바 콘텐츠 대전이 일어날 조짐이다.

[표 21] 2007년 이후 채널별 에미상(드라마 부문) 노미네이트 및 수상 현황

채널	2007	2008	2009	2010	2011	2012	2013	2014	2015	2016	2017	계
ABC	2	2	1	1								6
NBC	1				1						1	3
CBS				1	1							2
PBS						1	1	1	1	1		5
폭스	1	1	1									3
AMC		**1**	2	2	1	1	2	2	1	1	1	14
HBO	**1**		1	1	1	1	1	2	**1**	**1**	1	11
FX		1	1							1		3
쇼타임		1	1	1	**1**	1	1		1	1		8
USA										1		1
넷플릭스							1	1	2	1	3	8
훌루											**1**	1

* 볼드체는 당해연도 수상작을 낸 채널임.

두번째 특징은 작품상이 시청률과는 연관성이 없다는 것이다. 2016년에는 리얼리티 경쟁 부문에서 〈더 보이스(The Voice)〉, 리미티드 시리즈 부문에서 〈더 피플 v. O.J. 심슨(The People v. O.J. Simpson)〉, 드라마 시리즈 부문에서 〈왕좌의 게임(Game of Thrones)〉이 노미네이트된 작품 중에서 시청

---

16 http://thegear.co.kr/15004

률이 1위였고, 코미디 부문만 〈더 빕(The Veep)〉의 시청률이 하위였다. 그러나 올해는 정반대로 2년 연속 수상한 리얼리티 경쟁 부문의 〈더 보이스〉 외에는 시청률이 1위가 아니다. 리미티드 시리즈 부문에서 〈빅 리틀 라이즈〉는 2위, 코미디 부문의 〈더 빕〉은 올해도 시청률은 4위에 불과하였고, 드라마 시리즈 부문의 〈시녀 이야기〉는 아예 시청률이 없다. [표 21]에서 보는 것처럼 방송사 수상작은 최근 10년 이내에는 전무하며, 시청률을 측정할 수 없는 작품이 7편 중 절반이 넘는 4편이나 된다. 그동안은 시청률과 수상작이 연관성이 있었으나, 이제는 화제성이 중요한 것처럼 보인다.

세번째 특징은 넷플릭스를 포함한 스트리밍 업체의 약진이다. [표 21]에서 보는 바와 같이 넷플릭스 작품의 노미네이트 수와 수상작이 급증하고 있다. 처음 대상이 되었던 2013년에는 13개 부문에 노미네이트되었다가 3개 부문에서 수상하였다. 그러나 올해에는 무려 91개 부문에서 노미네이트되어 20개 부문에서 수상하였다.[17] HBO가 29개 부문에서 수상한 것과 비교하면 단기간에 엄청나게 증가한 숫자이다. 넷플릭스의 〈기묘한 이야기(Stranger Things)〉는 18개 부문에 노미네이트되었고, 5개 부문에서 수상하였다. 특히 드라마 부문에서는 노미네이트된 7편의 작품 중에 〈하우스 오브 카드〉, 〈더 크라운〉, 〈기묘한 이야기〉 등 넷플릭스의 작품이 3편이나 포함되었다. 그만큼 좋은 작품을 많이 만든다는 것이다.

이 부분은 앞에서 언급한 제작비와 무관하지 않을 것 같다. 또한, 아마존과 훌루를 포함한 스트리밍 업체의 노미네이트 수는 120개에 달한다. 이러한 상황을 보면서 일본과 중국의 한류 축소로 제작비를 투자하기 힘

---

17 https://www.statista.com/chart/11114/netflixs-nominations-and-wins-at-the-emmys/

든 한국의 드라마 시장이 심히 우려스럽게 보인다.

그나마 방송사의 자존심을 지켜준 것은 NBC였다. 〈더 보이스〉로 3년 연속 리얼리티 경쟁 부문에서 작품상을 수상하고, 〈SNL(Saturday Night Live)〉은 버라이어티 부문에서 작품상, 스털링 브라운(Sterling K. Brown)이 〈디스 이즈 어스〉로 남우주연상을 차지하였다.

넷째, 지난해와 마찬가지로 에미상 시상식 중계방송의 시청률이 계속 하락한다는 것이다. 전체적으로는 시청자 수가 1,140만 명으로 지난해 1,130만 명보다 증가했으나, 18~49세 성인 시청률은 지난해 2.8%에서 2.5%로 감소하고, 시청자 수도 359만 명에서 322만 명으로 10%가 하락했다. 그나마 지난해 22% 하락보다는 폭이 낮다.[18] 여기에는 훌루나 넷플릭스의 드라마가 기존 방송사의 인기 드라마를 압도한 것에 대한 부담감도 있을 것이다. 드라마 시리즈 대상 작품 중 시청률 1위는 서울드라마어워즈에서도 대상을 받은 〈디스 이스 어스(This is Us)〉였다.[19] 시청률이 감소한 데에는 지상파 방송에서 인기 있는 것을 보고 싶었는데 익숙하지 않은 작품들을 봐야 하는 약간의 실망도 작용했을 것이다.

시청률 하락의 또 하나의 요인은 그 시간에 다른 방송사에서 중계한 미식축구 경기로 분석되고 있다. 한국의 경우 방송통신위원회에서 주관하는 방송대상의 경우 낮 시간에 해서 그런지 AGB닐슨의 수도권 기준으로 2014년 1.6%이고, 2015년과 2016년은 1.1%로 하락하였다. 그나마 올해

---

18 http://adage.com/article/media/emmys-ratings-drop/310502/?utm_
    source=daily_email&utm_medium=newsletter&utm_campaign=adage&ttl=15064
    24728&utm_visit=1173237

19 http://tvbythenumbers.zap2it.com/more-tv-news/2017-emmy-winners-by-
    the-numbers-how-ratings-and-awards-compare/

는 중계도 하지 않았다. 방송대상이 미국처럼 모두의 잔치가 될 수 있도록 개선되었으면 하는 바람이다.

마지막으로 표현의 자유이다. 시상식에서 트럼프 대통령을 패러디하는 것이 유독 많았다. 사회자 콜베어는 "도널드 트럼프가 에미상을 받았다면 그는 결코 대통령에 출마하지 않았을 것이 분명하다", 지난 7월 경질된 숀 스파이서 전 백악관 대변인은 백악관 스타일의 연단을 밀고 나와 "이번이 에미상을 지켜보는 청중이 가장 많은 시상식이다", 〈애틀랜타〉로 최우수 코미디 남우주연상을 받은 흑인 배우 도널드 그로버는 "흑인을 가장 억압받는 사람들 명단에서 1등으로 만들어줘서 트럼프에게 감사하다" 등 지난 아카데미 시상식에 이어 많은 풍자를 이어갔다.

한국의 '블랙리스트' 사태를 보면서 한국에서 이러한 표현을 했다면 모두 지방 발령을 받거나 스케이트장 근무를 받았을 것이다. 이제 한국도 헌법에 보장된 표현의 자유를 보장하며 방송에서 보여줄 수 있는 해학과 풍자에 관대해져야 밝은 사회가 된다는 생각을 다시금 하게 되었다.

4. 골든글로브 시상식은 영화만의 잔치가 아니다[20]

지난 2017년 1월 8일 제74회 골든글로브(Golden Globe Awards) 시상식이 지난 50년 동안 열린 베버리 힐튼 호텔에서 열렸다. NBC에서 중계한 시상식은 미국 서부 시간으로 오후 5시에 시작하여 8시 조금 지나 끝났다.

이번 시상식의 특징은 첫째, 영화 〈라라랜드(La La Land)〉의 잔치였다는 점이다. 뮤지컬/코미디 영화 부문 작품상, 여우주연상(엠마 스톤), 남우주연상(라이언 고슬링), 감독상(다미엔 차젤레), 각본상, 음악상, 주제가상(〈시티 오브 스타즈〉) 등 노미네이트된 7개 부분을 모두 석권하는 대기록을 세웠다.

골든글로브 시상식에 대한 국내 뉴스는 온통 영화에 치중되어 보도되고 있다. 그러나 골든글로브 시상식은 영화와 TV 드라마를 망라하여 시상하고 있다.

이 상은 1944년 할리우드 외신기자협회(Hollywood Foreign Press Association,

---

20 『PD저널』 2017.1.12. http://www.pdjournal.com/news/articleView. html?idxno=60062

HFPA)에서 기금 조성을 위해 시작되었고, 심사는 할리우드 외신기자협회 원 93명이 미국 내외의 훌륭한 영화, 애니메이션 및 TV 드라마 작품을 선 정한다. 특히, 2월 26일 로스앤젤레스 돌비 극장에서 열릴 제89회 아카데 미 시상식의 전초전이라는 성격도 갖고 있다. 스터티스타의 통계에 따르 면 아카데미 수상작은 감독상을 제외하고는 골든글로브에서 수상한 작품 의 비중이 매우 높기 때문이다.

〈라라랜드〉는 미국에서는 지난해 12월 9일 개봉하였다. 한국에서는 미 국 개봉일보다 앞선 12월 7일 개봉하여 300만 명 정도가 관람하였으며, 한 달 이상 꾸준한 인기를 유지하고 있다. 영화의 배경은 제목처럼 로스앤 젤레스이다. '라라랜드'는 현실과 동떨어진 상태를 의미하는 단어로 로스 앤젤레스의 별명이다.

〈라라랜드〉의 상복은 2016년 8월 31일 베니스 영화제에서 영화제 개 막작으로 초연되고, 엠마 스톤이 볼피컵 여우주연상을 수상한 것으로 시 작하였다. 제41회 토론토 영화제 관객상, 제52회 시카고 영화제 개막작, 2016년 뉴욕비평가협회 작품상, 크리틱스초이스어워즈 8개 부문(작품상·감독상·각본상·촬영상·편집상·미술상·주제가상·음악상), 보스턴 비평가협 회 3개 부문(작품상·감독상·편집상), LA비평가협회 음악상 등을 수상하였 다. 다음 달 열리는 오스카 시상식에서도 많은 상을 수상할 것으로 기대가 된다.

그러나 흥행은 수상과는 또 다른 측면이 있다. 3천만 달러의 비교적 적 은 제작비를 투입하여 5,200만 달러(세계 8,500만 달러)의 극장 수입밖에 못 올렸기 때문이다.

둘째, 한국에서는 주로 영화의 수상작만을 보도하고 있으나, 영화 13개 부문, 애니에이션 1개 부문 외에도 TV 부문에도 11개의 상이 있다. 분야

한국 방송콘텐츠의 미래를 열다

는 드라마, 뮤지컬/코미디, 단편(제한된 시리즈 및 TV 영화) 등 3개 분야로 되어 있고, 각 분야별로 작품상과 남녀 주연상이 있다. 남우조연상은 부문의 구분 없이 하나로 구성되어 있다. 올해의 작품상은 드라마 부문에 넷플릭스의 〈더 크라운〉, 뮤지컬/코미디 분야와 단편 분야에 각각 FX의 〈애틀랜타〉와 〈더 피플 v. O.J. 심슨〉이 수상하였다.

미국 지상파 방송사에서 방송한 작품은 지난 10년간 드라마 부분에서 수상을 하지 못했다. 가장 최근의 수상작이 2006년 〈그레이 아나토미〉였다. 또한 이해는 방송사 작품 중 노미네이트된 숫자가 케이블에게 진 첫해이다. 올해에는 NBC의 〈디스 이즈 어스〉가 드라마 부문 작품상 후보에, 크리시 메츠가 여우조연상 후보에 올랐으나 모두 낙방하여 10년 만의 수상에 대한 기대가 무너졌다. 다만, 지상파 방송사로서는 유일하게 ABC 〈블랙리쉬〉의 트레이스 E. 로스가 뮤지컬/코미디 부문의 여우주연상을 수상하였다.

셋째, 2016년에는 수상을 하지 못한 넷플릭스의 약진이다. 아마존은 〈골리앗〉의 빌리 밥 손튼이 드라마 부문 남우주연상 하나에 그친 반면, 넷플릭스가 방송한 〈더 크라운〉이 드라마 부문 작품상과 클레어 포이가 여우주연상을 수상하는 영예를 안았다. 넷플릭스의 또 다른 드라마 〈기묘한 이야기〉도 작품상 후보에 올랐다. 2016년에는 아마존의 〈모차르트 인 더 정글〉이 뮤지컬/코미디 부문에서 각각 작품상과 남우주연상을 받았다. 2015년에는 아마존의 〈트랜스페어런트〉가 뮤지컬/코미디 분야에서 각각 작품상과 남우주연상을 받은 반면, 넷플릭스는 드라마 분야에서 케빈 스페이시가 남우주연상을 받는 데 그쳤다.

넷째, 사회자인 지미 팰론이 니콜 키드먼, 에이미 애덤스 등과 라라랜드를 패러디한 오프닝에 못지않게 기억에 남는 것이 평생공로상(세실 B. 메릴상)을 받은 메릴 스트립의 수상 소감이다. 2016년 미국 대선에서 힐러리 클린턴을 지지했던 그는 "시상식장에 미국에서 가장 비난받고 있는 할리우드, 외국인, 언론 종사자가 있다. 에이미 애덤스는 이탈리아의 빈센자, 나탈리 포트먼은 예루살렘, 루스 네가는 이디오피아의 아디스아바바, 라이언 고슬링은 캐나다, 데브 파텔은 케냐 출신"이라고 소개하고, "이들을 쫓아내면 예술이 아닌 풋볼이나 격투기 같은 것밖에 볼 것이 없다"고 하면서 트럼프의 인종 차별 발언을 비꼬았다. 한편 권력을 가진 자가 지위를 이용하지 못하도록 자유 언론이 보호될 필요가 있다고 강조하였다.

다섯째, 아카데미상이 타 인종에 대한 차별이 심한 데 비해 골든글로브는 타 인종에 대하여 관대한 편이다. 영화 〈펜스〉의 비올라 데이비스가 여우조연상, 〈블랙리쉬〉의 트레이시 E. 로스는 TV 뮤지컬/코미디 분야 여우주연상, 〈애틀랜타〉의 도널드 글로버가 남우주연상을 받았다. 지난해 아카데미 수상자가 백인 일색이어서 많은 비난을 많이 받았는데 과연 다음 달 열리는 89회는 어떨지 관심이 간다.

여섯째, 모든 연기자가 참석하여 축제의 장을 만든다는 것이다. 카메라가 노미네이트된 모든 배우의 얼굴을 현장에서 비추어주는 것을 보면서 이 상의 공신력을 확인할 수 있었다. 수상하지 못하더라도 배우가 참석하여 수상식을 축제로 만드는 것이다. 한국의 지난 연말 연기대상에서 일부 배우가 참석하지 않는다고 하여 수상자가 변경되었다는 기사를 접하면서 정말로 시상식 문화를 바꿔야 한다는 생각이 들었다. 그리고, 각 부문별 수상자가 전부 한 작품이나 한 명이라는 것이다. 한국 방송사의 연기대상이 부문마다 2명, 심지어 3명을 선정하는 것과는 많은 차이가 있다. 그만큼 수상자가 명예를 느낄 수 있는 지점이다. 이전의 수상 기록을 보아도 그렇다.

일곱째, 반면 시상식 중계가 너무 밋밋하였다. 한국 방송사의 연기대상, 방송대상, 백상예술대상, 서울드라마어워즈 등의 중계방송이 훨씬 다채롭고 퀄리티가 높다고 생각한다. 수상 후보를 발표할 때도 자료 화면이 거의 없다는 것은 중계가 단순하고 시청자에 대한 친절함이 부족하다는 생각이 든다.

제74회 골든글로브 시상을 보면서 방송사 소속 직원으로서 영화외에 TV 부문에 관심이 갈 수밖에 없었다. 아마존이나 넷플릭스 같은 방송사가 아닌 온라인 서비스 업체의 작품이 수상을 하는 것을 보면서 이것이 한국 방송사의 미래가 될 수도 있다는 걱정도 하게 되었다. 더 나아가 현재 〈미생〉이나 〈도깨비〉 같은 케이블 드라마가 조명을 받고 있지만, 멀지 않아 온라인 업체가 제작한 드라마가 이를 능가하는 일도 일어나지 않을까 한다.

5. 한류 확산의 새 통로가 된 시트콤 〈닥터 켄〉[21]

한동안 한류의 중심지였던 일본과 중국에서 한류가 최근 몇 년 사이에 매우 어려움을 겪고 있다. 중국의 규제가 계속 강화되어오다가 2016년 11월 20일에는 한국 드라마, 영화, 예능 프로그램과 리메이크 작품을 금지한다는 지침까지 내려왔다고 한다.

한류가 이렇게 일본과 중국에서 주춤하는 사이 미국 시장이 주목을 받고 있다. 미국은 제3의 한류 시장으로 성장할 잠재성이 충분하다. 한류 콘텐츠 중에서 미국 시장에 가장 많이 알려진 것은 음악이다. 이를 가능하게 한 것은 싸이의 〈강남스타일〉 덕분일 것이다. 지금까지 26억 8,635만 뷰[22]라는 기네스북 기록을 갖고 있기 때문이다. 또한 가수 비를 비롯하여 많은 아이돌 가수들이 미국 무대에서 공연을 하면서 K-Pop이 많이 알려지고 있다.

---

21   『PD저널』 2016.12.8. http://www.pdjournal.com/news/articleView. html?idxno=59844
22   2018년 7월 현재 31억 뷰.

한국 방송콘텐츠의 미래를 열다

그러나 한국의 영상 콘텐츠는 갈 길이 멀다. 아시아권에서는 절대적인 인기를 누리고 있는 한류 콘텐츠가 미국에서 한인을 포함한 아시아인을 상대로 하지 않고 미국 주류 시장에 직접 진입하는 것은 언어 문제와 문화적 차이로 인해 상당 기간 불가능할 것이다.

따라서 미국에서 한류 확산의 방법으로 리메이크나 포맷 판매의 방법이 대두되고 있다. 이스라엘 드라마 〈전쟁포로(Prisoners of War)〉를 리메이크한 〈홈랜드(Home Land)〉가 성공하면서 이스라엘 드라마에 대한 관심이 부쩍 늘어났고, 많은 드라마가 리메이크되고 있기 때문이다.

한국 영화는 지금까지 〈시월애〉 〈장화 홍련〉 〈올드보이〉 〈거울 속으로〉 〈중독〉 〈엽기적 그녀〉 〈삼공일 삼공이〉 등 7편이 미국에서 리메이크되었다. 2006년 키아누 리브스와 산드라 블록 주연의 〈레이크 하우스(The Lake House)〉로 리메이크된 〈시월애〉와 2009년 〈언인바이티드(The Uninvited)〉로 리메이크된 〈장화 홍련〉 외에는 성공을 거두지 못했다. 30여 편의 영화가 리메이크 계약이 되었지만 미국에 가장 많이 알려진 〈올드보이〉가 2013년 의외로 흥행에 크게 실패한 이후 리메이크가 주춤하고 있다.

예능은 올해 〈꽃보다 할배〉 포맷이 〈베터 레이트 댄 네버(Better Late Than Never)〉로 제작되어 NBC에서 방송되었다. 동시간대 1위를 기록할 정도로 반응이 좋아 시즌 2를 제작하기로 결정되어 준비 중이다. KBS의 〈슈퍼맨이 돌아왔다〉 포맷도 디스커버리 라이프에서 〈프로젝트 대드(Project Dad)〉로 제작되어 지난 2016년 11월 1일부터 방송되고 있다. KBS의 〈1박 2일〉과 〈위기탈출 넘버원〉도 미국 포맷으로 개발 중이다.

이제 남은 영역은 드라마이다. 그동안 tvN의 〈나인〉을 필두로 KBS의 〈굿닥터〉 〈동네 변호사 조들호〉, SBS의 〈별에서 온 그대〉 〈신의 선물〉 등 많은 작품들이 리메이크를 위해 옵션 계약이 이루어졌다. 아직까지 파일럿 제작까지 진행된 작품이 없다. 앞으로 〈굿닥터〉가 미국 드라마로 가장 빨리 리메이크 될 가능성이 높다. ABC가 2017년 초 소니픽쳐스에게 파일 럿 제작을 하도록 하지 않으면 상당한 금액의 페널티를 물어야 하는 계약 을 맺고 있기 때문이다.

한국의 콘텐츠가 한류 확산을 위해 이렇게 험난한 과정을 겪고 있지만 한류를 확장하는 데 있어 더욱 효과적인 통로가 있다는 곳을 알게 되었 다. 바로 ABC에서 매주 금요일 밤 8시 30분에 방송하는 시트콤 〈닥터 켄 (Dr. Ken)〉이 이러한 사례를 보여 준다. 〈닥터 켄〉은 한국계 미국인인 켄 정 (Ken Jung)의 자전적 이야기로 주인공 닥터 켄이 보험회사에서 의사로 일하 는 삶을 다루고 있다. 2014년 파일럿으로 제작되었고, 2015/2016 시즌으 로 2015년 10월 2일부터 방송하기 시작하여 22개로 시즌 1을 마무리하고, 현재 시즌 2가 방송되고 있다. 주인공인 닥터 켄드릭 역을 연기하는 켄 정 은 실제로 의사이다. 그는 영화 〈행 오버(Hang Over)〉에서 레슬리 조(Leslie Chow) 역할로 커다란 인기를 얻으면서 알려졌고, 이 작품에서는 시트콤을 기획한 크리에이터 겸 작가 겸 총괄 프로듀서 겸 배우로 활약하고 있다.

〈닥터 켄〉에 대하여 알게 된 것은 〈닥터 켄〉 제작팀에서 지난 9월 30일 KBS아메리카로 〈닥터 켄〉에 삽입될 한국의 연속극 클립을 구매하고 싶 다고 연락이 온 때부터이다. 몇 가지 연속극을 소개하였고, 최종 〈루비반 지〉 중에서 2분의 클립을 사용하기로 결정이 되었다. 그러나 11월 4일 방 송분에서는 한국 드라마를 보는 장면에서 실제 〈루비반지〉 영상은 나오지 않고 음성만 나왔다. 더 직접적인 것은 이 일을 계기로 제작진에서 〈닥터 켄〉 녹화 현장에 초대하여 11월 15일 〈닥터 켄〉을 제작하고 있는 소니픽 쳐스의 스튜디오 28을 방문한 것이다. 미국 스튜디오는 몇 차례 견학해보 았으나 시트콤 제작 현장을 방문한 것은 처음이었다.

한국 방송콘텐츠의 미래를 열다

11월 4일 방송된 에피소드는 주인공 켄 정이 한국말을 배우는 것을 소재로 구성되어 있다. 방송이 시작하자마자 자막도 없이 한국어가 나오고, 한국어를 배우는 과정에서 칠판에 한국어가 쓰여 있는 장면이 나온다. 상당한 분량의 한국어가 나오고, 고스톱 치는 장면도 나왔다. 10월 21일 방송된 에피소드에서는 핼로윈 시즌을 맞아 한국의 귀신을 등장시켰다. 저승사자, 구미호, 달걀귀신 등을 직접 등장시켜 한국의 문화를 소개하는 역할을 하였다. 이것은 켄 정이 한국계이고 본인이 이 시트콤의 아이디어를 냈고, 총괄 프로듀서까지 하고 있기 때문에 가능한 일일 것이다.

또한 11월 19일부터 매주 밤 11시에 내셔널지오그래픽에서 방송하는 6부작 드라마 〈화성(Mars)〉의 주연을 맡은 배우 겸 뮤지션 김지혜의 사례도 흥미롭다. 처음에는 배역이 중국계 쌍둥이였는데, 그가 합류하면서 한국계 쌍둥이로 바뀌었다는 것이다. 우주선 다이달로스의 소프트웨어 엔지니어 '하나 승'과 지상 통신요원 '준 승'의 1인 2역을 하였다. 이 드라마에는 '스페이스X'의 엘론 마스크와 영화 〈마스〉의 원작자 앤디 위어도 직접 등장한다. 그는 한국 전설과 현대 철학을 혼합한 공연 뮤지컬을 창작하려고 한국 전래 설화를 조사하고 있다고 한다.

최근의 두 가지 사례를 보면 한국 드라마의 미국 리메이크와 포맷 판매도 필요하지만 한국계 배우의 할리우드 진출이 절실히 필요하다는 생각이 든다.

또한 제작 현장을 보면서 한국과 다르게 느낀 몇 가지가 있었다.

첫째, 녹화 현장에서 주인공인 켄 정과 티샤 캠벨 마틴(Tisha Campbell-Martin)이 제일 먼저 나와서 바람을 잡았다. 켄 정이 특유의 코믹스러운 제스처를 하면서 노래도 하고 관객의 흥을 제대로 달구었다. 〈개그 콘서트〉 같은 녹화 현장을 보면 일반적으로 신참 코미디언이 바람을 잡는 것과 매우 큰 차이를 보여주었다. 그만큼 자기 쇼라는 자부심이 강한 것 같다는 느낌이다. 두 배우는 15분 정도 마음껏 즐기고 녹화를 준비하러 들어갔고, 전문 사회자가 나와서 관중을 불러내 춤도 추게 하면서 녹화가 진행되는 내내 객석이 지루할 틈을 주지 않고 4시간의 녹화를 끌어갔다. 또 하나의 특징은 촬영에 들어가기 직전에 배우를 소개하고, 촬영팀을 소개한다는 것이다. 객석의 주된 역할은 녹화가 진행되면서 리얼한 웃음을 제공하는 것이다. 이렇게 분위기를 잡기 때문에 장시간 동안 객석이 자칫하면 따분할 수도 있는 녹화 현장에서 배우와 호흡을 같이할 수 있다는 생각이 들었다.

둘째, 녹화를 방송 한 달 전에 한다는 것이다. 당일 촬영에 필요한 인력을 기재해놓는 콜시트(Call Sheet)를 보면 13명의 배우와 117명의 스태프가 촬영을 진행하였다. 이번에 진행된 것은 12월 16일에 방송하는 "박씨네 크리스마스(A Park Family Christmas)" 에피소드로 방송 한 달 전인 11월 15일에 녹화를 하였다. 다른 에피소드의 녹화 스케줄표를 보니 최소 한 달, 길게는 한 달 열흘 정도 전에 하고 있다. 대본 리딩은 녹화 일주일 전에 이루어지고 있다. 배우는 일주일의 연습 시간을 갖고 준비를 할 수 있다. 한국의 녹화가 보통 방송 일주일 전에 이루어지는 것과는 큰 차이가 있다. 그만큼 작품의 퀄리티를 높일 수 있는 시간적 여유가 부러웠다.

셋째, 쪽대본은 없다는 것이다. 촬영 일주일 전인 11월 9일 초고를 갖고 대본 리딩을 하였고, 대본 리딩 결과를 반영하여 두 번의 수정을 거쳐 촬영 대본을 완성하고, 또 두 번의 수정을 거쳐 녹화 당일 최종 촬영 대본이 확정되었다. 물론 대본이 수정되는 대로 배우와 스태프에게 제공된다.

넷째, 스케줄표의 치밀함이다. 사전 촬영과 스튜디오 녹화로 구분하여 각각 24 1/8페이지 분량을 찍는데 각 신별로 15분에서 1시간까지 촘촘히

시간 계획을 세워놓았다. 이것이 필요한 이유는 배우나 제작진에게 정확하게 대기할 시간을 알려주기 위함이다. 너무 일찍부터 대기시키면 불필요한 시간을 낭비하기 때문이다. 한국 드라마 스케줄표가 대체로 당일 찍을 분량만 나열하는 것과 큰 차이가 있다. 실제로 한국에서는 배우가 몇 시간씩 대기하는 경우가 다반사로 벌어진다.

다섯째, 배우들의 시청자와의 친밀도이다. 녹화 중간중간 다음 신을 준비하는 시간과 자신의 역할이 없는 시간이 있다. 이 시간에 배우들이 화장실에 가면서 방문객과 자유롭게 사진도 찍어주고 대화도 한다. 시청자의 인기를 먹고 사는 배우들의 바람직한 모습이지 않을까 한다.

여섯째, 배우와 방문객을 위한 준비이다. 세트 주위와 VIP 시사회장 주변에 간단한 음식과 음료가 준비되어 있다. 이는 드라마 〈CIS〉 촬영 현장을 방문했을 때도 동일하였다. 객석을 위해서는 물이 준비되어 있고, 녹화 중간에 별도로 피자도 제공하였다. 이처럼 녹화 현장이 모든 사람을 배려한다는 생각이 들었다.

한국의 제작 현장에도 이러한 면이 반영되어 좀 더 쾌적한 촬영이 이루어졌으면 한다.

6. '백인'과 '남성'의 할리우드, 언제까지?[23]

   2016년 10월 18일 구글 베니스에서 '제4회 미디어의 성에 관한 국제 심 포지엄-LA'가 열렸다. 이 심포지엄은 아카데미상 수상자인 지나 데이비 스(Geena Davis)가 이사장으로 있는 '미디어의 성에 관한 지나 데이비스 연 구소'와 구글이 공동으로 주최했다. 인도 뭄바이(2월 17일)와 브라질 상파 울루(3월 8일), 뉴욕(9월 22일)에 이어 LA에서 열린 이번 심포지엄엔 250여 명이 참석해 구글 베니스 강당을 가득 채웠다. 국내에는 지난 9월 뉴욕에 서 개최된 심포지엄을 NBC에서 보도한 것이 기사로 소개된 적이 있다. LA 행사에서도 뉴욕에서 발표된 연구 결과를 발표했는데, 필자가 직접 행 사에 참석해 국내 언론에서 보도하지 않은 내용을 상세히 소개한다.

   지나 데이비스 연구소는 2007년 구글의 연구 지원을 받아 LA 게티 뮤지 엄 근처에 있는 마운트세인트마리 대학에 설치됐다. 이 연구소는 TV 속

---

23 『PD저널』 2016.10.27. http://www.pdjournal.com/news/articleView. html?idxno=59573

여성 차별을 해소하기 위해 노력하고 있다. 지나 데이비스는 제작사들이 일부러 여성을 배제한 게 아니라 무의식적인 편견에 따른 결과라고 지적하며, 대본에서부터 남녀 배역의 비중을 조정하기 위해 힘쓰고 있다. 2012년 11월 여의도 63컨벤션센터에서 열린 ABU 총회의 특별 행사인 여성미디어포럼 기조연설에서도 지나 데이비스는 "여성을 소외하는 구태가 더이상은 미디어에 나타나지 않을 것이라고 생각했지만 이는 엔터테인먼트 분야에 뿌리 깊게 남아 있다"고 지적했다.

이날 심포지엄의 하이라이트는 구글과 남가주대학(USC)이 공동으로 영화에 출연한 배우의 얼굴과 목소리를 분석해 자동으로 성별을 구별한 후, 성별에 따라 얼굴 노출과 말하는 시간을 계산하는 소프트웨어를 소개한 것이다. 여기에는 비디오, 오디오 및 자연 언어 처리 기술이 활용되었다. 이것은 GD-IQ(Geena Davis Inclusion quotient), 즉 지나 데이비스 포용지수로 불리는데, USC와 구글의 '신호 분석과 해석 연구소' 소속 연구원이 2년간 참여해 개발한 결과다.

이 시스템의 장점은 기존의 연구가 성별과 출연 시간을 수작업으로 파악함에 따라 에러도 많고 데이터화하는 데 시간이 오래 걸리는 단점을 해결한 부분이다. 이것을 활용하면 90분 영화를 15분에 분석할 수 있다. 영화에서 성별에 따라 얼굴과 목소리 시간이 추출되는 시스템인데, 화면상에 보이는 모든 배우의 얼굴을 컴퓨터가 인식해 남성과 여성으로 구분, 얼마나 화면에 지속적으로 나오는지 계산을 한다.

이날 행사에서는 영화 〈스파이(Spy)〉를 활용하여 성별에 따른 출연 및 대사를 추출하는 장면을 보여주었다. 영화에선 화면에 얼굴이 나오지 않아도 대사가 있기 때문에 이를 구분한 후 작업을 하게 된다. 화면에는 남성이 나오지만 대사는 여성이 하는 것을 듣는 리액션이 있을 수 있기 때문에

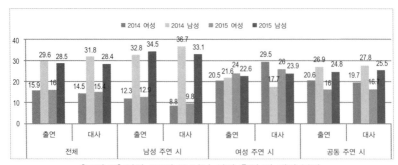

[그림 19] 영화 100편 중 남녀 성별 출연 및 대사 분량

출연과 대사는 일치하지 않는 경우들이 있다. 그렇기에 영화의 장면별로 얼굴과 목소리를 남녀 성별에 따라 시간을 자동으로 계산한다.

연구팀은 2014년과 2015년 각각 흥행 성적 상위 100편씩, 총 200편의 영화를 분석한 결과를 발표했다. 2015년 전체 영화 중에서 남성의 얼굴이 나온 화면은 28.5%였지만 여성의 얼굴이 나온 장면은 16%에 불과하였다. 남성의 목소리가 등장한 비율은 28.4%인 데 비해 여성의 대사는 15.4%에 불과하였다. [그림 19]에서 보듯이 두 배 이상 차이가 나며, 얼굴보다는 목소리의 차이가 크게 나는 것으로 분석됐다.

이 연구에서 강조하는 것은 무엇보다 남성 주연 영화의 경우에는 당연하겠지만, 여성 주연의 경우에도 큰 차이가 나지 않는다는 것이다. 남성은 22.6%인데, 여성 배우의 노출은 24.0%에 불과하고, 대사의 남녀 비율도 각각 23.9%, 26%이다. 2014년에는 대사의 분량에 있어서 여성 29.5%로 남성 17.7%에 비해 의미가 있을 정도로 차이가 있었으나, 2015년은 큰 차이가 발생하지 않았다. 공동 주연의 경우에도 여성의 출연 비율이 16%로 남성 24.8%보다 적다. 이 외에도 영화 장르 중에서는 액션인 경우에 여성과 남성의 비중만으로 볼 때는 2 대 8 정도로 가장 차이가 많이 발생하는 것으로 나타났다.

한국 방송콘텐츠의 미래를 열다

이 연구에서 남녀 차별이 심하다고 문제를 제기하는 근거는 박스오피스 실적이다. 2015년 흥행 상위 100개 영화의 실적을 분석했을 때, 여성 주연의 영화는 평균 8,994만 달러로 남성 주연의 영화 평균 5,773만 달러보다 15.8%가 많다. 2014년 여성 주연은 1억 890만 달러이고, 남성 주연은 7,050만 달러로 차이가 더 벌어졌다.

'무의식적인 성 편견'에 대한 토론도 있었다. 줄리 안 크롬멧(구글 엔터테인먼트 산업국장)이 토론을 주재하였고, 테사 블레이크(NCIS: New Orleans 감독), 필립 정(Yomyomf 대표), 앤드리아 나베도(배우), 프랭클린 레오나르도(더 블랙리스트 대표)가 토론을 펼쳤다. 토론에서는 지나 데이비스가 이야기한 것처럼 무의식적으로 이루어진다는 데 공감을 하고, 할리우드에 일하는 여성들의 권익 신장을 위한 방안이 논의되었다. 제작자들의 인식 전환이 가장 중요하다는 데 의견이 모아졌다.

특히 영화나 TV에서 남녀 차별의 해소를 위해 노력한 경험들을 나눴는데, 대표적인 예로 작가가 쓴 대본상의 배역을 큰 문제가 없으면 바꾸도록 요청하여 수정하는 것이다.

지나 데이비스는 인사말에서 "미디어가 여성들이 스테레오 타입의 역할에 갇히지 않는 모습을 보여준다면, 여성들이 후일 전통적인 역할에 머무르지 않을 가능성이 커진다"고 미디어의 역할을 강조했다. 그런 의미에서 행사 캐치프레이즈를 'If you can see it, you can be it'으로 정했다는 생각이 들었다.

이 캐치 프레이즈의 의미에 대해 LA 행사를 총괄한 지나 데이비스 연구소의 매를린 디 논노(Madeline Di Nonno) CEO는 '영화나 TV에서 준거 집단을 발견한다면, 그것이 되기 위해 노력하고 그렇게 될 것이다'는 말이라고 설명했다. 그는 또한 "영화 속 인종과 나이별 출연 분량 등도 데이터화 미국내 미디어 편견을 없애는 데 활용하겠다"고 밝혔다. 지난 아카데미 시상식이 백인 일색의 시상식이라고 비판을 받았는데, 지나 데이비스 연구소의 이러한 노력을 통해 남녀 차별뿐만 아니라 인종 차별 또한 해소할 수 있길 기대한다.

7. 할리우드 여전한 남녀차별, 싸우는 여성들[24]

　인류 역사를 보면 상당 기간 남성 위주로 사회가 존속했고, 근대 들어서 유럽 중심으로 보편적 인권 개념이 형성되기 시작하면서 그동안 대접받지 못했던 여성의 권리에 관심을 갖게 되었다. 미국에선 미국 여성운동의 시발점으로『레이디스 매거진(Ladies Magazine)』에 대한 남부 여성의 투서를 꼽고 있다. 이후 양성평등을 위해 도입된 주요한 제도로는 참정권과 임금 차별 금지가 있다. 1920년 여성도 남성과 동등하게 참정권을 가질 수 있도록 '여성 보통선거에 관한 법'이 발효되었다(미시시피주는 1984년 인정). 남녀 임금 차별 금지를 위해 1949년에 '남녀임금차별금지법'이 제정되었고, 매년 4월 12일을 남녀 임금 평등의 날로 정하였다. 그러나 아직도 같은 일을 하는 남자가 1달러를 벌 때, 여자는 75센트를 번다.[25]

　할리우드가 있는 캘리포니아에서는 2015년 10월 공정임금법(Fair Pay

24　『PD저널』2016.10.28. http://www.pdjournal.com/news/articleView.
　　html?idxno=59578

25　http://www.todayus.com/?p=92506

Act)이 발효됐다. 이것은 남녀임금차별금지법보다 강화된 것이다. 왜냐하면 남녀임금차별금지법은 남성과 여성의 동일 노동에 동일 임금을 지불하도록 규정하고 있으나, 공정임금법은 남녀의 '비슷한' 노동에 대해서도 같은 임금을 주도록 했기 때문이다.

이에 따라 월트디즈니, 파라마운트, 소니픽쳐스, 워너브라더스, CBS 스튜디오 등 할리우드의 영화사와 방송사들은 대책 마련에 부심하고 있다. 이 법에 따르면 여배우 등이 소송을 제기할 경우 영화사와 방송사들은 남녀 차별 없이 공정하게 임금을 지급하고 있다는 것을 입증해야 한다.

이러한 법안이 만들어지기까지 많은 논의와 주장이 있었다. 우선 영화와 텔레비전 산업에선 출연료 금액과 출연 분량에서 남녀 차별이 벌어지고 있다는 지적이 계속해서 제기됐다. 먼저 출연료의 차이에 대한 주장이다. 영화 〈원초적 본능(Basic Instinct)〉으로 유명할 뿐만 아니라 여성 인권을 지속적으로 옹호하는 활동을 하는 배우 샤론 스톤(Sharon Stone)은 2015년 11월 미국『피플(People)』과의 인터뷰에서 "원초적 본능이 끝난 후 아무도 출연료를 주려고 하지 않았다. 매니저와 식당에 앉아 울면서 출연료 받을 때까지 촬영장에 안 돌아가겠다고 말한 기억이 난다. 지금도 여전히 남자보다 더 출연료를 적게 받고 있다"고 했다.[26]

영화 〈헝거게임(The Hunger Games)〉에서 캣니스 에버딘 역을 한 제니퍼 로렌스(Jennifer Lawrence) 역시 2013년 영화 〈아메리칸 허슬(American Hustle)〉에 출연하면서 영화 수익의 7%를 출연료로 받았으나, 이 영화에 출연한 브래들리 쿠퍼(Bradley Cooper), 크리스찬베일(Christian Bale), 제레미 레너(Jeremy Renner) 등의 남자 배우는 9%를 출연료로 받았다고 밝혀 성차별 논란

---

26 http://www.people.com/article/sharon-stone-wage-gap-issue-feminism

을 불렀다.[27] 통상 배우의 출연료는 잘 공개되지 않지만 북한 소행으로 추정되는 소니픽쳐스 해킹으로 소니픽쳐스의 이메일이 유출돼 이 사실이 알려졌다.

출연료 차별에 대한 증언은 이어진다. 아만다 사이프리드(Amada Seyfried)도 "내 출연료는 다른 남자 배우와 비교할 때 10분의 1밖에 안 되는 수준이었어요. 그리고 그것은 관행이었고요"라고 말했고, 엠마 왓슨(Emma Watson)도 "할리우드 영화산업에서 성차별은 상상을 초월할 정도"라고 말했다. 이 같은 차별을 바로잡아야 한다며 공정임금법 제정에 불을 지핀 건 2015년 2월 아카데미 시상식에서 〈보이후드(Boyhood)〉로 여우조연상을 받은 패트리샤 아퀘트(Patricia Arquette)였다. 그는 수상 소감에서 "지금은 여성의 동등한 임금과 권리를 위해 싸울 때"라고 말했다.[28]

임금 차별에 대한 주장은 타당해 보인다. [표 22]에서 2014년 미국 남녀 배우 톱 5의 출연료를 보면 남자가 2억 5천만 달러인 데 비해 여자는 1억 5천만 달러로 거의 1억 달러나 차이가 난다. 남자 배우 중에서 로버트 다우니 주니어(Robert Downey Jr.)가 7,500만 달러로 최고의 출연료를 받는데 비해 여자 최고는 산드라 블록으로 5,100만 달러이다. 로버트 다우니 주니어와 비교할 때 2,400만 달러의 차이가 난다.

〈포브스(Forbes)〉가 발표한 2016년 세계 남자 배우와 여자 배우 출연료[29]

---

27 http://www.businessinsider.com/jennifer-lawrence-paid-less-than-male-co-stars-2014-12

28 http://variety.com/2015/film/news/patricia-arquette-comments-oscars-2015-controversy-1201439814/

29 https://www.statista.com/statistics/451516/best-paid-actors/, https://www.statista.com/statistics/264476/best-paid-hollywood-actresses-in-2012/

를 보면 상황이 더 심화된 것을 알 수 있다. 남녀 톱 5까지 1억 4천만 달러의 차이를 보였는데 그 격차는 2014년과 비교할 때 4,300만 달러 더 벌어진 결과다. 10위까지 확대해 보면 남녀 차이는 2억 5,150만 달러로 더 악화된다.

[표 22] 2014년 미국 남녀 톱 5 출연료 현황(단위 : 100만 달러)[30]

남자 배우	출연료	여자 배우	출연료
로버트 다우니 주니어	75	샌드라 불럭	51
드웨인 존슨	52	제니퍼 로렌스	34
브래들리 쿠퍼	46	제니퍼 애니스톤	31
레오나르도 디카프리오	39	기네스 펠트로	19
크리스 헴스워드	37	안젤리나 졸리	18
합계	249	합계	153

이러한 차이가 발생한 이유로 문화평론가 하재근은 "영화를 제작할 때, 이야기를 끌고 가는 사람은 대부분 남성으로 설정된다. 여성은 화려한 외모를 강조해 부차적으로 구성되곤" 하기 때문이라고 분석했다. 또한 출연료는 배우를 통한 작품성으로 보고 결정되는 것이기 때문에 일률적으로 동일한 임금을 받아야 한다는 주장에도 한계는 있다는 의견도 있다. 한국에서도 대체로 남자가 여자 배우보다 높다. 그 이유는 드라마의 주된 시청자가 여성이고 여성은 인기 있는 남자 배우가 출연했을 때 드라마 선호도

---

30 https://www.statista.com/chart/2533/women-earn-less-than-men-in-holly-wood/)

가 높아 출연료도 이에 비례해 증가하기 때문이다. 실례로 영화 〈도둑들〉에서 출연료로 김윤석은 6억 원, 전지현은 3억 8천만 원, 김혜수는 3억 7천만 원을 받았다.[31]

다음은 출연 분량에서의 차별이다. 남자 배우가 여자 배우보다 두 배 정도 화면에 더 보이거나 대사를 한다는 것이다. 1998년 〈우연한 방문객(The Accidental Tourist)〉으로 아카데미 여우조연상, 2014년 〈커맨더 인 치프(Commander In Chief)〉로 골든글로브 여우주연상을 수상한 지나 데이비스(Geena Davis)가 적극적으로 차별 해소를 위해 노력하고 있다. 그는 제작사들이 일부러 여성을 배제한 것이 아니라 무의식적인 편견에 따른 것이라고 주장하며, 대본에 나온 남녀 배역의 비중을 조정하기 위해 힘쓰고 있다. 지나 데이비스는 이 일을 위해 2007년 '미디어의 성에 관한 지나 데이비스 연구소'를 설립했다.

연구소는 지난 9월 14일에 뉴욕에서, 10월 18일에는 LA에서 국제 심포지엄을 열어 미디어 영화, TV 프로그램, 타 미디어에서 나온 배우들의 말하는 시간과 다른 요소들을 이용하여 성별을 판별하는 알고리즘을 개발했다고 발표했다. GD-IQ(Geena Davis Inclusion quotient)로 불리는 이 소프트웨어 개발에 USC와 구글의 '신호 분석과 해석 연구소'의 연구원이 2년간 참여했다. 이 소프트웨어를 활용하면 90분 영화를 15분 만에 분석할 수 있다.

첫 번째 연구 대상은 〈쥬라기 공원〉과 〈어벤저스〉 등 2014년과 2015년에 노미네이트된 200개의 영화였다. 연구 결과 2015년 영화에서는 전체

---

31 권영인 · 이은재, 「여배우라 돈 덜 받는다?…할리우드에 만연한 '성차별」, SBS 뉴스, 2015.10.14. http://news.sbs.co.kr/news/endPage.do?news_id=N1003216881

분량 중에서 남자 배우는 28.5% 나오고, 여자 배우는 16% 나오는 것으로 분석됐다. 여자가 메인 주인공을 맡은 영화에서도 여자 배우가 24%인 데 비해 남자 배우는 22.6%로 비슷하게 나왔다. 또한 음성만을 기준으로 보면 남자 배우는 28.4%, 여자 배우는 15.4% 나오는 것으로 나타났다.[32]

또한 양성 평등을 위해 엔터테인먼트 사이트에서 배우가 본인의 나이를 삭제를 요구할 수 있게 됐다. 캘리포니아 주지사 제리 브라운(Jerry Brown)은 2016년 9월 24일 배우가 요구할 경우 데이터베이스에서 나이를 제거하는 법안에 서명했다. 그 이유는 엔터테인먼트 산업에서 고용(캐스팅)에 있어서 나이 때문에 차별받는 것을 금지하기 위함이다. IMDB나 Studio-System 같은 온라인 서비스 제공자는 본인이 나이를 삭제할 것을 요청하면 5일 이내에 처리해야 한다.[33]

이번 법안은 나이 공개가 위법이 아니라는 기존의 결론을 뒤집는 조치로 보인다. 2011년 10월 〈피프스 워드(Fifth Ward)〉〈어 갱 랜드 러브 스토리(A Gang Land Love Story)〉〈언걸프렌더블(Ungirlfriendable)〉 등에 출연한 42세의 후옹 호앙(Huong Hoang)이 IMDB가 소비자보호법상의 프라이버시를 지키지 않았다면서 100만 달러의 소송을 제기하였으나, 2013년 4월 법원은 IMDB가 아무런 법적 의무를 침해하지 않았다며 IMDB의 손을 들어 줬다.[34]

이 법안의 통과에 대하여 배우 노조(Screen Actors Guild, SAG) 측은 "그간

---

32 위의 글.

33 http://lawnewz.com/high-profile/california-passes-law-requiring-imdb-to-delete-actors-ages-upon-request/

34 http://www.hollywoodreporter.com/thr-esq/imdb-wins-lawsuit-actress-age-437828

한국 방송콘텐츠의 미래를 열다

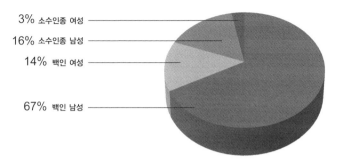

3% 소수인종 여성

16% 소수인종 남성

14% 백인 여성

67% 백인 남성

[그림 20] 2015~2016년 TV 프로그램 감독 성별/인종 구성비율

당사자의 의사와 무관하게 공개된 나이 정보로 인해, 캐스팅에 불이익을 겪는 배우들이 많았다"며 "이번 법안을 통해 나이 차별로 커리어에 불이익을 겪는 배우들이 없어지길 바란다"고 밝혔다. 반면, 일각에서는 배우들의 정보를 공개하지 않는 것이 표현과 출판의 자유를 훼손하는 일이라며 반발하는 목소리도 있다.[35]

엔터테인먼트 업계에서 남녀 차별은 배우에게만 있는 것이 아니라 감독에게도 해당된다.[36] 미국 감독 노조(Directors Guild of America)에서 2015~2016년 시즌 지상파와 케이블에서 제작된 299개 시리즈의 4천 회 이상을 분석했는데, 그 결과 여성 감독의 비율은 17%이고, 남성 감독의 비율은 83%로 확인됐다. 소수인종 감독은 19%이고, 백인 감독은 81%이다. 각각 전년도에 비해 1%씩 개선이 되었다. 이것을 세분화하면 [그림 20]에서 보는 바와 같이 백인 남성 67%, 백인 여성 14, 소수인종 남성 16%, 소수인종 여성 3%의 비율이다.

---

35 http://variety.com/2016/film/news/california-law-requiring-removal-actor-ages-database-sites-1201869799/

36 http://variety.com/2016/tv/news/tv-directors-women-minorities-2015-2016-dga-report-1201856616/

감독 노조는 여성이나 소수인종이 감독한 에피소드가 15%가 안 되는 것을 '나쁜 상태(worst of list)'라고 부르는데, 여기에는 〈샨나라 연대기(The Shannara Chronicles)〉〈마르코 폴로(Marco Polo)〉〈마론(Maron)〉 등 30편이 해당한다. 이 중에서 〈마르코 폴로〉 등 6편은 여성이나 소수인종의 감독을 단 한 명도 쓰지 않았다.

시리즈의 40% 이상 에피소드를 여성이나 소수인종이 감독한 것을 '훌륭한 상태(Best of List)'라 부르며 〈엠파이어(Empire)〉〈크리미널 마인드(Criminal Minds)〉〈홈랜드(Homeland)〉〈모던 패밀리(Modern Family)〉 등 전체 시리즈 중 24%인 73편이 해당된다. 〈빙 메리 제인(Being Mary Jane)〉〈게임(The Game)〉, 〈하트비트(Heartbeat)〉〈조 에버 애프터(Zoe Ever After)〉 등 4편은 전부 여성과 소수인종이 감독했다. 2014~2015년 시즌에 '나쁜 상태'였지만 2015~2016년 시즌에는 '훌륭한 상태'로 전환한 사례도 있다. 〈슬리피 할로우(Sleepy Hollow)〉(11%→44%), 마벨스 에이전트 카터(Marvel's Agent Carter)〉(12%→40%) 〈케이시 언더커버(K.C. Undercover)〉(14%→42%) 등이 바로 그 사례다.

방송 플랫폼별로 여성 감독 기용 비율을 보면 지상파가 20%로 가장 높은 수치를 보이고, 베이직 케이블이 가장 낮은 14%를 보이고 있다. 채널별로 여성이나 소수인종 감독 기용 비율을 보면 CBS 41%, 폭스와 NBC 유니버설 37%, ABC 32%, Viacom 30%, 워너브라더스 28%, 소니 23%, HBO 22% 순이다.

엔터테인먼트 산업이 가장 발달한 할리우드에서도 임금, 출연 시간, 감독 기용 등에서 남녀 차별은 여전하며, 이를 시정을 하려는 노력은 계속되고 있다. 뉴욕에서는 미국에서 처음으로 영화와 연극에 종사하는 여성을 위한 500만 달러 펀드를 조성하였다. 지나 데이비스는 2008년부터 '미디어의 성에 관한 국제 심포지엄'을 개최하고 있다. 이러한 노력이 지속되다 보면 머지않아 엔터테인먼트 업계에서도 양성평등이 이루어질 것이다.

이 책의 주요 내용은 2015년 8월 1일부터 2017년 9월 30일까지 미국 LA에 소재한 KBS아메리카 사장으로 역임하면서 겪은 내용입니다. 시간의 날실과 씨실이 교차하면서 만들어낸 2년 2개월, 426일, 10,224시간, 613,440분, 36,806,400초가 마치 찰나처럼 휙 지나간 것 같습니다. 그러나 그 모든 찰나 하나하나는 모두 필자의 머리로는 기억하지 못하지만 몸 어디인가는 모두 소중한 몸짓으로 쌓여 있을 것이라고 생각합니다.

KBS America에서 일하게 된 것은 3수 만에 얻은 소중한 기회였습니다. 2007년 경영팀장을 공개 모집할 때도, 2013년 CEO를 공개 모집할 때도 지원했으나 면접 결과 낙방한 아픈 경험이 있습니다. 그러나 2015년 5월에는 공모를 하지 않고 지원 의사를 밝힌 이후 2개월 만에 발령이 났습니다. 그만큼 쉽게 갈 수 있는 곳이 아니어서 발령 순간부터 뭔가 실적을 내야 한다는 압박감도 상당했습니다.

문재인 대통령이 노무현 대통령 비서실장으로 있을 때 격무로 이빨을

열 개나 뽑고 임플란트 수술을 받았다고 합니다. 이에는 훨씬 미치지 못하지만 필자도 부임 초기에 한국에서는 아무 문제 없던 사랑니를 두 개나 뽑았고, 중이염에 걸려 한동안 고생을 하였습니다. 퇴임을 앞두고도 목과 팔에 이상이 왔습니다. 정말로 스트레스가 만병의 근원인 것 같습니다. 친하게 지냈던 닥터 조의 설명으로는 스트레스가 많으면 이를 해소하기 위해 간의 활동이 왕성해져 영양분이 간으로 가게 되어 신체의 어느 약한 부분이 문제가 된다고 합니다. 결국 한 달간 한의원의 신세를 진 다음에야 완치되었습니다.

2년여 기간은 지금까지 배우고 경험했던 것을 다 쏟아부었다는 생각이 듭니다. 실적도 좋았고, 의미도 있어서 지금까지는 가장 보람이 있었던 기간이었습니다.

첫째, 2013년부터 추진한 〈굿닥터〉가 리메이크되어 ABC에서 〈더 굿닥터〉로 방송이 되었습니다. 한국의 드라마 역사에 한 페이지를 장식한 사건입니다. 인간의 역사는 항상 최초를 소중하게 기록합니다. 우리는 1969년 7월 20일 아폴로 11호를 타고 최초로 달에 착륙한 사람으로 선장 닐 암스트롱(Neil Alden Armstrong)은 잘 기억합니다. 그러나 15분 동안 달을 걸은 달 착륙선 조종사 버즈 올드린(Edwin Eugene Aldrin jr.)도 역사에 남는 인물인데 기억을 못합니다. 이와 같은 이치입니다. 2013년 최초로 KBS 드라마 〈굿닥터〉를 미국에 소개한 이후 거의 4년 만에 한국 드라마 최초로 미국에서 프라임 타임 드라마로 리메이크되어 파일럿으로 제작되고 정규 시즌에 편성되는 데 주도적 역할을 할 수 있었던 것에 감사합니다. 〈굿닥터〉 리메이크를 추진할 수 있도록 멋진 작품을 만들어준 박재범 작가, 김성근 CP, 기민수 감독에게 제일 먼저 감사를 드립니다. 〈굿닥터〉를 리메이크하면서 협력해준 이동훈 〈더 굿닥터〉 EP, 대니얼 대 김 3AD 대표, 린지 고프만 3AD 콘텐츠개발국장, 테레사 강 WME 수석 에이전트, 에게 감사의 말을 전합니다. 이들의 도움이 없었으면 이러한 성과를 얻을 수 없었을 것입니다.

둘째, 재임 기간 동안 KBS아메리카는 전체 계열사 중에서 2015년, 2016년도 경영평가에서 연속 1위를 기록하였습니다. KBS아메리카의 비전을 제시하고, 9년 만에 직원의 임금도 인상시켜 내부적으로 안정적인 회사로 성장시켰습니다. 퇴임식에서 재임 기간의 활동을 직원들이 영상으로 만들어 상영했는데, 마지막 스틸 장면에서 〈굿닥터〉 타이틀에 'The Good CEO'를 오버랩시키는 장면을 연출하는 데 이러한 성과가 영향을 미쳤을 것이라고 생각합니다. 아울러 커뮤니티에 대한 공적 활동도 열심히 하여 캘리포니아 상원과 디즈니랜드가 소재하고 있는 오렌지카운티 슈퍼바이저에서 두 개의 결의안과 에드 로이스 미국 연방하원외교원장, 필립 첸 캘리포니아 하원의원, 데이빗 류 한인 최초 LA 시의원 등의 감사장을 받았습니다. 이분들에게 감사를 표하며, 무엇보다 결의안과 감사장을 받도록 노력해준 영 킴 연방하원 후보와 이창엽 글렌데일 자매도시협회 위원장에게 감사드립니다. 무엇보다 이러한 성과를 내준 안정문 이사를 비롯하여 KBS아메리카 직원 여러분에게도 감사의 말씀을 전합니다.

셋째, 한류의 확대를 새로운 사업을 기획하여 진행하였습니다. KBS라는 큰 조직, 그것도 사업성을 띠는 데 한계가 있는 곳에서는 사업을 해보기가 어렵습니다. 그러나 미국에서 작은 규모의 회사를 운영하면서 스타트업 기업처럼 가볍고 신속하게 일을 추진해볼 수 있었습니다. 그것도 CEO였기 때문에 모든 책임을 지고 진행해볼 수 있는 행운을 가졌습니다. 한국 영화의 미국 배급, 커피 아카데미 개설, 소아암 돕기 KBS아메리카 골프대회 개최, KBS 프로그램과 연계한 투어 사업 등을 진행하였습니다. 새로운 사업을 진행하기 위해 노력해준 김은상 커피헌터 대표, 마테오 김과 김용환 엠투어 대표, 이경준 온디맨드코리아 부사장께 감사드립니다.

넷째, 인적 네트워크를 확장하였습니다. 콘텐츠의 본고장인 미국 할리우드에서 비즈니스를 하면서 많은 사람들과 교류를 하였습니다. 명함을 보니 2년여 동안 1천 명이 넘는 사람을 만났습니다. 여기에는 외국인들도 있고, 한인들도 있습니다. 에드 로이스 연방 하원 외교위원장, 미국 하원에서 '위안부의 날'을 제안한 마크 혼다 전 의원, 오렌지카운티 슈퍼바이저 미셸 스틸 박 위원장을 비롯한 정치인, 〈굿닥터〉 리메이크로 만난 유명한 미드 〈하우스(House)〉의 작가 데이비드 쇼어(David Shore) 같은 미디어 업계 인사, 사업으로 성공하신 홍명기 회장, 조병태 회장 등 수없이 소중한 관계를 맺었습니다. 특별히 필자를 아껴주신 고개홍 전 중앙일보 사장, 최덕진 대항항공 상무, 전 상공회의소 로렌스 한 회장과 이은 회장, 이연수 대표, USC 김선호 교수, 테드 지 대표에게 감사합니다. 일일이 언급을 못 해 죄송하지만 이분들뿐만 아니라 미국에서 인연을 맺은 모든 분들께 많은 빚을 졌으며 감사의 인사 드립니다.

바쁘신 와중에도 기꺼이 원고를 읽고 추천사를 통해 책의 가치를 더해주신 디지털예술대학교 박창식 총장님과 KBS 드라마사업부 정성효 센터장님, 멋진 서평을 써주신 연합뉴스 윤고은 기자님과 SK 경제연구소 조영신 박사님께 감사의 말씀 드립니다.

"구슬이 서 말이어도 꿰어야 보배"라는 말이 있듯이 글 써놓고도 출판사를 못 정했을 때 푸른사상사를 추천해주셔서 책을 내게 해주신 김미숙 작가님께도 감사의 말씀드립니다.

　많이 부족한 원고임에도 출판을 허락해주신 푸른사상사 한봉숙 대표님, 부족한 필자의 원고를 가치 있게 만들어주신 편집부 직원 여러분께 감사의 말씀을 드립니다.

　마지막으로 미국에서 지내는 동안 수 없는 손님 접대를 기꺼이 해주고, 걱정 없이 일할 수 있도록 물심양면으로 지원해준 사랑하는 아내 주은경과 소중한 딸 유혜민에게 고마움을 전합니다.

■ 참고문헌

1. 단행본

Anand, B., *The Content Trap*, 2016[바라트 아난드,『콘텐츠의 미래』, 김인수 역, 서울 : 리더스북, 2017].

Bong-Youn, C., *Koreans in America*, Chicago : Nelson-Hall, 1979.

Ilpyong, J.K., *Korean-Americans:Past,Present,and Future*, NJ: Hollym, 2004.

KBS미디어,『한류의 역사를 쓰다 : KBS미디어 20년사』, 서울 : KBS미디어, 2011.

KBS사우회,『그때 그 시절 이야기』, 서울 : 커뮤니케이션북스, 2011.

Keating, G., *Netflixed: The Epic Battle for America's Eyeballs*, 2013[지나 키팅,『넷플릭스 스타트업의 전설』, 박종근 역, 한빛비즈, 2015].

미주한인이민100주년기념사업회(남가주),『사진으로 보는 미주 한인이민 100년사 1903~2003』, 서울 : 박영사, 2004.

미주한인이민100주년남가주기념사업회,『미주한인사회와 독립운동1』, 서울 : 박영사, 2003.

민병용,『미국 독립유공자 전집, 애국지사의 꿈』, Gardena : Printron Printing, 2015.

이경원 · 김익창 · 김그레이스, 『외로운 여정』, 장태한 역, 서울 : 고려대학교 출판
　　　문화원, 2016).

정약용, 『정선 목민심서』, 다산연구회 편역, 파주 : 창비, 2005.

한미동포재단 · 미주한인이민100주년남가주기념사업회, 『미주 한인이민 100년
　　　사』, ㈜삼화인쇄, 2002.

현규환, 『한국유이민사 (하)』, 서울 : 삼화인쇄출판부, 1976.

조 풀리치 · 로버트 로즈, 『컬링 마케팅』, 박상훈 역, 21세기북스, 2018.

2. 논문 및 보고서

박원준, 「글로벌 미디어 기업의 M&A 사례와 시사점」, 『동향과 전망 : 방송 · 통
　　　신 · 전파』 통권 78호, 한국통신전파진흥원, 2014.

방송통신진흥본부 방송통신기획부, 「방송 프로그램 포맷 수출의 현황과 시사
　　　점」, 『동향과 전망 : 방송 · 통신 · 전파』 통권 80호, 한국통신전파진흥원,
　　　2014.

안정문, 「KCP 출범을 계기로 본 미국 OTT 시장 동향」, 『트렌드미인』, 제17호,
　　　2017.

임양준, 「대학생들의 미국 텔레비전 드라마에 대한 시청동기 및 만족도 연구」, 『한
　　　국언론정보학보』 통권 41호, 2008.

장규식, 「1900~1920년대 북미 한인유학생사회와 도산 안창호」, 『한국근현대사연
　　　구』 제46집, 2008.

정길화, 「라틴아메리카에 한류 드라마 진출하기」, 『트랜스라틴』 제25호, 2013년 9
　　　월호.

정보통신산업진흥원, 「국가별 정보통신방송현황 2016 − 칠레」, 『동향정보』, 2017.

정보통신산업진흥원, 「에콰도르 방송통신 품목 보고서」, 『동향보고』, 2012.

정윤경 · 김종하 · 채정화 · 유수정, 「방통융합 시대 해외 한국어 방송사 생존 전략

에 관한 연구」, 『방송융합기반정책연구』 14-14, 2014.

정은진, 2018년 미국 TV 방송사의 인터넷 동영상 시대 대응전략 (상)」, 『정보통신
　　방송정책』 제30권 5호, 정보통신정책연구원, 2018.

한국국제교류재단, 「지구촌 한류현황」(2012~2017).

한국콘텐츠진흥원, 「한국 드라마의 중남미시장 진출 현황과 전망」 『미국 콘텐츠
　　산업동향』 21호, 2013.

한국콘텐츠진흥원. 「드라마 편성, 제작 그리고 내용 분석」(KOCCA 연구보고서
　　14-39), 2014.

한국콘텐츠진흥원, 「2016 방송영상 산업백서」, 2017.

한국콘텐츠진흥원, 「2017 방송백서」, 2017.

3. 언론 기사 및 보도자료

강이현, 「'미드' 보는 사회? '미드' 말하는 사회!—[토론회] "미디어 프로그램, 돌 던
　　지기와 무조건 찬사는 그만"」, 『프레시안』 2007.8.14.

고희진, 「원작자 박재범 작가가 본 '미국판 굿닥터'」, 『경향신문』 2017.12.14.

국기헌, 「한국 사극 드라마 '공주의 남자' 칠레 TV서 첫 방영」, 『연합뉴스』
　　2016.5.14.

권영인·이은재, 「여배우라 돈 덜 받는다?…할리우드에 만연한 '성차별'」, SBS 뉴
　　스, 2015.10.14.

김표향, 「대니얼 대 김 "아시아 배우 편견과 싸워나갈 것"—'굿닥터' 미국 리메이크
　　총괄… 국제방송영상견본시 참석차 방한」, 『한국일보』 2017.8.30.

김화영, 「〈인터뷰〉 뉴욕 명물 '킴스비디오' 문닫는 김용만씨」, 『연합뉴스』 2014.
　　8.17.

김현우, 「[한인방송 24시간 시대] 21년 역사… 한인최초 케이블」, 『LA중앙일보』
　　2004.9.10.

박원익, 「넷플릭스, 설립 3년만에 韓 오피스 이전…콘텐츠 확보 박차」, 『조선비즈』, 2018.4.9.

박태인, 「'세계 한류팬 6000만명' 한국 인구 넘어섰네」, 『매일경제』 2017.1.25.

배옥진, 「포스데이타, 미국서 IPTV서비스」, 『디지털타임스』 2009.2.13.

백나리, 「넘쳐나는 '미드'…진짜 열풍일까?」, 『연합뉴스』 2007.3.8

성제환·이경준, 「앤TV '눈덩이 적자' 예고」, 『헤럴드경제』(미주판) 2009.5.13.

신용일, 「KBS 4,268만달러 벌었다」, 『미주한국일보』 2005.8.11.

안치용, 「황금알 낳던 KBS 미주 비디오 수입, 인터넷 쓰나미로 7년만에 6분의 1로 격감」, 『프리미엄 조선』 2014.6.4.

안치용, 「한인들 울고 웃게한 FCC지상파 주파수경매」, 『조선닷컴』 2016.2.2.

이성연, 「[르포] 고속인터넷 시대 '비디오 대여점'의 생존 방식」, 『LA중앙일보』 2015.6.10.

이의헌, 「1880년 미 본토에 한인이민자 있었다」, 『미주 한국일보』 2003.11.10.

정길화, 「'뽀로로까 파도'를 타는 브라질 뽀로로?」, 『PD저널』 2015.10.7.

정길화, 「'시크릿 가든' 아르헨티나 방영, 한류 드라마 기폭제」, 『PD 저널』 2015.2.9.

주칠레한국대사관, 「한국드라마 '천국의 계단' 칠레방영」, 2006.3.23.

주칠레한국대사관, 「한국드라마 〈이웃집 꽃미남〉 방영」, 2014.3.10.

최샘, 「'미드'가 한국드라마에 한 수 위인 까닭」, 『오마이뉴스』, 2007.5.8.

최희은, 「이슈-사라지는 비디오 대여 업계」, 『한국일보』 2013.10.24.

하수정, 「'굿닥터', 미국 이어 일본서도 리메이크… 남주 야마자키 켄토·7월 첫방」, 『조선닷컴』, 2018.5.28.

「KTE 위성방송 'TV Korea' 1일 개국」, 『LA중앙일보』 2001.6.2.

「앤TV 미주방송 확대」, 『한국일보』 2009.7.3.

3. 인터넷

http://adage.com/article/media/broadcast-tv-report-card/310983/?utm_
  source=daily_email&utm_medium=newsletter&utm_campaign=adage&ttl=
  1509195527&utm_visit=1173237

http://adage.com/article/media/emmys-ratings-drop/310502/?utm_source=daily_
  email&utm_medium=newsletter&utm_campaign=adage&ttl=1506424728&
  utm_visit=1173237

http://adage.com/article/media/heaven-hell-preacher-a-respectable-
  start/306209/?utm_source=daily_email&utm_medium=newsletter&utm_ca
  mpaign=adage&ttl=1476483352?utm_visit=1173237

http://adage.com/article/media/tv-ad-prices-idol-match-football/237874/

http://adage.com/article/media/tv-ad-prices-idol-match-football/237874/

http://blog.naver.com/PostView.nhn?blogId=snuvalue&logNo=30071436191&cate
  goryNo=24&viewDate=&currentPage=1&listtype=0

http://factfinder.census.gov/faces/tableservices/jsf/pages/productview.
  xhtml?pid=ACS_14_5YR_B02006&prodType=table

http://fightingbroke.com/how-television-pilots-are-made/

http://file.mk.co.kr/imss/write/20180131103200__00.pdf

http://kbs-america.com/

http://lawnewz.com/high-profile/california-passes-law-requiring-imdb-to-
  delete-actors-ages-upon-request/

http://thegear.co.kr/15004

http://tvbythenumbers.zap2it.com/more-tv-news/2017-emmy-winners-by-
  the-numbers-how-ratings-and-awards-compare/

http://variety.com/2015/film/news/patricia-arquette-comments-oscars-
  2015-controversy-1201439814/

http://variety.com/2016/film/news/california-law-requiring-removal-actor-
ages-database-sites-1201869799/

http://variety.com/2016/tv/news/tv-directors-women-minorities-
2015-2016-dga-report-1201856616/

http://variety.com/2017/tv/news/tv-series-budgets-costs-rising-peak-
tv-1202570158/

http://variety.com/2018/tv/news/good-doctor-renewed-season-2-abc-
1202720981/#utm_medium=social&utm_source=facebook&utm_
campaign=social_bar&utm_content=bottom&utm_id=1202720981

http://variety.com/cable-tv-pilot-season-list-network-
scorecard/#networktype-1/page-1

http://wireless.fcc.gov/auctions/incentive-auctions/auction-1001.html

http://worldscreen.com/event-calendar/

http://worldscreen.com/survey-media-buyers-are-bullish-about-linear-tv-
advertising/

http://worldscreen.com/tvasia/miptv-spotlight-cj-em-2/

http://worldscreen.com/tvusa/revenue-from-svod-mobile-apps-grew-77-per-
cent-in-the-u-s/

http://worldscreen.com/tvusa/u-s-pay-tv-revenues-forecast-to-fall-by-27-bil-
lion/

http://www.alltv.ca/

http://www.businessinsider.com/jennifer-lawrence-paid-less-than-male-co-
stars-2014-12

http://www.directv.com/cms2/international/ChannelLineup_Korean.pdf

http://www.hollywoodreporter.com/thr-esq/imdb-wins-lawsuit-actress-
age-437828

http://www.indiewire.com/2017/11/the-good-doctor-david-shore-freddie-highmore-abc-ratings-1201894796/

http://www.lostmemory.kr/xe/tv/32307

http://www.mofa.go.kr/www/brd/m_3454/view.do?seq=356334

http://www.mofa.go.kr/www/brd/m_3454/view.do?seq=351131

http://www.people.com/article/sharon-stone-wage-gap-issue-feminism

http://www.prensario.net/16052-KBS-cierra-ventas-en-Latinoamerica.note.aspx

http://www.pwc.com/gx/en/industries/entertainment-media/outlook/segment-insights/tv-advertising.html

http://www.sbs-int.com/

http://www.syracuse.com/superbowl/index.ssf/2015/01/super_bowl_2015_how_much_does_commercial_cost_tv_ad_30_second_spot.html

http://www.syracuse.com/superbowl/index.ssf/2015/01/super_bowl_2015_how_much_does_commercial_cost_tv_ad_30_second_spot.html

http://www.telecompetitor.com/amazon-netflix-programming-budget-is-more-than-cbs-hbo-and-turner/

http://www.thewrap.com/as-viewers-flee-broadcast-tv-will-advertisers-be-far-behind-guest-blog/

http://www.timewarnercable.com/en/plans-packages/tv/international-plans.html

http://www.todayus.com/?p=92506

http://www.tvguide.com/news/the-good-doctor-surpasses-big-bang-theory-viewers/

http://www.univision.com/novelas/mi-marido-tiene-familia/mi-marido-tiene-familia-llega-a-univision-para-hacerte-reir-video

https://cpcstory.blog.me/220541414691

https://en.kf.or.kr/?menuno=3726&type=view&archv_no=32680&pageIndex=1&path=0/537/541/558/626&tab=1&kflnbindex=3&lang=0

https://en.wikipedia.org/wiki/List_of_original_programs_distributed_by_Hulu

한국 방송콘텐츠의 미래를 열다

https://en.wikipedia.org/wiki/List_of_original_programs_distributed_by_Netflix

https://en.wikipedia.org/wiki/List_of_Super_Bowl_broadcasters

https://en.wikipedia.org/wiki/Primetime_Emmy_Award_for_Outstanding_Drama_
Series

https://ko.wikipedia.org/wiki/%ED%95%9C%EA%B5%AD%EA%B3%84_%EB%AF
%B8%EA%B5%AD%EC%9D%B8

https://la.eater.com/maps/best-coffee-los-angeles

https://namu.wiki/w/%EB%A7%A8%20%ED%94%84%EB%A1%AC%20
%EC%97%89%ED%81%B4

https://namu.wiki/w/%EC%9B%B9%ED%95%98%EB%93%9C

https://namu.wiki/w/600%EB%A7%8C%EB%B6%88%EC%9D%98%20
%EC%82%AC%EB%82%98%EC%9D%B4

https://priceonomics.com/the-economics-of-a-hit-tv-show/

https://qz.com/1110363/netflix-and-amazon-bet-big-on-originals-but-audi-
ences-watch-more-of-the-older-stuff/

https://tvseriesfinale.com/tv-show/better-late-never-season-one-ratings/

https://tvseriesfinale.com/tv-show/better-late-never-season-two-ratings/

https://tvseriesfinale.com/tv-show/good-doctor-season-one-ratings/

https://tvseriesfinale.com/tv-show/somewhere-between-season-one-ratings/

https://www.broadcastingcable.com/news/super-bowl-generated-414m-ad-
revenue-171555

https://www.facebook.com/photo.php?fbid=10155441293448907&set=a.385254
658906.168389.708038906&type=3&theater

https://www.huffingtonpost.kr/2016/01/07/story_n_8927166.html

https://www.kf.or.kr/front/archv/rltd/popupEvent.html?archv_
no=412&lang=0&siteno=11

https://www.mediapost.com/publications/article/307459/streaming-tv-services-up-production-budgets.html

https://www.squidtv.net/usa/

https://www.statista.com/chart/11114/netflixs-nominations-and-wins-at-the-emmys/

https://www.statista.com/chart/12493/number-of-tv-series-aired-in-the-united-states/

https://www.statista.com/statistics/217134/total-advertisement-revenue-of-super-bowls/

https://www.statista.com/statistics/259974/tv-advertising-revenue-in-the-us/

https://www.statista.com/statistics/451516/best-paid-actors/, https://www.statista.com/statistics/264476/best-paid-hollywood-actresses-in-2012/

https://www.washingtonpost.com/news/arts-and-entertainment/wp/2016/09/17/what-the-emmy-nominations-tell-us-about-the-state-of-television-networks/

www.mbc-america.com

한국 방송콘텐츠의 미래를 열다

한국 방송콘텐츠의 미래를 열다

한국 방송콘텐츠의 미래를 열다

작품 및 도서

한국 방송콘텐츠의 미래를 열다